高等院校经济管理类专业项目化（案例化）系列教材

高等教育“十三五”应用型人才培养规划教材

市场调查与预测分析

主　编　冯　宇

副主编　王　端

北京理工大学出版社

BEIJING INSTITUTE OF TECHNOLOGY PRESS

内容简介

本书以市场调查流程为主线，分为8个项目，包括认知市场与市场调查、市场调查方法的选择、市场调查方案的设计、市场调查问卷的设计、抽样推断、整理和分析市场调查资料、市场预测、市场调查报告的撰写与汇报。全书深入浅出、注重实践，课前每个项目以“情境设置”的方式将学生带入与调查相关的研究课题，并以“案例导入”的方法引导学生进一步思考；课后每个项目辅以大量练习和实践训练来帮助学生巩固所学知识，达到学以致用的目的。

本书适合本科高校经济管理、市场营销、企业管理等专业学生使用。

图书在版编目（CIP）数据

市场调查与预测分析/冯宇主编. —北京：北京理工大学出版社，2018.9（2018.10重印）

ISBN 978-7-5682-3976-9

Ⅰ.①市…　Ⅱ.①冯…　Ⅲ.①市场调查-高等学校-教材 ②市场预测-高等学校-教材　Ⅳ.①F713.52

中国版本图书馆CIP数据核字（2018）第222965号

出版发行／北京理工大学出版社有限责任公司
社　　址／北京市海淀区中关村南大街5号
邮　　编／100081
电　　话／（010）68914775（总编室）
（010）82562903（教材售后服务热线）
（010）68948351（其他图书服务热线）
网　　址／http：//www.bitpress.com.cn
经　　销／全国各地新华书店
印　　刷／北京紫瑞利印刷有限公司
开　　本／787毫米×1092毫米　1/16
印　　张／13.5
字　　数／330千字
版　　次／2018年9月第1版　2018年10月第2次印刷
定　　价／39.80元

责任编辑／刘永兵
文案编辑／赵　轩
责任校对／周瑞红
责任印制／李志强

前 言

市场调查与预测分析是工商管理类、经济学类专业开设的教学课程，目的是使学生通过学习这门课程，充分认识市场调查与预测分析工作在企业经营管理中的重要作用，培养学生市场调查、分析和预测的技能，使学生毕业后从事市场调查和预测的相关工作时，能在最短时间内胜任。

本书受到贵州省教育厅“工商管理省级重点支持学科”项目资助（项目编号：黔学位合字 ZDXK〔2016〕18 号）。本书的编写以理论为基础，注重实践与应用，弥补了一些教材案例少、理论多、实际操作困难等不足，并对容易造成误解的方法、定义等做了更为严谨的阐述。本书在编写过程中重点突出以下特点：

1. 体例新颖

本书以项目化的形式来编写，共有 8 个项目。每个项目从“知识目标”“技能目标”“情境设置”“案例导入”四个方面导入内容，吸引学生的阅读和学习，让学生更好地理解每一项目的内容。8 个项目下又分为若干任务，通过“任务描述”引导学生完成相关知识点的学习，最终达成该项目目标。

2. 通俗易懂

本书在编写过程中，尽可能将难以理解的专业术语用通俗易懂的语言进行表述；在体例以及内容的选取上，力求重点突出，对于实践中运用得较为广泛的知识点和操作要点进行重点阐述并附有实例；以“课堂讨论”“相关链接”“案例”等丰富生动的形式，强化相关知识点，激发学生学习兴趣。

3. 注重实践

学习的目的在于应用，因此本书特别注重理论与实践的结合。主要体现在每个项目中均引用了大量通俗易懂的实践案例；每个项目有“课后自测”以检验学生学习情况；有“拓展提高”以增强学生对正文的理解和应用，提升学生的学习能力；有“项目训练”让学生以小组的形式实地开展调查，既培养团队协作能力，又能理论联系实际，学以致用；“学习收获”引导学生总结学习效果，教师通过分析讲评各组成绩，让学生加强理解，提升学习水平。

本书项目1、项目3、项目4、项目8由冯宇老师编写（贵州商学院），项目2、项目5、项目6、项目7由王端老师编写（贵州商学院）。在本书的编写过程中参考了大量的文献资料，在此向这些文献的作者表示诚挚的谢意。

由于编者水平和经验有限，书中如有疏漏之处，敬请读者批评指正。

编　者

目 录

项目1

认知市场与市场调查

★知识目标

1. 了解市场调查的作用
2. 掌握市场调查的类型
3. 明确市场调查的程序

★技能目标

掌握市场调查知识运用能力

★情境设置

与企业家对话——市场调查案例分析，将学生进行分组（4～6人一组），通过与企业家交流，使学生对市场调查的概念和重要性有所了解，知道市场调查在企业经营过程中是如何应用的。学生提问可参考如下问题：

您的企业需要市场调查吗？

您的企业是怎样进行市场调查的？

您在调查中遇到的主要障碍有哪些？

您的企业需要市场调查人才吗？

您希望市场调查人才具备哪些能力？

★案例导入

吉列公司的刮毛刀

男人长胡子，因而要刮胡子；女人不长胡子，自然也就不必刮胡子。然而，美国的吉列公司把“刮胡刀”推销给女人，居然大获成功。

吉列公司创建于1901年，其产品因使男人刮胡子变得方便、舒适、安全而大受欢迎。

进入20世纪70年代，吉列公司的销售额已达20亿美元，成为世界著名的跨国公司。然而吉列公司的领导者并不因此而满足，而是想方设法继续拓展市场，争取更多用户。就在1974年，吉列公司提出开发面向妇女的专用“刮毛刀”。这一决策看似荒谬，却是建立在坚实可靠的市场调查的基础之上的。

吉列公司先用一年的时间进行了周密的市场调查，发现在美国30岁以上的妇女中，有65%的人为保持美好形象，要定期刮除腿毛和腋毛。这些妇女，除使用电动刮胡刀和脱毛剂之外，主要靠购买各种男用刮胡刀来满足此项需要，一年下来在这方面的花费高达7 500万美元。相比之下，美国妇女一年花在眉笔和眼影上的钱仅有6 300万美元，花在染发剂上的钱仅有5 500万美元。毫无疑问，这是一个极有潜力的市场。

根据市场调查结果，吉列公司精心设计了新产品，它的刀头部分和男用刮胡刀并无两样，采用一次性使用的双层刀片，但是刀架则选用了色彩鲜艳的塑料，并将握柄改为弧形以利于妇女使用，握柄上还印压了一朵“雏菊”图案。这样一来，新产品立即显示了女性的特点。

为了使“雏菊”刮毛刀迅速占领市场，吉列公司还拟定了几种不同的“定位观念”到消费者中去征求意见。这些定位观念包括：突出刮毛刀的“双刀刮毛”，突出其创造性的“完全适合女性需求”，强调价格“不到50美分”，表明产品使用安全“不伤玉腿”等特点。

最后，公司根据多数妇女的意见，选择了“不伤玉腿”作为推销时突出的重点，并刊登广告进行大力宣传。结果，“雏菊”刮毛刀一炮打响，迅速畅销全球。

资料来源：https：//wenku. baidu. com/view/9b9531a0b8f67c1cfad6b8c3. html.

讨论：

1. 吉列公司为什么能取得成功？
2. 吉列公司是怎么进行市场调查的？

任务1　明确市场调查的意义

★任务描述

信息是市场的先导，是生产经营活动的前提，企业若想在激烈的竞争中使自己的产品站稳脚跟，就要了解市场的需求动向。了解消费者的需求，需要进行市场调查。市场调查对于许多企业来说已成为一种武器，在它们看来，不做市场调查就进行决策是不可思议的。但仍有很多企业根本没有自己的市场调查部门，即使设有一个市场调查部门，其工作内容也仅仅局限于例行的预测、销售分析，对市场调查作用认识不足。那么什么是市场调查？如何理解市场调查的意义？

一、认知市场

（一）市场的含义

随着社会分工和商品经济的发展，市场的概念也在不断发展和深化，一般对市场的理解主要包括以下四种。

1. 市场是商品交换的场所

商品交换活动一般都要在一定的空间范围内进行，市场首先表现为买卖双方聚在一起进行商品交换的地点或场所。这是人们对市场最初的认识，虽不全面但仍有现实意义。

2. 市场是商品的需求量

从市场营销者的立场来看，市场是指具有特定需要和欲望、愿意并能够通过交换来满足这种需要或欲望的全部消费者。消费者是市场的中心，而供给者都是同行的竞争者，只能形成行业，而不能构成市场。

人口、购买能力和购买欲望这三个相互制约的因素，结合起来才能构成现实的市场，并决定着市场的规模与容量。人们常说的“某某市场很大”，并不都是指交易场所的面积大，而是指某某商品的现实需求和潜在需求的数量很大。这样理解市场，对开展市场调查有直接的指导意义。

3. 市场是商品供求双方相互作用的总和

人们经常使用的“买方市场”或“卖方市场”的说法，就是反映商品供求双方交易力量的不同状况。在买方市场条件下，市场调查的重点应放在买方；反之，则应放在卖方。

4. 市场是商品交换关系的总和

在市场上，一切商品都要经历商品—货币—商品的循环过程：一种形态是由商品转化为货币，另一种形态则是由货币转化为商品。这种互相联系、不可分割的商品买卖过程，就形成了社会整体市场。

★案例

“黑桃三”先出的背后

曾在黑龙江生产建设兵团历练10年，返京后就职于北京东安集团，从售货员干到副总经理的周枫，靠6万元起家，成功地将美国“JB汽车保护神”引入国内市场，其间并将“美福乐减肥食品”做成全国第一。1999年，周枫创办婷美科技保健有限公司，开创了“婷美”12天火爆北京市场、25天火爆全国市场的奇迹。玩扑克的一般规则是黑桃三先出，谁都希望抓到黑桃三，但需要运气。

周枫是如何连续三把牌都抓到了黑桃三的呢？下面来看《中国经营报》对周枫的采访。

问：您做的三个项目分别属于三个不同的领域，“JB汽车保护神”是汽车行业，“美福乐”是食品，“婷美”是内衣，据说下一步又准备推出一个灭火器产品，在您眼里是不是有很多领域都存在赚大钱的机会？

答：我们现在所谓的商品过剩，只不过是产品结构的过剩，市场缝隙还很大。我调查过美国市场，在美国市场新产品上市的成功率可能在0.3%左右，可能性微乎其微。因为市场成熟，产品差异性空间小，消费者也理性，不被广告随便诱导。如果“婷美”在这样的市场环境中，要做到成功相当难。虽然我推出的三个产品是属于不同的行业，似乎违背投资界的情理，但如果一个新兴的行业有广阔的市场和巨大的利润空间，作为一个商人为什么不进入呢？这里的关键问题是你得花足够的时间和精力去了解、去研究、去琢磨。等你把行业琢磨透，对这个行业就已经熟悉了。

问：您是不是对市场有一种特殊的感觉？

答：我进入商业领域，在商场从售货员干起，最后做到副总经理的位置，这个过程用了10年时间，收获很大，其中最大的收获就是通过从事这么多年的商品流通工作，培养出了对什么样的产品可以以最小的投入在最短的时间内获取最大利润的洞察力。这为我今后做市场奠定了基础。与别人相比，我的脑子慢，一件事就得多看多想，扎扎实实地了解市场，分析哪块市场最薄弱、存在机会，哪种产品存在着一个潜在的、巨大的消费需求，可以培养出一个新兴市场，我有没有能力把这种需求、这个市场调动和培养起来。等这些问题都得到了肯定的回答，我再把好的产品开发出来对应市场需要，培育人们新的消费观念。结果就是在市场发育中，我的企业和产品与市场同步发展，而且在一定时间内占有市场的绝大部分份额。就像开采石油一样，只要用有限的资金把高产油田勘探出来，就已经赢了。如果再把油打出来，而且扎扎实实地运作，把油井保护好，就不仅会获得眼前的利益，而且一定会获得长期经营、持续发展的利益。

问：刚才您说得太好了，能否结合您的“婷美”产品再具体说明？

答：可以。开发“婷美”这个产品，别人都觉得好像是像天然石油一样突然间冒出来的，其实是我们当时投入了400多万元资金，经过了两年半时间的市场调查。当年“英姿带”开发成功，我认为后面还存在着一个巨大的商机——女性美体，这个新兴的时尚消费市场。锁定了一个消费需求，看到了潜在市场，我们的工作就是组织专家进行攻关和整合，在这个过程中，光调查会就开了30多个，把女教师、女护士、女老板、女演员等各行各业的女性请来，征求目标消费者对产品的意见，并根据大家提出的问题不断对产品进行改进，直到大家最后满意为止。在这个基础上我们才研究怎样进入市场，怎么把企划安排得更好，使产品丰产也丰收。所以研究市场其实包括两个方面：一是发现市场的空白；二是开发出最佳的产品去填补这个空白。我们的观点是磨刀不误砍柴工，凡事欲速则不达。一个商品在产品阶段一定要做到万无一失，才有可能在进入市场之后有大的作为。这其实是很朴素的道理，人人都明白，但能做到的却是少数，因为诱惑实在太多，多数都有急于赚钱的投机心态。

资料来源：https：//www.51wendang.com/doc/fc0fbbcc95e12166297b4dac/5.

（二）市场信息的含义

从广义上讲，市场信息是对商品交换过程中市场系统客观形态及其变化规律的反映。市场信息积累到一定量之后，被人们认识和掌握，而系统化的市场信息就成为市场经营管理的知识。这些有关市场活动的知识经过人们的收集、传递、接收，被用来解决特定的经营管理问题，称为市场情报。所以，市场信息又是对被人们传递、接收、理解了的，与市场活动有关的各种消息、数据、资料、知识、情报的统称。企业获取市场信息的手段是市场调查。

市场信息作为广义信息的组成部分，除具有一般信息特征外，还具有以下特征。

1. 客观性

市场信息是客观存在的。只要进行市场营销活动，就会产生客观反映活动状况的信息。市场营销信息量大且多变，既有来自企业内部的，又有来自企业外部的；既有原始信息，又有加工过的信息；既有稳定信息，又有流动信息和偶发信息等。企业在收集信息时，应遵循其客观性，力求客观、准确，这样才能真实地反映市场动态状况，有利于企业分析影响营销活动的各种因素，以做出适应市场变化的决策，提高企业的适应能力和应变能力。

2. 时效性

市场营销活动极为频繁，情况瞬息万变，这就决定了市场营销信息形成速度快、难以控制、实效性强的特点。对此，日本的商业情报专家认为："一个准确程度达到100%的情报，其价值还不如一个准确性只有50%，但赢得了时间的情报。特别是在竞争激烈之际，企业采取对策如果慢了一步，就会遭到覆灭的命运。"因此，企业应建立有效的信息网络，以便及时准确地收集信息，为营销决策服务。否则，市场信息将瞬间消失以致丧失时机。过时的信息对企业营销决策是毫无价值的。

3. 系统性

市场营销信息不是零星的、个别的信息集合，而是若干具有特殊内容的信息在一定时间和空间范围内形成的系统集合。因而，企业应连续、大量、多方面地收集信息，并进行加工，分析这些信息之间的内在联系，以保证信息的全面性和完整性，使其成为有用的信息。

4. 双向性

双向性是指信息的传递和信息的反馈。信息的获得依赖传播媒介对信息的传递。随着科学技术的迅猛发展，现代的传播媒介呈现出多样性和高速化。企业应利用先进的信息技术与设备，有计划、有组织、连续不断地对信息进行收集与传递，以保证信息的科学性、准确性与及时性。

企业通过信息的传递对营销活动进行控制，控制的结果又作为信息反馈到企业，企业利用反馈的信息对营销计划进行调整和修正，再对营销活动进行控制。这样，在企业的营销活动中，信息的流动始终以市场为核心贯穿企业营销活动的全过程。企业通过信息的传递与反馈，做出营销计划与决策，并对营销活动进行控制。如图1-1所示。

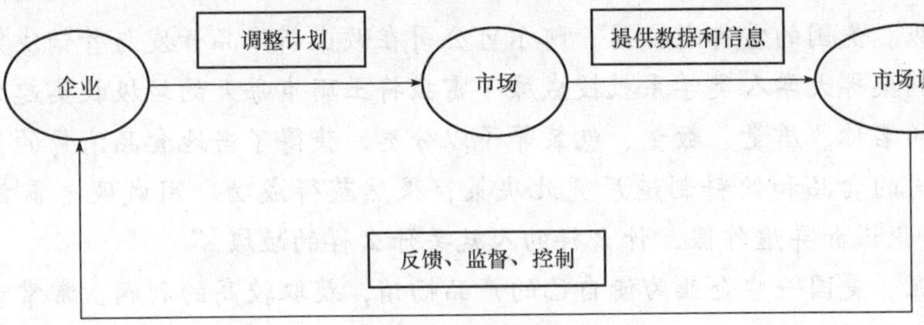

图1-1　市场调查的作用

二、认知市场调查及其意义

有关调查数据显示，在国内只有不足0.5%的企业愿意做正规的市场调查，这些企业多是一些跨国企业、合资企业和部分大型私企。而大多数的企业对市场调查的有效性和可信度存在着较大的怀疑，于是它们宁愿凭经验决策行事，其结果是"盲人骑瞎马，夜半临深池"。随着现代市场环境的加速变化，仅凭经验带来的不确定性也加大，风险也大大提高，这就难以保障决策活动的有效性和准确性。目前，很多企业未能充分和正确认知市场调查。

（一）市场调查的含义

1. 狭义的市场调查

狭义的市场调查是针对消费者所做的调查，以科学的方法收集有关消费者购买商品、消费商品的各种事实、意见、态度及动机的信息。

2. 广义的市场调查

随着市场和环境的不断变化，企业在营销过程中会受到多方面的影响，企业所收集的信息量也越来越大，范围越来越广，从消费和流通领域拓展到生产领域，包括产前调查、产中调查、产后调查和售后调查。根据美国市场营销协会的解释，广义的市场调查包括产品分析、市场分析、销售分析、消费者研究、广告研究等。例如产品分析，是从产品的使用和消费角度对产品的形态、大小、重量、美观、色彩、价格等进行分析，同时对销售的途径、市场营销的方法、销售组织、销售人员培训、广告作用、促销活动等方面进行分析。

因此，市场调查是一种有目的的活动，是对信息的判断、收集、整理和分析的系统过程。可以将市场调查定义为：对那些可用来解决特定营销问题的信息所进行的设计、收集、整理、分析和报告的过程。

★案例

国外企业如何进行市场调查

创办意见公司日本实践技术协会开设了一家“意见公司”，它有近百名员工，其中50名与不同年龄、不同层次的消费者建立了固定的联系，经常请这些消费者对各种商品提出意见，包括对某些商店的批评建议。同时，该公司还刊出广告，欢迎各界人士向公司打电话或上门提意见，公司会给提意见者一定报酬。“意见公司”将收集到的各种意见进行整理分类，并及时反馈给各有关生产经营者，从中得到利益上的回报。“意见公司”成了联结生产经营者与消费者的纽带。

聘人研究垃圾。美国的雪佛龙公司、阿尔可公司在做出新产品开发与营销决策前，投入不少资金聘请亚利桑那大学人类学系教授威廉·雷兹将土珊市每天的垃圾收集起来，然后按其内容及原产品的名称、质量、数量、包装等予以分类，获得了当地食品消费的信息。雪佛龙、阿尔可等公司的食品和饮料制造厂凭此决策，果然获得成功。用威廉·雷兹教授的话说：“垃圾绝不会说谎和弄虚作假，什么样的人就丢什么样的垃圾。”

私人经济侦探。美国一些企业为使自己的产品畅销，获取较高的利润，常常雇用私人经济侦探，想方设法取得市场信息。在芝加哥，有一名叫厄尼·里佐的经济侦探，受雇于一家刚刚开业的玻璃面镜公司，任务是了解一家同行主要制造商到底有哪些买主。厄尼经过一段时间的调查，发现那家制造商的主要推销员都习惯在家里用电话处理业务。于是厄尼到电话公司假称自己就是那家制造商的推销员，急需电话单附件去报账，这样，这份重要的商业情报就被侦探弄到手了。

进行神秘调查。在美国，有数家专门的公司，它们利用那些“普通的”消费者，要求他们详细记录下他们购物或接受服务时发生的一切情况，然后填写一份认真拟就的调查表。这种利用消费者“神秘购物法”的调查方式很有成效。据《哈佛企业评论》杂志的一份研究报告说，作为“常客”的消费者数目如果增加5%，企业的利润就能增加25%。

派员现场观察。德国一家皮鞋企业的经营者为使自己的产品适应国际市场的需求，特别想了解各国流行的皮鞋款式。该企业没有派人出国到各地去分别收集信息，而是派专人到国际机场的候机厅，长时间观察外国游客的皮鞋式样，从而很经济地获得了国外皮鞋市场的最新信息，找到了各国皮鞋市场需求方面的差异。

资料来源：李世杰，王峰．市场调查与预测［M］．武汉：武汉理工大学出版社，2006.

（二）市场调查的意义

大家都听说过《孙子·谋攻篇》中的一句话，“知己知彼，百战不殆”。什么叫“知己知彼”？从市场营销的角度来看，所谓“知己知彼”就是要了解自己、了解客户、了解竞争对手。企业只有在获得大量的、可靠的市场信息的基础上，才能做到“知己知彼，百战不殆”，才能在激烈的市场竞争中占据有利地位。

市场调查是企业的“雷达”或“眼睛”。市场调查对于企业来说具有以下重要作用。

1. 市场调查是企业进行决策的客观依据

企业进行经营决策，首先要了解内部和外部的环境信息，而要掌握信息，就必须进行市场调查。决策者要针对某些问题进行决策，通常需要了解和考虑多方面的情况和问题，例如哪些市场仍旧存在着未满足的需求，哪些市场已经饱和？消费者喜欢什么样的产品？产品在某个市场上的销售预计可达到什么样的数量？怎样才能扩大产品的销路，增加销售数量？如何确定产品的价格？应该使用什么方法促进产品销售？这些问题只有通过实际市场调查才能得到具体答案。

2. 市场调查能够促进经营管理的改善，提高企业的竞争力

企业生产经营的好坏，最终取决于经营管理者的管理水平。企业只有重视市场调查，不断收集和获取新的信息，才能熟知生产和管理技术发展的最新动态，找出自身的差距，从而向更先进的水平靠拢，提高企业的核心竞争力。市场调查可以及时掌握与企业相关领域新产品和新技术的发展状况，为企业采用新技术和先进的经营管理经验提供依据。在激烈的市场竞争中，最终能够站稳脚跟的将是那些生产低投入、低损耗，高产值，产品高质量的企业。如果企业的经营管理水平高，能够有效地调动现有资源并合理调配进行最佳组合，就可以达到降低成本、减少损耗的目的。现代经营管理注重的是科学化和理性化的管理，是建立在拥有大量数据和文字资料的基础上的。管理决策不能单凭经验，而要以对大量资料进行分析后的结果为依据，做出科学的判断。因此，重视市场调查是提高企业管理水平的基础。如图1-2所示。

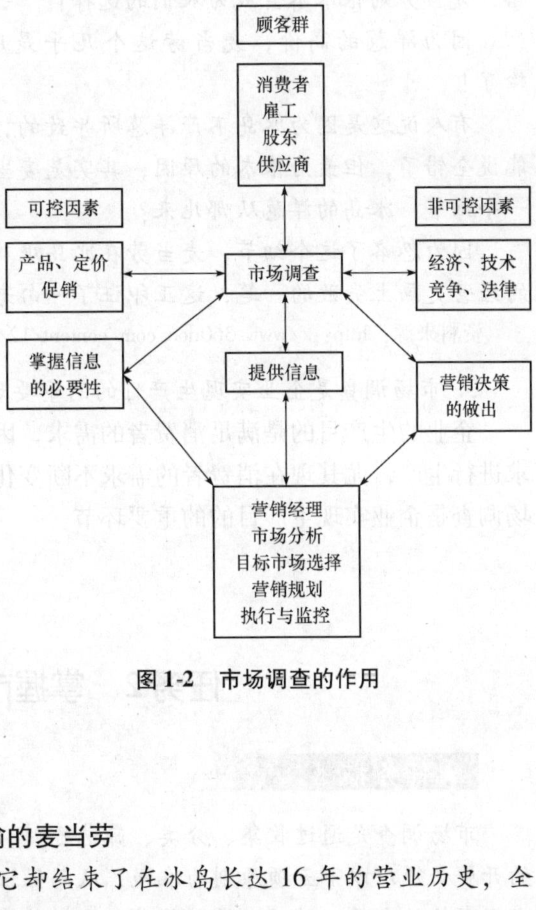

图1-2 市场调查的作用

★案例

向洋葱认输的麦当劳

麦当劳是全世界最大的快餐连锁店，但是它却结束了在冰岛长达16年的营业历史，全面退出了冰岛市场，甚至没有表示会有重新开张的一天。

麦当劳总部对此发表声明说，在冰岛开展业务是一项非常大的挑战。然而与此同时，麦当劳在冰岛的总经销商欧曼德森却表示麦当劳在冰岛的生意一直十分兴隆：“每到就餐时，汹涌的人潮是任何一个地方都没有的！”

既然生意这样好，那又是什么使麦当劳选择退出呢？谁也想不到的是，让麦当劳认输的，竟然不是同行业的竞争，而是冰岛的洋葱！

在冰岛这个位于大西洋中的岛国，农业根本不发达，大部分农产品来自德国，包括麦当劳里一种必不可少的原料——洋葱！然而，麦当劳于1993年决定在冰岛开设分店的时候，并没有对此做仔细的调查，麦当劳总部想当然地认为洋葱只是一种随处可见的便宜货，到开张之后才发现，冰岛的洋葱简直贵得出奇，购进一个普通大小的洋葱，需要卖掉十几个巨无霸汉堡包才够本！

但既然开张了，麦当劳只能选择坚持。长期以来，麦当劳在冰岛的生意虽然看上去红火，但是利润十分微薄。2004年，冰岛的麦当劳特许营运商奥格蒙德森用一句话描述出了这10年来的经营状况：“我一直在不断亏钱！”

金融风暴使冰岛克朗大幅贬值，欧元逐渐走强，进口食品成本不断攀升。而这也使麦当劳这种亏本经营更加凸显。在冰岛首都雷克雅未克，一个巨无霸的售价为650冰岛克朗，但如果要获得利润，就必须让价格上涨到780冰岛克朗（约6.36美元）。但如果真采纳这个价格，麦当劳则根本不会成为人们的选择！

因为洋葱的高价，麦当劳这个几乎是所向披靡的全球快餐巨无霸，在冰岛低头认输了！

有人说这是因为冰岛不产洋葱所导致的，也有人说这是让金融危机给害的，这些观点不能说全错了，但最为根本的原因，其实是麦当劳在决定开拓冰岛这个市场的时候，没有考虑一个细节：冰岛的洋葱从哪儿来？

因为忽略了这个细节，麦当劳在冰岛艰难维持了16年的经营后，最终还是决定给自己的经营史画上失败的一笔，这正印证了一句老话：细节决定成败！

资料来源：http：//www.360doc.com/content/12/0425/01/5079158_206314632.shtml.

3. 市场调查是企业实现生产目的的重要环节

企业的生产目的是满足消费者的需求，因此要了解消费者需要什么以便按照消费者的需求进行生产，尤其现在消费者的需求不断变化，这就要求企业及时进行市场调查。因此，市场调查是企业实现生产目的的重要环节。

任务2 掌握市场调查的原则

★任务描述

市场调查是通过收集、分类、筛选资料，为企业生产经营提供正确依据的活动，此活动的开展必须以以下五项原则为准绳，从而保证调查的资料能客观地反映事物真实面貌，深入发现事物的本质，并对发展趋势进行合理的预测。

一、客观性原则

这是市场调查最重要的原则。客观性原则要求市场调查收集到的市场信息和有关资料必须真实准确地反映市场现象和市场经济活动，保证市场调查的真实性，不能带有虚假或错误的成分。真实客观是市场调查的基石。首先，在市场调查中必须对市场现象、市场经济活动做如实的描述，不能带有个人的主观倾向和偏见。调查人员自始至终应保持客观的态度去寻求反映事物真实状态的准确信息，去正视事实，接受调查的结果。其次，在市场调查中应当采用科学的方法去设计方案、定义问题、采集数据和分析数据，从中提取有效的、相关的、准确的、可靠的、有代表性的信息资料，尽量减少错误。最后，为保证市场调查的客观性，还应该强调职业道德的重要性。调查人员的座右铭应该是："寻找事物的本来面目，说出事物的本来面目。"

二、针对性原则

市场调查的针对性原则包括两方面的含义，一方面是指市场调查要围绕企业经营活动中存在的问题，即确定的调查目的来进行。任何市场调查都要耗费大量人力、物力、财力，因此市场调查不能盲目进行，企业必须根据要解决的问题来开展市场调查。不能解决问题的调查是无用的调查，市场目标过多的调查是空洞的调查。所有的调查活动都必须"有的放矢"，为了一定的目的而开展。另一方面是指调查必须针对特殊的群体来做。比如在大街上，不分性别、年龄、职业、收入等，见人就拦，这样的调查是"社会调查"或"公众调查"，而非"市场调查"。市场调查的对象必须非常确定。每一次调查活动前，要预先确定调查对象。比如，家电的企业做调查时，调查对象就应该是已经购买家电或者准备购买家电的消费者，不能选择根本无意购买的居民或无能力购买的儿童作为调查对象。针对性强的调查，获得的信息才具有价值。

三、科学性原则

市场调查的科学性是指对市场调查的整个过程要科学安排，要以科学的理论为基础，要应用科学的方法收集资料。市场调查是企业为达到营销目的而进行的活动。为减少调查的盲目性和人、财、物的浪费，对所需要收集的资料和信息及调查步骤要科学规划。例如，在调查内容的确定上要科学设计，使调查内容能以简洁明了而又易答的方式呈现给调查对象；调查中运用社会学和心理学的知识以便与被调查者更好地交流；整理调查资料的过程中，使用计算机代替手工操作，对大量信息进行准确严格的分类和统计；分析人员还要掌握和运用相关数学模型和公式，从而将汇总的资料以理性化的数据表示出来，精确地表示结果等，这些都要采用科学方法。

四、全面性原则

市场调查的全面性原则，即系统性原则，是指要全面系统地收集有关企业生产营销活动的市场信息资料。市场现象不是孤立、静止的，市场现象与政治、经济、文化、风俗、法律等社会现象之间有着千丝万缕的联系；市场现象随着时间、地点、条件的变化而不断发生变化。在进行市场调查时，必须对市场现象的各种影响因素做全面的调查，而绝不能片面地观察市场；必须对市场现象的发展变化全过程进行系统性的调查。

由于很多因素是互为因果的，如果只是单纯地了解某一因素，而不去考察这一因素如何对企业发挥作用以及为什么会产生如此作用，就不能把握这一因素的本质，也就难以根据影响经营的关键因素得出正确的结论。因此，市场调查既要了解本企业的生产和实际经营状况，又要了解竞争对手的相关情况；既要认识到内部机构的设置、人员配置、管理素质和方式等对企业经营的影响，也要调查社会环境的各个方面对企业和消费者的影响程度。

五、经济性原则

市场调查的经济性原则是指市场调查工作必须考虑到经济效果，要以尽可能少的费用取得相对满意的市场信息资料。市场调查工作和各项工作一样，都要提高经济效益，做到少花钱多办事。企业应该根据自己的实力确定调查费用的支出，并制定相应的调查方案。在满足市场调查目的的前提下，尽量简化调查的内容与项目，不要扩大调查的范围和规模，造成人力、物力、财力和时间的浪费。

【课堂讨论】 美国福特汽车公司开办了一个市场调查诊所，对自己设计的新车型进行检验。该所邀请客户在预定的路线上驾驶新汽车，同时派一位受过训练的调查人员坐在驾驶人员旁边，记录驾驶员对汽车的全部反应。驾驶结束以后，给每一位参与者一份长达6页的调查问卷，请参与者对汽车每一部分优缺点做出评价。通过参与者提供的信息，福特汽车公司就可以了解到消费者对其新车型的反应，然后进行适当的改进，使之受目标消费者的欢迎。

讨论：

1. 福特公司开办了市场调查诊所，该所开展的这类调查是市场调查吗？
2. 你认为这方法符合市场调查哪项原则？

任务3 理解市场调查的类型与程序

★任务描述

市场调查是一项复杂、细致的工作，涉及面广，对象不稳定。针对不同的调查目的和内容，选择的市场调查类型不同，调查方法、调查对象也不同。为了使整个调查工作有节奏、高效率地进行，进而取得良好的预期效果，还必须加强组织工作，合理安排调查步骤。

一、市场调查的类型

（一）根据市场调查目的划分

根据市场调查目的的不同，市场调查可以分为探测性市场调查、描述性市场调查、因果性市场调查和预测性市场调查。

1. 探测性市场调查

某化妆品公司近一段时期销售额持续下降，公司不明白产生这一问题的原因，是市场已经饱和，广告宣传不力，销售价格偏高，还是消费者偏好改变？要找到销售额下降的原因，就可采用探测性市场调查。调查者通过一些用户的资料发现，消费者目前已倾向于使用纯植物的护肤品，而该公司的产品成分是从动物体内提取的，从而得出结论："消费者倾向使用纯植物的护肤品"可能是导致销售额下降的原因。这就是通过探索性调查得到的假设。当然，该假设还需要经过进一步的调查来验证。

探测性市场调查是为了明确企业经营中存在的问题而进行的市场调查。它是在企业对存在的问题不明确、不清楚的情况下开展的调查，其目的是通过收集一些相关的市场资料，确定企业经营中存在问题的原因。探测性市场调查属于初步的非正式市场调查。通过探测性市场调查可以查明问题的原因，为进一步探讨解决问题的办法打下基础。探测性市场调查方法较为简单，一般不必制定严密的调查方案，灵活性大。探索性市场调查一般通过使用第二手资料（如公开发布的调查、公司的内部记录等）、请教一些专家或通过参照过去的案例来进行小范围的调查。

2. 描述性市场调查

描述性市场调查是寻求对"谁""什么事情""什么时候""什么地点"这样一些问题的回答进行的调查，即指企业对有关市场现象、市场因素做准确、如实反映的调查。例如，某企业欲调查购买本企业产品的顾客是些什么人，他们的性别、年龄、职业、收入、文化程度等怎样，他们对产品有何看法，这样的市场调查就属于描述性市场调查。描述性市场调查要求对所研究的市场现象、市场因素做客观全面的反映。在市场调查实践中，大量的市场调查都属于描述性市场调查，如对产品调查、销售渠道调查、竞争对手调查等。描述性市场调查作为正式市场调查的一种，要有完整的市场调查方案和精确的收集资料的工具，所获得的资料必须真实、详尽、系统，在调查中必须按市场调查的步骤进行。

3. 因果性市场调查

因果性市场调查是为了研究两个市场变量之间是否存在因果关系而进行的市场调查。如果一种市场现象的变化会引起另外一种市场现象的变化，则前者称为原因，后者称为结果。这两种市场现象之间就存在着因果关系。如消费者的收入和消费者的购买力的提高。如果说描述性市场调查侧重回答"是什么"，那么因果性市场调查侧重回答"为什么"。因果性市场调查旨在发现现象之间的因果关系。例如要调查"消费者为什么喜欢购买海尔牌电冰箱"，海尔电冰箱畅销国内外，这是结果，它的背后必然有原因（如产品质量好），这类课题的调查就是因果性市场调查。

因果性市场调查和描述性市场调查有诸多相同之处，主要表现在以下三个方面。

（1）都可以对探索性市场调查提出的假设进行验证。

（2）都是对方案进行评估。

（3）调查方案的设计都非常严格。

两者的区别在于调查方法不同，因果性市场调查采用实验法，而描述性市场调查采用访问法和观察法。实验法较之访问法和观察法，能在较短的时间内得出结果，因此调查者若需要在短时间内验证某个假设时，则应采用实验法。

4. 预测性市场调查

预测性市场调查是通过收集、整理和分析历史资料与现在的各种市场情报资料，运用数学方法估计未来时期对某种产品的需求量及其未来发展趋势而进行的市场调查。其目的在于切实掌握市场机会，制订有效的营销计划。这种调查主要用于了解消费者潜在需求、对未来的营销变化和市场销售进行预测等。

★案例

强生公司的调查设计

美国强生公司推出雅士莲洗发剂是该公司最成功的营销决策之一，然而，其成功离不开广泛的市场调查。当年，强生公司在各阶段的调查设计如下：

1. 发现问题

调查类型：描述性市场调查。

调查设计：用信函方式对女性进行大规模的抽样调查，并与6年前的调查数据相对照。

调查结果：女性护发的方式已经发生改变，油性头发成了主要问题，青年女性已成为洗发剂的第一目标消费群体，是洗发剂的最常使用者，而且最能接受新产品。

2. 拟定决策

根据上述调查结果，建立了雅士莲洗发剂的产品概念和新产品设计方案，提出了包装方案和销售渠道方案。

3. 评估决策

调查类型：因果性市场调查。

调查设计：实验法。将雅士莲洗发剂送到400名女性手中，使用两个星期后，通过电话了解她们的反应，如喜欢不喜欢，对产品性能的看法及建议等。然后在若干城市选择一些商店进行试销。

调查结果：试用和试销结果证明关于油性头发的调查是真实可信的，根据这一调查结果开发的新型洗发剂雅士莲是能够得到女性尤其是青年女性欢迎的。

资料来源：邵光，张晓华，张世兵．《市场调查与预测》[M]．上海：上海交通大学出版社，2015.

（二）根据资料来源划分

根据资料来源划分，市场调查可分为以下两类。

1. 文案调查

收集有关的资料、数据、调查报告、已发表的文章等二手信息，加以整理和分析。

2. 实地调查

在制定详细的调查方案的基础上，调查员直接从被访者那里获得资料，再进行整理和分析，写出调查报告。

二、市场调查的程序

市场调查的程序总体分为三个阶段，如图1-3所示。

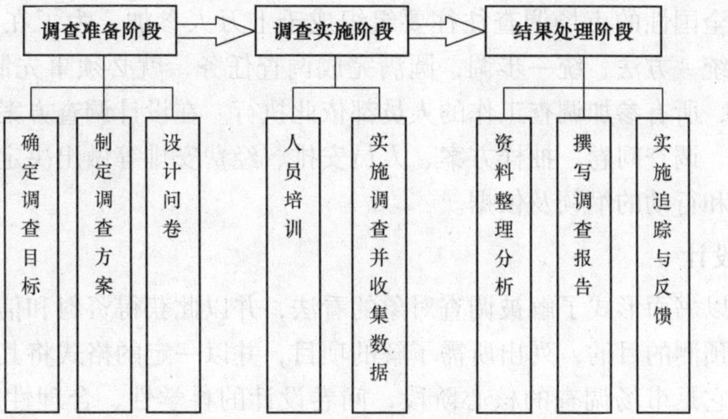

图1-3　市场调查程序

（一）确定调查目标

市场调查的第一步也是最重要的一步是确定调查目标，做好这一步需要了解调查问题的背景。主要包括：

（1）企业做市场调查的原因；

（2）企业以往的经营情况、销售量、市场占有率、利润、在同行中的优势和劣势的主观估计等；

（3）企业对市场前景的主观预测；

（4）企业要做的决策及要实现的目标；

（5）对现有消费者的基本情况及消费行为的主观了解；

（6）企业财力及准备投入的调查费用；

（7）相关的法律环境和经济环境等。

在确定调查目标时，这一步主要回答以下几个问题，如图1-4所示。

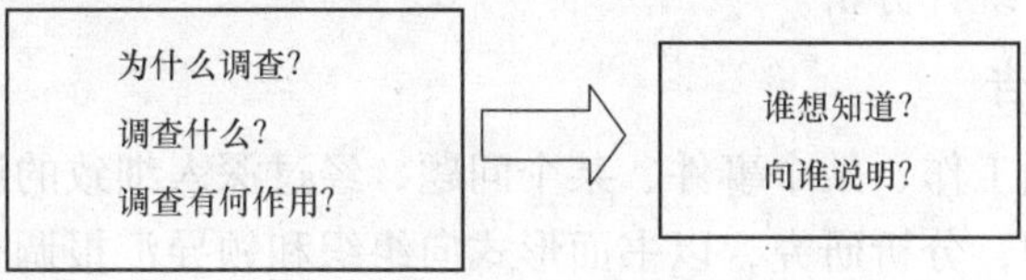

图1-4　确定调查目标

【课堂讨论】　王晓在某市职业技术学校附近开了一家小饰品店，其主要经营的商品为各种精致发卡、首饰、布绒娃娃、挂件、干花制品及其他一些别致的小物品。但饰品店开业半年多，营业额一直在低位徘徊，只能勉强维持盈亏平衡。请你做个市场调查来分析销售额一直较低的原因。

讨论：

1. 这项市场调查的目的是什么？

2. 这项市场调查必须取得哪些具体信息？

（二）确定调查方案

市场调查的第二个阶段是要制定调查方案。市场调查是一项复杂的、严肃的、技术性较强的工作，一项全国性的市场调查往往要组织成千上万人参加，为了在调查过程中统一认识、统一内容、统一方法、统一步调，圆满完成调查任务，就必须事先制定出科学、严密、可行的调查方案，所有参加调查工作的人员都依此执行。在设计调查方案时，要就调查的内容、调查的方法、调查问卷、抽样方案、人员安排、经费安排等做出决定。调查方案是调查研究的指导方针和行动的纲领及依据。

（三）问卷设计

问卷是一种以书面形式了解被调查对象的看法，并以此获得资料和信息的载体。问卷设计是依据调查与预测的目的，列出所需了解的项目，并以一定的格式将其有序地排列组合成调查表的过程。它是市场调查的核心阶段，问卷设计的科学性、合理性直接关系到调查的质量。

（四）人员培训

实地调查需要人员参与，调查人员的组织直接影响到调查结果的准确性，因此首先必须对调查人员进行适当的培训，让调查人员理解调查计划，掌握调查技术及同调查目标有关的经济知识。

（五）实施调查并收集数据

经过培训的调查人员，按照事先确定的调查时间，在确定的调查地点对调查对象按照已经确定的调查方法进行调查，收集资料。这是整个调查活动中最繁忙的阶段。除了需要素质过硬的调查人员，还需要加强对调查活动的规划和监控，针对调查中出现的问题及时调整。

（六）资料整理分析

收集来的大量资料是零散的，需要对其进行整理分析。具体包括以下工作：

接收和清点资料；检查和校订资料；编码；录入数据；查错；处理缺失数据；统计预处理；制表、作图和进行统计分析。

（七）撰写调查报告

调查报告是对某项工作、某个事件、某个问题，经过深入细致的调查后，将调查中收集到的材料加以系统整理，分析研究，以书面形式向组织和领导汇报调查情况的一种文书。其主要内容包括调查的目的、调查的理论基础、调查要解决的问题、调查的意义、调查资料的分析、调查结果论述，最后说明存在的问题并提出相应的对策和建议。其中，调查报告的主要部分是调查资料的分析，要把资料分析的步骤、所用的公式或图表等一一列出。

（八）实施追踪与反馈

提出了调查的结论和建议，不能认为调查过程就此完结，而应继续了解其结论是否被重视和采纳、采纳的程度和采纳后实际效果与调查结论是否一致等，以便积累经验，不断改进调查工作，提高调查质量。

【课堂讨论】 有的企业把市场调查看成“一锤子买卖”。不少企业直到产品投产前，才意识到有必要做市场调查，于是忙着联系市场调查公司，然后做街访、搞座谈，确定产品定位。可一旦产品投放市场，便把市场调查抛诸脑后。试讨论市场调查和“一锤子买卖”的关系。

任务4　掌握市场调查的内容

★任务描述

市场现象非常复杂，调查的内容也十分广泛，只有按照合理的内容来进行调查，才可能以较少的投入取得较满意的效果。本节将从社会环境调查、消费者调查、产品调查和市场营销活动调查四个方面来阐述市场调查的内容。社会环境调查包括对政治法律、经济、社会文化、人口、自然、科技等环境的调查；消费者调查包括对消费者的基本情况、影响消费者购买行为的因素、消费者的购买动机和消费者的购买行为等方面的调查；产品调查包括对产品生产能力、产品实体、产品包装、产品品牌、产品生命周期、产品价格等方面的调查；市场营销活动调查包括对竞争者、销售渠道、服务、促销方式等方面的调查。

一、社会环境调查

【课堂讨论】　假如你是一家餐饮店老板，要在某地开设一家新店，你会收集哪些信息呢？这些信息有何作用？

任何企业、任何产品都处在特定的社会环境中，政治法律环境、经济环境、社会文化环境、人口环境、自然环境及科技环境等的变化直接影响市场需求的变化。因此，政府和企业都特别重视社会环境的调查工作。

（一）政治法律环境调查

政治环境调查，主要是了解对市场有影响和制约作用的国内外政治形势以及国家管理市场的有关方针政策。对于政治环境，主要从以下三个方面进行调查：①国家制度和政策。主要了解其政治制度、对外政策等。鉴于有些国家政权不够稳定，因此，只有了解并掌握这些国家的政权更迭和政治趋势，才能尽可能避免遭受经济上的风险和损失。②国家或地区之间的政治关系。随着国际政治关系的变化，对外贸易关系也会发生变化。③政治和社会动乱。由于罢工、暴乱、战争等引起社会动乱，会影响国际商品流通和交货期，给对外贸易带来一定的风险，但同时也可能产生某种机遇。通过调查，有助于企业随机应变，把握市场成交机会。

法律环境指与市场有关的法规、条例、标准、惯例、法令等。世界许多发达国家都十分重视经济立法并严格施行。尤其是经济合同法、商标法、专利法、广告法、环境保护法等多种经济法规和条例，对企业营销活动都具有重要影响。随着外向型经济的发展，我国与世界各国的交往越来越密切，由于许多国家都制定有各种适合本国经济的对外贸易法律，其中规定了对某些出口国家所施行的进口限制、税收管制及有关外汇的管制制度，这些都是企业进入国际市场时必须调查了解的。

（二）经济环境调查

经济环境主要指一个地区的经济发展水平，企业面临的外部经济因素，如消费者的收入与支出，主要影响市场容量和市场需求结构。经济环境包括工农业生产、财政、金融、商业情况，基础设施完善程度，国民生产总值和人均收入水平，产业结构及其调整等。经济环境调查主要包括对消费者收入、消费者支出、居民储蓄及消费者信贷等指标的调查。

消费者收入调查主要是对消费者的实际收入进行调查。因为实际收入与名义收入并不是完全一致的，决定购买力的是实际收入。调查人员应注意实际收入的调查和对其变动趋势的预测。

消费者支出调查主要是对支出结构或需求结构的变化的调查。消费者支出主要取决于消费者的收入水平。消费者支出调查要注意调查两个指标：个人可支配的收入和个人可随意支配的收入。

居民储蓄及消费者信贷调查。当消费者的收入一定时，储蓄数量越大，现实支出数量就越小，从而影响企业的销售量。同时，居民储蓄越多，潜在购买力越强。消费者信贷也是影响购买力的一个重要因素，如目前我国房地产市场受信贷因素影响巨大。

（三）社会文化环境调查

社会文化环境调查是对一个国家、地区或民族的传统文化、风俗习惯、审美观念、价值观念、宗教信仰、道德规范及社会时尚和居民受教育程度等方面的调查。传统文化一般是本国或本民族人民在生活习惯、价值判断和行为模式等方面长期而稳定的积淀。如中国传统的儒家文化就教育一个孩子从小就要尊重长辈、胸怀大志、不断进取等。社会文化环境在很大程度上决定着人们的价值观念和购买行为，影响着消费者购买商品的动机、种类、方式以至地点。如穆斯林不吃猪肉等。市场调查活动应尊重当地的宗教信仰，否则会引起当地人的反感，导致调查活动的失败。

（四）人口环境调查

人是市场的主体，人口环境包括人口规模及增长率、人口地理分布、人口结构等。人口的数量和质量决定市场需求的规模和营销战略与策略的选择。人口数量是计算需求量时必须考虑的因素。

1. 人口规模及增长率

对于一些生活必需品来讲，人口规模的大小与其需求量成正比。人口增长率及其变化也对市场需求构成产生影响。

2. 人口地理分布

人口地理分布与市场需求有密切关系。比如沿海地区与内地、城市与农村，无论在消费、需求构成、购买习惯和行为等方面都有着许多差异。在对人口进行调查时，应该注意地理区域人口流动的变化情况，人口流动会引起购买力的流动，从而引起市场需求的变化，这对于处在政治、经济、文化中心或交通枢纽的城市来说，尤为明显。

3. 人口结构

人口结构在年龄、性别、家庭、民族等方面不同，消费投向会有很大差异。

（1）年龄结构。不同年龄的消费者对商品的需求不一样。我国人口年龄结构的显著特点是：现阶段，青少年比重约占总人口的一半，反映到市场上，在今后20年内，婴幼儿和少年儿童用品及结婚用品的需求将明显增长。按照国际通行标准，中国人口年龄结构已经开始进入老年型。调查显示，截至2017年年底中国60岁以上老年人口为2.4亿，占总人口的

17.3%；65岁以上的人口近1.6亿，占总人口的11.4%。反映到市场上，老年人的需求不断增长。今后诸如保健用品、营养品、老年人生活必需品、老年人文化生活需求等市场将会兴旺。

(2) 性别结构。人口的性别不同，其市场需求也有明显的差异。据调查，0～62岁年龄组内，男性略多于女性，其中37～53岁年龄组内，男性多于女性10%左右，但73岁以上，女性多于男性20%左右，反映到市场上就会出现男性用品市场和女性用品市场需求的差异。

(3) 家庭结构。家庭是购买、消费的基本单位。家庭是社会的细胞，许多商品都是以家庭为基本单位来进行消费的，如住房、家具等，因此家庭总数和平均人口数对于家庭用品的需求有很大的影响。近年来，随着我国人民生活条件的改善，家庭也出现了由过去几代同堂的大家庭向三口之家的小家庭发展的趋势。目前，世界上普遍呈现家庭规模缩小的趋势，越是经济发达地区，家庭规模就越小。这导致家庭数量的剧增，势必引起对炊具、家具、家用电器和住房等需求的迅速增长。随着单亲家庭以及成年后独自居住的人群的不断增加，简易家具、小型家用电器等产品受到欢迎。

(4) 民族结构。我国是一个多民族国家，除了汉族以外，还有50多个少数民族。各民族由于其历史、文化和信仰不同，形成了各自比较鲜明的民族习惯。不同民族其生活习性、文化传统不相同，对饮食、服装等商品的需求也就不同。因此，企业要注意不同民族市场的调查，尊重民族习惯，重视开发适合不同民族特性、受其欢迎的商品。因此，在对消费者进行调查时，应注意这种因民族不同而产生的消费习惯的差异。

（五）自然环境调查

自然环境调查包括自然物质环境和自然地理特征的调查。自然物质环境是指自然界提供给人类的各种形式的物质财富，如矿产资源、森林资源、土地资源、水力资源等。自然地理特征包括地区条件、气候条件、季节因素、使用条件等。各个地区由于地理位置不同，气候和其他自然环境有很大的差异，它们不是人为造成的，也很难通过人的作用去加以控制，只能在调查的基础上去适应。例如北方地区对防寒保暖用品需求大，如羽绒服、电暖气、棉手套等；南方地区则对降温用品需求大，如空调、电风扇、遮阳帽等；平原地区道路平坦，需要具有良好的刹车性能的交通运输工具；山区丘陵地带道路崎岖，需要具有较大马力的交通运输工具。

（六）科技环境调查

科技环境调查包括新发明、新成果、新技术、新工艺、新材料等的研究开发、应用状况和发展趋势等的调查。现代科学技术突飞猛进，新原理、新工艺、新材料等不断涌现，热门技术和产品转瞬间成了明日黄花。这要求企业不断地进行技术革新，赶上技术进步的浪潮。否则，企业的产品跟不上技术更新换代的步伐，跟不上消费需求的变化，就会被市场无情地淘汰。科学技术革命导致新兴产业的出现，为企业提供新的市场机会，科技创新和改良导致大量新产品的出现，同时，科学技术的进步又导致人们生活方式的改变，迫使企业改变营销方式，如基于互联网的电子商务成为一种高效的营销手段。开展科学技术进步所产生的效果调查，科学技术的发明和应用情况调查，科学技术的进步使人们的生活方式、消费模式和消费需求结构发生深刻变化的调查，将有利于企业管理流程优化和市场营销活动的开展。

无论哪一个企业，在经营与发展中都必须对上述情况有基本的了解，只有掌握必要的数据，才能洞悉市场的变化趋势，正确制定宏观调控措施和微观经营策略。

二、消费者调查

消费者调查的目的是了解和熟悉消费者，掌握消费者需求的变化规律，从而指导企业调整产品策略以适应不同的消费需求。

（一）消费者基本情况调查

消费者的基本情况主要包括现有消费者和潜在消费者的数量及地区分布情况；消费者的个人收入和家庭平均收入水平、购买力大小、购买产品的数量；消费者的年龄、性别、职业、民族、文化程度等。通过对上述内容的调查分析，企业可以了解其产品的主要消费群体。

（二）影响消费者购买行为因素的调查

影响消费者购买行为的因素，指影响消费者做出购买决策的因素以及消费者在购买时关注的因素。影响消费者购买行为的因素多种多样，如文化因素、社会因素、个人因素、心理因素。个人因素主要包括消费者的年龄、职业、性别、受教育程度、生活方式、个性特点等。如不同年龄的消费者对商品和服务的数量和种类有着不同的需求，年轻人对服装、体育用品、音像制品、文化用品等需求较多，而老年人则对滋补品、保健用品有较多需求。当然，这也不能一概而论，在不同的地区、不同的时期消费者会有不同的特点，这都要通过市场调查去了解和把握。再如职业不同，对消费品需求的差异也是比较明显的，工人一般用于物质方面的支出较多，而教师用于购买书刊及在精神文化方面的支出相对多一些。

★案例

消费者调查的结果

几年前，某公司准备在中国台湾推出一个果汁品牌。品牌小组进行的消费者调查告诉他们，消费者想要口味重的果汁饮料。品牌小组为赢得口味测试，做了大量的工作。最后成功了，消费者认为该产品的口味是最好的，超过了他们的竞争对手——统一、托普卡纳。新产品上市后，又做了大量的广告宣传工作。大家都以为成功是必然的了。但结果销售量很低，于是品牌小组加大投入，在加大广告播放的基础上，还加强了促销的力度。但是结果一样，几年后黯然退出了市场。实际上，可口可乐公司也犯过同样的错误。它曾试图改变口味来赢得新一代的消费者，口味是更加柔和了，但结果同样是惨败。在这个案例中，尽管“口味好”很重要，但是消费者并不认为他们现在喝的其他品牌的果汁“口味不好”，或是需要我们提供更好口味的果汁。消费者没有说谎，味道对他们来讲是重要的，但是，消费者并不只是根据口味来做出是否购买的决定。

资料来源：全球品牌网，http：//www. globrand. com.

（三）调查消费者的购买动机

购买动机是指消费者为了满足一定的需要而产生的购买产品的欲望。购买动机是直接驱使消费者实施某种购买活动的一种内部动力，反映了消费者在心理、精神和感情上的需求，实质上是消费者为达到需求采取购买行为的推动者。调查购买动机主要是为了分析消费者产生购买动机的原因，以便为企业决策提供依据。消费者动机理论要研究的中心问题，是消费者行为的“为什么”的问题。例如，消费者为什么需要某种商品或劳务？为什么从多种商品中选购了某种品牌的商品？为什么消费者对商品广告有截然不同的态度？为什么消费者经常惠顾某些零售商店？消费者行为的“为什么”的问题，是最重要、最中心的问题，也是最难理解、最难调查的问题。这个问题解决了，消费者动机的根源就找到了。同时，对消费者行为现象的解释和说明也就有了坚实的基础。

消费者的购买动机主要分为生理动机和心理动机。

1. 生理动机

人类为了维持和延续生命，有饥渴、冷暖、行止、作息等生理本能。这种由生理本能引起的动机叫作生理动机。它的具体表现形式有维持生命动机、保护生命动机、延续生命动机等。这种为满足生理需要的购买动机推动下的购买行为，具有经常性、重复性和习惯性的特点。所购买的商品大都是供求弹性较小的日用必需品。例如，消费者为了解除饥渴而购买食品、饮料，是在维持生命动机驱使下进行的；为抵御寒冷而购买服装鞋帽，是在保护生命动机驱使下进行的。

2. 心理动机

心理动机是指消费者受情感、意志和认知等因素的影响而产生的购买动机，主要包括感情动机、理智动机和惠顾动机。

（1）感情动机。感情动机可以分为求美动机（从美学角度选择商品）、嗜好动机（满足特殊爱好）、攀比动机（对地位的要求，争强好胜心理）。感情动机的购买需求是否得到满足，直接影响到消费者对商品或营销者的态度，以及消费者的情绪体验。

（2）理智动机。理智动机是消费者经过对不同商品满足需要的效果和价格进行认真思考后产生的动机，具有客观性、周密性、控制性。理智动机可以分为求实动机（产品的实用价值）、求新动机（产品的新潮、奇异）、求优动机（产品的质量性能优良）、求名动机（看重产品的品牌）、求廉动机（喜欢买廉价的商品）、求简动机（要求产品使用程序简单，产品购买过程简单）。

（3）惠顾动机。消费者基于感情和理智的经验，对特定的商店、厂牌或商品产生特殊的信任和偏好，重复地、习惯性地前往购买的一种行为动机，具有经常性、习惯性的特点。惠顾动机要求企业决策者不仅要注重产品品牌的塑造，更应该注重产品服务的提升，从而吸引广大消费者。

通过调查消费者的购买动机，企业可以明确不同消费者对产品的不同需求，只有把握了各种不同需求，并有针对性地研发产品，才能得到相应消费者的认可。

★案例

通用汽车公司的成功

斯隆掌管美国通用汽车公司大权时，美国经济已经发展到一个新的水平，消费者已不满足于“低层次需求”。斯隆根据当时消费者多层次的购买需求，果断地调整了经营策略，开发了不同档次的轿车。其中包括适合富翁需求的豪华气派的凯迪拉克牌轿车；适合中产阶层需求的别克牌、奥兹莫比尔牌轿车；以及适合普通大众需求的简易、廉价的雪佛兰牌轿车。

从此抢走了福特“T型”汽车的大部分市场，一举奠定了通用汽车“新帅”的地位。

资料来源：http：//www.docin.com/p－525923313.html.

（四）调查消费者的购买行为

消费者的购买行为是指消费者在实际购买过程中的具体表现。调查消费者的购买行为就是调查消费者的购买模式和习惯，即了解消费者购买什么、何时购买、何处购买、如何购买和由谁来购买等情况。

1. 消费者购买对象的调查

调查内容主要包括消费者购买产品的品牌、性能、质量、款式和规格等。如果消费者购买产品时比较重视产品品牌、质量，企业就应该争创名牌产品，并加强广告宣传以扩大企业知名度。

2. 消费者购买时间的调查

消费者购买产品的时间往往受到产品性质、季节、节假日等因素的影响。产品的性质不同，购买的时间就不一样，例如，高档耐用消费品大都在节假日购买，而日用消费品则多在工作之余购买。此外，某些产品带有明显的季节性，例如，在中国每逢春节几乎家家户户都购买鞭炮、烟花，每逢中秋节都购买月饼。因而，企业应该研究和掌握消费者购买产品的时间和习惯，以便在适当的时间将产品推向市场。

3. 消费者购买地点的调查

消费者购买产品的地点往往受时间、产品的性质、消费人群等因素的影响。例如，日常生活用品（粮食、蔬菜、调味品等），由于购买频繁，为了节省时间，消费者通常在住所附近的商店购买；而服装、家庭装饰类消费品，则会到品种较多的大中型商店去购买。因而，调查消费者购买产品的地点，有利于企业合理地选择产品的销售渠道和服务网点。

4. 消费者购买方式的调查

消费者的购买方式会影响零售企业的经营和服务方式，不同消费者对于不同产品会选择不同的购买方式。例如，有些消费者喜欢网购，有些消费者喜欢电视电话购物，还有些消费者喜欢实地采购；有些消费者喜欢一次性付清货款，而有些消费者喜欢分期付款等。因此，企业可以根据消费者购买方式的不同特点，调整经营方式。

5. 谁负责家庭购买的调查

对于谁负责家庭购买的调查具体可包括三个方面：一是家庭中由谁做出购买决定；二是谁去购买；三是和谁一起去购买。这些调查对确定促销对象及促销手段尤其重要。例如，化妆品的决策者和购买者主要是女性，营销人员就应该注重产品的颜色和包装，营造一种能够吸引她们前来购买的氛围。

★案例

北京某童装品牌消费者调查

某公司主要生产中高档儿童服饰，目标消费者是3～14岁的儿童。调查实施地点是北京市区。该调查项目负责人结合产品和地区特点，对问卷进行了灵活设计。所设计的问卷主要包括：

调查对象：实际决策购买者的年龄、收入、学历、职业等个人资料。

实际决策购买者的购买行为：买过哪些童装品牌、在哪里买、大概在一个月的哪个时间段买、有哪些影响因素、选择购买的重要原因等。

实际决策购买者的评价：所能接受的童装价格、质量要求、期望价格、包装要求、促销活动偏好等。

当然，问卷设计者要把其中的问题进一步展开，以收集到更全面、完整、细致的信息。

资料来源：邵光，张晓华，张世兵．市场调查与预测［M］．上海：上海交通大学出版社，2015.

三、产品调查

（一）产品生产能力调查

产品生产能力调查是指对产品的原材料、生产设施、资金状况和人员素质等的调查。通过调查产品生产能力，可以了解企业的生产规模及未来的发展潜力。

（二）产品实体调查

产品实体调查是对商品本身各种性能的好坏程度所做的调查，产品实体调查的主要内容包括产品的规格、颜色、图案、味道、式样、原料、功能等。通过调查可以了解哪些因素是最重要的，这些因素就应该是生产经营中强调的重点。某企业在对电热水器市场进行调查中了解到，电热水器的安全性是消费者所考虑的最重要的因素，因此，该企业将提高产品的安全性作为整个工作的中心环节来抓。如果调查得知消费者比较看重产品制作材料，并对原料或材料应用有特殊要求，就应该注重材料的应用。

（三）产品包装调查

产品包装调查的主要内容包括消费者所喜欢的包装外形、包装所应传递的信息、竞争者包装的样式和规格、包装是否经济实惠、包装在运输中是否适应各种不利的气候条件等。企业通过对产品包装进行调查，可以了解消费者对包装的不同要求，从而改善产品包装设计。

（四）产品品牌调查

产品品牌调查的主要内容包括企业和品牌的知名度、美誉度，企业和品牌的认知度和认知途径，评价企业和品牌的各项指标，对新品牌和新企业的名称、商标相关设计的评价和喜好，品牌的管理和品牌力的测试；有时还可能涉及品牌形象。

（五）产品生命周期调查

任何产品从开始试制、投入市场到被市场淘汰，都经过引入期、成长期、成熟期和衰退期四个阶段，这一过程称为产品的生命周期。不同行业和不同产品的生命周期不同，就需要在不同的时期采取有针对性的营销策略。测算产品生命周期需要对产品销售量、销售增长率及产品普及率等展开调查。

（六）产品价格调查

从微观角度看，产品价格调查的主要内容包括国家在商品价格上的控制和具体规定，企业商品定价是否合理，如何定价才能使企业增加盈利，消费者对什么样的价格容易接受以及接受程度，商品需求和供给的价格弹性有多大及其影响因素等。通过价格调查可以了解影响价格变动的因素，以及价格变动的规律和趋势，从而把握市场供需变动情况，调整生产。

四、市场营销活动调查

（一）竞争者调查

任何产品在市场上都会遇到竞争者，对竞争者进行调查，才能确定企业的竞争策略。竞争者调查的主要内容包括调查主要竞争产品的品牌、产量、质量、价格、市场占有率，竞争者的数量、规模、实力、能力、营销策略，将要生产或打算生产同类产品的企业，可能的替代产品及生产企业。只有完成竞争者调查才能展开竞争分析，如采用波特的五力模型或SWOT模型进行分析。竞争分析是市场研究中相当重要的一环，其根本目的是通过一切可获得的信息摸清竞争者的竞争策略，以便于正确地进行市场策略的定位并在市场中更好地与竞争者展开竞争。想要调查竞争者，有以下三种间接途径：一是通过竞争者的经销商来了解竞争者的渠道策略、经销政策、产品及价格，同时了解经销商对竞争者的评价；二是调查竞争者的终端管理情况，了解竞争者的终端陈列、促销、促销人员素质等相关信息；三是收集竞争者的广告，了解竞争者的广告发布策略、广告诉求等相关信息。对竞争者的调查，要注意对其市场行为规律的分析，特别是主要经营者的变动及其他动向。有些行业新技术不断涌现，产品更新换代快，替代品威胁成为主要的竞争压力，因此替代品生产企业就应列为竞争者调查的重点。通过竞争者市场调查还可以及时掌握竞争者的动态，掌握企业产品在市场上所占份额大小，以便针对竞争者的策略，对自己的工作进行调整和改进。

【课堂讨论】 某著名手机品牌准备推出一款新机型，但不知其主要竞争者会作何反应。

讨论：如何展开对竞争者的调查？

（二）销售渠道调查

销售渠道是指商品从生产领域进入消费领域所经过的通道，是商品从生产者市场向消费者市场转移的过程和路线。对于企业来讲，目前可供选择的销售渠道有很多，虽然有些工业产品可以采取直销方式，但多数商品要由一个或更多的中间商转手销售。销售渠道调查除了对中间商调查外还要对批发市场、零售市场的销售层级和零售业态进行调查，要注意调查流通渠道的参加者和商品流转环节的层次。其中对零售市场的调查，要调查零售商品交易活动的参加者、零售企业的类型、零售商业网点的分布、零售企业的促销活动及零售市场的服务形式等。

（三）服务调查

服务是指通过取得消费者满意度和忠诚度来促进产品销售的营销方式，如免费运送产品、免费对产品进行维修、为消费者提供便利等。服务调查主要包括以下三方面的内容：

（1）调查消费者的服务需求及对服务的满意度。

（2）调查服务的质量。包括服务标准的设立、服务内容的制定、服务结果的反馈和服务质量的评估等。

（3）调查企业对服务人员的管理。服务人员的素质、技能及工作态度会影响到消费者对整个企业的印象，因此应严格挑选、培训和激励服务人员并加强管理。

（四）促销方式调查

促销必须首先从企业自身的实际出发，对消费者进行细致的调查，包括对目标市场的调查、同类产品的调查、消费心理及习惯的调查、目标消费群媒体接触的调查等。只有进行了充分的调查，才能找到目标市场的诉求主题，选择最适当的媒体以及最适当的广告时机，从而打败竞争者，提高市场占有率。促销方式调查主要包括对广告宣传、人员推销、营业推广、公共关系等促销活动的调查。

1. 广告宣传调查

广告宣传调查是用科学的方法了解广告宣传活动的情况和过程，为广告主制定决策、达到预定的广告目标提供依据。广告宣传调查的主要内容包括广告诉求、广告媒体和广告效果等。广告宣传效果表现为广告的到达率、记忆率和效力。影响广告宣传效果的因素有广告的版面大小、时间长短和传播频次等。一般而言，较大的广告费投入总伴随着较明显的广告效果。广告诉求调查也就是针对消费者需求动机进行调查，目的是找到更好的信息内容和传递方法。其主要内容包括消费者收入情况、知识水平、广告意识、生活方式、情趣爱好以及对产品的接受程度等。广告媒体调查的目的是使广告宣传达到理想的效果，广告媒体是广告信息传递的工具，目前媒体广告种类繁多，这就需要通过调查了解情况，将各种媒体的长处和短处进行比较，包括各种媒体传播的广度、经济性、相互组合的广告效果变化等。

★案例

永和豆浆改变了广告策略

我国台湾著名的永和豆浆餐饮连锁公司，1999 年在上海成立了永和豆浆总部及直营连锁店，在大陆开设了几十家分店，在媒体上也做了不少广告，可是并未达到预期的效果。2001 年永和豆浆委托零点做市场调查寻找问题的原因。零点在调查中发现，上海还有一家叫永和大王的餐饮有限公司，也是来自台湾。在访问中大部分的被调查者都分不清永和豆浆和永和大王，认为它们是同一家公司。所以消费者要选择在永和豆浆用餐时，却跑到了永和大王，永和豆浆的广告宣传有一部分是给永和大王做了“嫁衣”。针对人们的“误会”，永和豆浆改变了广告策略，通过两年的努力永和豆浆在消费者中建立了清晰而又良好的品牌形象。

资料来源：http：//www. docin. com/p－240238016. html.

2. 人员推销调查

人员推销主要包括以下三种方式：一是上门推销，这是一种向顾客靠拢的积极主动的促销方式，也是被企业和公众广泛认可和接受的一种推销方式。二是柜台推销，营业员在与顾客当面接触和交谈中，介绍商品、回答问题、促成交易，这是一种“等客上门”的推销方式。三是会议推销，是指利用各种会议的形式介绍和宣传产品，开展推销活动，如推销会、订货会、物资交流会、展销会等。这种推销方式具有接触面广、成交额大的特点。

人员推销调查主要调查各种不同推销方式的效果以及推销人员的素质和技巧，从而选择最佳的推销方式以及培训、挑选合适的推销人员。

3. 营业推广调查

营业推广是指企业通过直接折扣或利用产品、价格、服务、购物方式与环境的优点、优惠或差别性，以及通过推销、经销奖励来促进销售的一系列方式方法的总和。它能迅速刺激需求，鼓励购买。营业推广的对象主要有三类：消费者或用户、中间商和推销人员，促销对象不同，必须选择不同的促销方式，对最终消费者和中间商一定要区别对待。营业推广的形式包括赠送产品、有奖销售、优惠券、俱乐部制和“金卡”、附赠产品、推销奖金、竞赛、演示促销、交易折扣、津贴、红利提成、展销会、订货会等，要根据促销目的及目标消费群体的差异区别选用。营业推广调查通过调查对不同推广对象的推广效果，为拟定最佳的推广策略提供依据。

4. 公共关系调查

公共关系促销是指企业通过树立企业形象和产品形象，而促进产品的销售，其满足了消费者高层次的精神需要，有利于不断赢得新老顾客的信赖。在进行公共关系调查时应重点调查公共关系的作用以及哪种公共关系形式对企业产品销售所起的作用最大。通常所用的公共关系促销方式有制造和利用新闻、举行各种会议、参与社会公益活动、捐赠、赞助和建设企业文化等。

项目小结

市场调查伴随着商品经济高度发展而日益重要，企业要想在激烈的市场竞争中获得竞争优势和获得持续性发展，必须依靠市场调查才能实现。市场调查作为系统地收集市场信息的有效工具，具有自身的含义、内容和特征，在运行过程中必须遵循必要的原则和科学有效的程序，只有事先掌握市场调查的基本原理，才能更加有效地发挥市场调查的作用。由于影响市场变化的因素很多，因此市场调查的内容也十分广泛。一般来说，影响市场变化的各种主要因素都应调查，其中最主要的调查内容包括社会环境、消费者、产品和市场营销活动。

课后自测

一、单选题

1. 下列各项中不属于微观市场构成要素的是（　　）。

A. 人口　　B. 商品　　C. 购买力　　D. 购买欲望

2. 同商品经济一样，市场经济也是以商品交换和市场为基础，市场经济（　　）。

A. 同商品交换相伴而产生　　B. 同市场相伴而产生

C. 随商品经济的产生而产生　　D. 是商品经济发展到高度社会化的产物

3. 以下哪项属于企业的可控因素？（　　）

A. 产品销售、广告策略　　B. 竞争者的产品

C. 法律环境　　D. 人们的消费习惯

4. 某企业欲调查购买本企业产品的顾客是些什么人，他们的性别、年龄、职业、收入、文化程度等怎样，他们对产品有何看法，该调查属于（　　）。

A. 探测性市场调查　　B. 描述性市场调查

C. 因果性市场调查　　D. 预测性市场调查

5. 确定调查目标、制定调查方案、设计问卷属于市场调查的哪个阶段？（　　）

A. 调查准备阶段　　B. 调查实施阶段

C. 结果处理阶段　　　　　　　　　　D. 总结阶段

二、多选题

1. 现代社会经济条件下，市场的概念应该是（　　）。
   A. 商品交换的场所
   B. 供需关系的总称
   C. 全社会多种经济关系的总和
   D. 既是一般意义上商品交换的场所，又表现为全部商品经济关系的总和
2. 市场调查的目的是（　　）。
   A. 了解消费者需求　　　　　　　　B. 分析市场趋势
   C. 为市场预测和经营决策提供依据　D. 获取市场信息
3. 根据市场调查的目的不同进行划分，可以分为（　　）。
   A. 探测性市场调查　　　　　　　　B. 描述性市场调查
   C. 因果性市场调查　　　　　　　　D. 预测性市场调查
4. 以下哪项属于企业的不可控因素？（　　）
   A. 社会经济形势　　　　　　　　　B. 竞争者的产品
   C. 法律环境　　　　　　　　　　　D. 人们的消费习惯
   E. 企业新产品的开发研究
5. 消费者的购买动机包括（　　）。
   A. 生理动机　B. 求名动机　C. 心理动机　D. 好奇动机
6. 消费者调查包括（　　）。
   A. 调查消费者的基本情况　　　　　B. 调查影响消费者购买行为的因素
   C. 调查消费者的购买动机　　　　　D. 调查消费者的购买行为
   E. 调查产品价格

三、名词解释

市场调查　描述性市场调查　针对性原则　购买行为　购买动机

四、简答题

1. 市场调查的含义和特征是什么？市场调查有什么作用？
2. 市场调查有哪些类型和基本要求？
3. 市场调查应按什么程序进行？
4. 市场调查包括哪些内容？
5. 简述市场调查应遵循的基本原则。
6. 产品调查包括哪些内容？
7. 确定调查目标前应该思考哪些问题？

拓展提高

案例 1-1

丰田进军美国

1958年，丰田汽车首次进入美国市场，年销量仅为288辆。丰田进入美国的第一种试验型客车是一场灾难，这种车存在着严重的缺陷：引擎的轰鸣像载重卡车，车内装饰粗糙又

不舒服，车灯太暗不符合标准，块状的外形极为难看；并且与其竞争对手大众的“甲壳虫”车1 600美元的价格相比，它2 300美元的定价吸引不了消费者。结果，只有5位代理商愿意经销其产品，而且在第一个销售年度只售出288辆。

面对困境，丰田公司不得不重新考虑怎样才能成功地打进美国市场。丰田公司制定了一系列的营销战略，其中最重要的一步就是进行大规模的市场调查，以把握美国的市场机会。

调查工作在两条战线上展开：①丰田公司对美国的代理商及消费者需要什么，以及他们无法得到的是什么等问题进行彻底的研究；②研究外国汽车制造商在美国的业务活动，以便找到缺口，从而制定出更好的销售和服务战略。

丰田公司通过多种渠道来收集信息。除了日本政府提供的信息外，丰田公司还利用商社、外国人及本公司职员来收集信息。丰田公司委托一家美国的调查公司去访问大众汽车的拥有者，以了解消费者对大众汽车的不满之处。这家调查公司调查了美国轿车风格的特性、道路条件和消费者对物质生活用品的兴趣等几个方面。从调查中，丰田公司发现了美国市场由于需求趋势变化而出现的产销差距。

调查表明，美国人对汽车的观念已由视其为地位象征变为仅将其看作交通工具。美国人喜欢有伸脚空间、易于驾驶和行驶平稳的美国汽车，但希望在购车、节能、耐用性和易保养等方面所花的代价大大降低。丰田公司还发现消费者对日益严重的交通堵塞状况十分反感，对便于停放和比较灵活的小型汽车有强烈的需求。

调查还表明，大众“甲壳虫”的成功在于它所建立的提供优良服务的机构。由于向购车者提供了可以信赖的售后服务，大众汽车公司消除了消费者所存有的买外国车花费大而且需要时经常买不到零配件的后顾之忧。

根据调查结果，丰田公司的工程师开发了一种新产品——光冠（Corona）牌汽车，一种小型、驾驶和维修更经济实惠的美国式汽车。

经过不懈的努力，到1980年，丰田汽车在美国的销售量已达到58 000辆，两倍于1975年的销售量，丰田汽车占美国进口汽车总额的25%。

资料来源：http：//www. docin. com/p－437972699. html.

讨论：丰田汽车是怎么打进美国市场的？从本案例中你得到了什么启示？

案例1-2

新可口可乐跌入了调查陷阱

1985年4月23日，可口可乐公司董事长罗伯特·戈伊朱埃塔宣布了一项惊人的决定。在美国乃至世界商业史上，还从来没有哪一项商业决策能像可口可乐公司的决策那样引起如此巨大的震惊、骚动和争论。

戈伊朱埃塔说：“即使是最好的也可以做得更好。”他宣布：经过99年的发展，可口可乐公司决定放弃它那一成不变的传统配方，因为现在消费者偏好口味更甜的软饮料。为了迎合这一市场需求的变化，可口可乐公司决定更改配方调整口味，推出新一代可口可乐。

决策的背景及过程

直到20世纪70年代中期，可口可乐公司一直是美国软饮料市场上无可争议的领导者，然而，在1976—1979年，可口可乐在市场上每年的增长速度从13%猛跌至2%。与此形成鲜明对比的是，百事可乐来势汹汹，异常红火。它先是推出了“百事新一代”的系列广告，将促销锋芒直指饮料市场最大的消费群体——年轻人。

可口可乐公司市场调查部门的研究表明，可口可乐独霸饮料市场的格局正在转变为可口可乐与百事可乐分庭抗礼的新格局。根据可口可乐公司市场调查部门公布的数据，在1972年，有18%的软饮料消费者只认可口可乐这一种品牌，只有4%的消费者非百事可乐不饮。10年后形势则完全不同，只有12%的消费者忠诚于可口可乐，而坚持只喝百事可乐不喝其他软饮料的消费者比例竟几乎与可口可乐持平，达到11%！

最令可口可乐公司气恼的是，可口可乐的广告费超出百事可乐1亿美元，可口可乐自动售货机数量是百事可乐的两倍，可口可乐的销售网点比百事可乐多，可口可乐的价格比百事可乐有竞争力……可为什么可口可乐的市场占有率就一直下滑呢？

市场调查

“堪萨斯工程”是可口可乐公司秘密进行的市场调查行动的代号。在这次市场调查中，可口可乐公司出动了2 000名调查员，在10个主要城市调查顾客是否愿意接受一种全新的可口可乐。调查员向顾客出示包含有一系列问题的调查问卷，请顾客现场作答。例如，有一个问题是：可口可乐配方中将增加一种新成分，使它喝起来更柔和，你愿意吗？另一个问题为：可口可乐将与百事可乐口味相仿，你会感到不安吗？你想试一试新饮料吗？

根据调查结果，可口可乐公司市场调查部门得出了如下数据：只有10%～12%的顾客对新口味可口可乐表示不安，而且其中一半的人认为以后会适应新可口可乐。这表明顾客们愿意尝试新口味的可口可乐。

可口可乐公司技术部决意开发出一种全新口感的、更惬意的可口可乐。1984年9月，他们终于拿出了样品。这种新饮料比可口可乐更甜、气泡更少。它的口感柔和且略带胶粘感，这是因为它采用了比蔗糖含糖量更高的谷物糖浆。为了万无一失，可口可乐公司又倾资400万美元进行了一次规模更大的口味测试。13个大城市的19.1万名顾客参加了这次测试。在众多未标明品牌的可乐饮料中，品尝者们仍对新可口可乐青睐有加，55%的品尝者认为新可口可乐的口味胜过传统配方的可口可乐，而且在这次测试中新可口可乐又一次击败了百事可乐。

“新可乐”上市

1985年4月23日，戈伊朱埃塔在纽约市的林肯中心举行了盛大的新闻发布会，正式宣布“新可乐”取代传统的可口可乐上市了。

决策的后果

风云突变。虽然可口可乐公司事先预计会有一些人对“新可乐”取代传统可乐有意见，但没想到反对的声势如此浩大。

在“新可乐”上市4小时之内，可口可乐公司接到650个抗议电话。到5月中旬，公司每天接到的批评电话多达5 000个，而且更有雪片般飞来的抗议信件。可口可乐公司不得不开辟83条热线，雇用了更多的公关人员来处理这些抱怨与批评。

有的顾客称可口可乐是美国的象征，是美国人的老朋友，可如今却突然被抛弃了。还有的顾客威胁说将改喝茶水，永不再买可口可乐公司的产品。在西雅图，忠诚于传统可口可乐的人们组成了“美国老可乐饮者”组织，准备在全国范围内发动抵制“新可乐”的运动。

许多人开始寻找已停产的传统可口可乐，这些“老可乐”的价格一涨再涨。到6月中旬，“新可乐”的销售量远低于可口可乐公司的预期值，不少瓶装商强烈要求改回销售传统可口可乐。

可口可乐公司的市场调查部门再次对市场进行了紧急调查。结果他们发现，在5月30日前还有53%的顾客声称喜欢“新可乐”，可到了6月，一半以上的人说他们不喜欢“新可乐”。到7月，只剩下30%的人说“新可乐”的好话了。

愤怒的情绪继续在美国蔓延，媒体还在煽风点火。对99年历史的传统配方的热爱被媒体形容成为爱国的象征。堪萨斯大学的社会学教授罗伯特·安东尼奥说：“许多人认为可口可乐公司把一个神圣的象征给玷污了。”就连戈伊朱埃塔的父亲也站出来批评“新可乐”，甚至他威胁说要不认这个儿子。

可口可乐公司的决策者们不得不认真考虑问题的严重性了。在一次董事会上，戈伊朱埃塔决定暂时先不采取行动，到6月的第4个周末再说，看看到那时销售量会有什么变化。

但到6月底，“新可乐”的销量仍不见起色，而公众的抗议却愈演愈烈。于是，可口可乐公司决定恢复传统配方的生产，其商标定名为Coca-Cala Classic（可口可乐古典）。同时继续保留和生产“新可乐”，其商标为New Coke（新可乐）。7月11日，戈伊朱埃塔率领可口可乐公司的高层管理者站在可口可乐标志下向公众道歉，并宣布立即恢复传统配方的可口可乐的生产。

消息传来，美国上下一片沸腾。ABC电视网中断了周三下午正在播出的节目，马上插播了可口可乐公司的新闻。所有媒体都以头条新闻报道了“老可乐”归来的喜讯。民主党参议员大卫·普赖尔还在参议院发表演讲，称“这是美国历史上一个非常有意义的时刻，它表明有些民族精神是不可更改的”。华尔街也为可口可乐公司的决定欢欣鼓舞，“老可乐”的归来使可口可乐公司的股价攀升到12年来的最高点。

百事可乐公司美国业务总裁罗杰尔·恩里克说：“可口可乐公司推出‘新可乐’是个灾难性的错误。是80年代的‘爱迪塞尔’。”

决策失误分析

在“新可乐”上市前，可口可乐公司不能不说是格外慎重地进行了准备工作。它费时2年耗资400万美元调查了近20万名消费者，而且调查结果“既合理又有利”，做出上市“新可乐”的决策似乎合情合理，无懈可击。但结局为什么会与推断截然相反呢？

可口可乐公司进行的市场调查工作似乎十分合乎逻辑：公司决定上市一种新口味的可乐，它当然应该首先在消费者中进行口味测试。这种“新可乐”在同“老可乐”和百事可乐的对比中皆取得胜利，说明它是符合消费者口味、迎合市场需求的富有竞争力的拳头产品，投产后理所当然地应该大获成功。

但是，可口可乐的调查部门设计调查问卷和口味测试时忽略了一个重要环节，没有告诉被调查者：如果你选择了一种可乐，那么你将失去别的可乐。而被调查者却无一例外地以为“新可乐”是对现有“老可乐”的补充，而绝不是对“老可乐”的替代。调查者和被调查者没有在基本框架上达成一致。

另外，可口可乐公司市场调查人员看到百事可乐近年来发展势头逼人，因而主观上先入为主地认为顾客喜爱口味更甜的可乐。于是，他们把“新可乐”与“老可乐”的区别定位在“更甜”上。在进行口味测试时，他们选择的被测试者多是年轻人。这似乎又是合情合理的，因为年轻人是饮料市场的最大顾客群体。在这种情况下进行的口味测试，从两方面进一步引诱可口可乐公司将“新可乐”推向“更甜”的误区：一方面，年轻人比中老年人更喜爱甜口味，他们当然会投“新可乐”的票；另一方面，人们在不被告知品牌而进行品尝的时候，心情是比较紧张的，他们生怕测试者嘲笑自己味觉不敏感，尝不出新产品的特别之处，于是，当品尝到甜度明显超过现有可乐的“新可乐”时，被测试者马上做出反应，说自己喜欢这种口味，以显示他的味觉是敏感的。

可口可乐公司先入为主的概念此时又得到了“确凿无疑”的市场调查结果的验证，于是口味更甜的“新可乐”出台了。

实际上，百事可乐是在20世纪70年代末80年代初异军突起的，那时美国生育高峰期出生的孩子已经长大，形成了一个强大的甜口味饮料消费群体。但从80年代中期开始，美国社会老龄化，喜爱传统口味的中老年消费群在不断扩大。与此同时，健康饮食观念日益深入人心，人们开始忌讳多油、多糖的食品。因此，口味更甜的“新可乐”就显得有点儿不识时务了。

一个拥有百年历史且广为传播的产品已经不再是一种简单的商品了，它形成了某种文化，成了某种象征。但这种文化内涵和象征价值是深眠于消费者内心深处的，必须有意识地精心设计问卷才能调查出它在消费者内心的地位或分量。如果只是简单地问消费者：如果可乐配方变了，你是愿意喝更多、更少，还是与以前数量相同的可乐？那就根本无法深入探测到消费者内心深处对产品的情感，也无法探测出产品内在价值的影响力，此时轻率做决策，当然会产生失误。

资料来源：乔迪．兰德决策——机遇预测与商业决策［M］．成都：天地出版社，1998.

讨论：

1. 案例的题目是“新可口可乐跌入了调查陷阱”，是否说明不应该进行市场调查？你的意见呢？

2. 在可口可乐公司推出“新可乐”之前，他们做了哪些调查和准备工作？你认为他们还应该做哪些工作？

3. 在案例的最后，文章指出可口可乐公司忽略了最重要的一点，为什么可口可乐公司会犯这样的错误呢？

项目训练

实训项目：查找市场调查案例。

实训组织：学生分组（4～6人一组）到图书馆或网上查找2个市场调查案例。针对此案例指出设计该市场调查流程的步骤。

实训要求：收集市场调查案例（成功的或失败的），做成PPT进行演讲展示，从三个方面进行分析：①市场调查的意义；②市场调查流程；③市场调查应遵循的原则（注意必须与营销案例相区分）。

实训成果：经典案例展示分析。

实训考核：要求每组同学进行案例收集，全班讨论、交流。同学与教师打分。首先，小组内部评出每位成员的个人成绩档次（优秀、良好、中等、及格、不及格），如表 1-1 所示；然后，教师综合评出各小组成绩，如表 1-2 所示，在此基础上给出个人最终成绩；最后，教师进行点评。

个人最终成绩 = 20% ×（表 1-1 中的成绩） + 80% ×（表 1-2 中的成绩）

附：效果评价表

表 1-1　小组成员个人成绩评价表

小组成员个人成绩 / 小组成员姓名	优秀	良好	中等	及格	不及格
教师评价					

注：考评满分为 100 分，60 分以下为不及格，60～70 分为及格，71～80 分为中等，81～90 分为良好，90 分以上为优秀。

表 1-2　各小组调查案例收集分析评价表

评价内容	分值/分	评分/分
收集的调查案例客观、真实	15	
案例展示思路清晰、结构完整	20	
紧扣调查原则进行分析	20	
案例的分析有理有据	30	
案例展示体现团队合作	15	
合计	100	

学习收获

项目 2

市场调查方法的选择

★知识目标

1. 了解第二手资料收集的方法
2. 掌握访问调查法的操作和观察调查法的技术
3. 明确实验调查法的操作

★技能目标

掌握选择市场调查方法的能力以及实地调查的能力

★情境设置

场景一 年轻的罗佛尔先生是欧洲某国一家小型公司的总经理。他的公司生产和销售的一种彩色橡胶灯套是用一种耐高温、抗老化的透明合成橡胶制成的，具有各种不同的颜色。将它套在白炽灯泡或者日光灯管上，它们就成了彩灯。有了彩色橡胶灯套的保护，可以防止碰撞和潮湿，能够显著地延长白炽灯和日光灯的寿命。因此，彩色橡胶灯套适用于酒店、饭馆、商店等场合。它还特别适用于节日时广场、街道的露天灯光装饰。有了彩色橡胶灯套，一个普通灯泡就可以具有多种用途，既可以作普通照明用，又可以作装饰用，甚至还可以通过套用不同颜色的橡胶灯套，使一个普通灯泡（管）变成多个彩色灯泡（管）。一般来说，彩色灯泡或者灯管的价格是普通白炽灯泡或者日光灯管价格的 2～3 倍，而彩色橡胶灯套的价格却只有普通灯泡的 1/5，所以彩色橡胶灯套在市场上销路不错。

罗佛尔先生是一位颇有开拓精神的企业家。他认为，作为世界上人口最多的国家，正在实行改革开放政策的中国也许是彩色橡胶灯套最理想的市场。他委托一家与中国有良好业务关系的咨询公司协助他进行彩色橡胶灯套的中国市场行情分析。经过与咨询公司信息部职员的多次商议，罗佛尔先生决定研究四个相关问题：第一，彩色橡胶灯套在中国的市场潜力；第二，中国市场对彩色橡胶灯套规格、价格以及数量方面的要求；第三，中国民用照明灯具生产厂商的情况；第四，打入中国市场的最佳方法。

请根据以上调查目的，为罗佛尔先生选择一种恰当的市场调查方法。

场景二　某企业发明了一种能够对假牙在口腔中活动情况进行三维测量的仪器。将这种仪器推向市场之前需要确定市场的销售潜力。所需的资料主要有国内牙医诊所的数量、全国每10万人所拥有的牙医的平均数、即将开业的牙医诊所数、未来10年新增牙医数、现有牙医年龄结构、全国牙医诊所在各省市的分布情况。经分析确定了获得这些资料的途径：全国卫生部门的年度统计资料、全国牙病卫生状况普查资料、有关牙医医学发展动态的学术会议及论文、行业协会的调查和研究报告等。

★案例导入

咖啡杯的市场调查

美国一家公司准备改进咖啡杯的设计，为此进行了市场调查。首先，他们进行咖啡杯选型调查。这家公司设计了多种咖啡杯，让500个家庭主妇进行观摩评选，研究主妇们用干手拿杯子时哪种形状好，用湿手拿杯子时哪种不易滑落。根据调查结果，他们选用了四方长腰果形杯子。然后对产品名称、图案等也同样进行了造型调查。接着他们利用不同颜色会使人产生不同感觉的特点，通过调查实验，选择了颜色最适合的咖啡杯。他们的方法是，首先请了30多人，让他们每人各喝4杯相同浓度的咖啡，咖啡杯的颜色分别为咖啡色、青色、黄色和红色。试饮的结果显示，使用咖啡色杯子的人认为“太浓了”的占2/3，使用青色杯子的人都异口同声地说“太淡了”，使用黄色杯子的人都说“不浓，正好”，而使用红色杯子的10人中竟有9人说“太浓了”。根据这一调查结果，公司的咖啡店将咖啡杯一律改为红色。该店借助颜色，既可以节约咖啡原料，又能使绝大多数顾客感到满意。这种咖啡杯投入市场后，与市场上的产品展开了激烈的竞争，最终以销售量比对方多两倍的优势取得了胜利。

资料来源：https：//wenku. baidu. com/view/58659876aaea998fcd220e08. html.

讨论：

1. 本案例用的是什么调查方法？这种方法有什么优缺点？
2. 这个调查结果可信吗？
3. 如果让你设计调查方案，你有什么更好的建议？

任务1　文案调查法

★任务描述

市场上已有的资料称为第二手资料，收集第二手资料的方法主要有文案调查法，也称间接调查法。调查人员可通过查看报纸杂志，检索文献典籍，购买、复制数据报表等手段来收集市场上已有的数据资料，为市场调查服务。

一般情况下，市场调查活动是从收集第二手资料开始的。本分项任务将引领你认识第二手资料的收集方法——文案调查法。

一、文案调查法的概念及特点

（一）文案调查法的概念

文案调查法是指利用企业内部和外部现有的各种信息、情报资料，对调查内容进行分析研究的一种调查方法，也称间接调查法。

（二）文案调查法的特点

1. 文案调查法的优点

调查人员只需花费较少的时间和精力就可以获得有用的信息资料（这些资料是已经加工过的第二手资料）；文案调查不受时空的限制；第二手资料一般都是以文字、图表等形式表现的，因此不受调查人员和调查对象主观因素的干扰，反映的信息内容较为真实客观。

2. 文案调查法的缺点

文案调查法收集的是第二手资料，其是历史的记载，随着时间的推移和市场环境的变化，可能会过时；所取得的第二手资料本来是为其他目的服务的，而且数量众多、质量良莠不齐，需要进一步加工处理；分析第二手资料通常需要使用难度较高的数量分析技术，从而在一定程度上限制了它的应用。

二、文案资料的来源

（一）企业内部资料来源

1. 业务资料

业务资料包括与企业业务经营活动有关的各种资料，如订货合同、发货单据、销售记录、库存数据等。

2. 统计资料

统计资料主要包括各类统计报表，企业生产、销售、库存的各种报表，统计分析报告等。

3. 财务资料

财务资料是企业财务部门提供的各种财务会计核算分析的资料，包括会计记录、报表和分析报告。

4. 其他资料

其他资料包括企业规划、剪报、各种调查报告、经验总结、审计报告、客户意见建议、行业简报和市场动态报告等。

（二）企业外部资料来源

1. 互联网

在互联网上收集资料主要是通过访问有关网站来进行。网上信息服务的提供者很多，信息量巨大，企业在选择信息服务时要充分考虑信息服务的及时性、准确性、经济性和安全性。通过网络，足不出户就可以收集到世界各地各方面的资料，与传统的资料收集方法相比，能够有效地缩短市场调查过程，提高调查活动的实效性。目前，传统的市场调查中资料的收集越来越多地通过网络来进行。

2. 图书馆

各类综合性或专业性图书馆，尤其是经贸部门的图书馆，大都可以提供有关市场的基本情况等方面的资料，有时还可能提供有关产品、采购单位等较为具体的资料。

3. 政府机构

从政府有关部门（如统计部门、工商行政管理部门、税务部门、专业委员会和工业主管部门等）也可获取有关当地社会经济发展、人口等方面的资料，以及有关的经济政策法规等。例如，可从统计部门获取有关产业的统计数据，包括详尽的库存情况、生产情况、需求情况。其揭示了市场上竞争者的数量、产量、总销售量等诸多信息。

4. 行业协会和商会

各种行业组织通常定期或不定期地通过内部刊物发布各种资料，包括行业法规、市场信息、经验总结、形势综述、统计资料汇编、会员经营状况和发展水平等，这对于市场调查来说，是重要的资料来源。例如家电行业协会，就备有各家电公司甚至国际主要家电制造商的各品牌家电的详细资料，如质量、价格、性能、产量、市场占有率以及未来发展趋势等。

5. 新闻媒体

报刊、广播、电视也是重要的资料来源。这些媒体每天都会刊播大量的信息资料，有的为广告服务，有的直接为市场营销服务，对调查者来说都是有价值的。

6. 研究机构和调查咨询公司

不少工商业研究所和调查咨询公司经常发表市场调查报告和专题评论文章，能提供大量的背景材料。

7. 消费者组织

很多消费者组织经常收集在各自地区销售的各种产品的情况，并定期在刊物上公布有关结果，还提供零售价格变动的信息，也会现场访问顾客，收集意见。这些资料对市场调查十分有利。

8. 各类会议

各种博览会、展销会、交易会、订货会，以及专业性、学术性经验交流会等会发放各种文件和材料，包括有关企业的产品目录、商品说明书、价格单、经销商名单、年度报告、财务报表或其他资料，以及有关竞争对手的资料或潜在竞争对手的资料。

9. 证券交易所

如果调查对象是上市公司，可从证券交易所查询有关的资料。上市公司都必须向证券监督管理部门和有关证券交易所提交年度报告和中期报告，并予以公告。通过这些报告可以了解到调查对象的财务状况、战略规划和营销策略。

三、文案调查的方法及原则

（一）文案调查的方法

1. 查找

查找是获取第二手资料的基本方法。从操作的次序看，首先要在企业内部查找。一般来说，从企业自己的信息资料库中查找最为快捷方便。只要信息基础工作做得好，从企业内部查找可以获得大量反映企业本身状况的时间序列信息，还可以获得有关客户、市场等方面的资料。其次还需到企业外部查找，主要是到一些公共机构查找，如图书馆、资料室、信息中心等。为提高查找的效率，应注意熟悉检索系统和资料目录，还应尽量争取这些机构工作人员的帮助。从操作的手段上看，主要是利用计算机在互联网和局域网上收集所需的各种资料。

2. 索讨

索讨是指向占有信息资料的单位或个人无代价地索要。这种方法的效果在很大程度上取决于对方的态度，因此向那些已有某种联系的单位和个人索讨或由熟人介绍向那些尚未有联系的单位和个人索讨，常能收到较好的效果。有些企业出于宣传自己的需要也乐意向社会提供有关的信息资料，向它们索讨也会有好的效果。

3. 购买

购买即支付一定的费用，从有关单位获取资料。随着信息的商品化，许多专业信息是有偿转让的，大多数信息出版物也是定价销售的，购买是收集资料的重要方法。企业订阅有关的杂志、报纸等就属于一种信息购买行为。

4. 交换

交换是指与有关单位之间进行对等的信息交流。这种交换不同于商品买卖中的以物易物，而是一种信息共享的协作关系，交换的双方都有向对方无偿提供资料的义务和无偿获得对方资料的权利。

5. 接收

接收是指接纳外界主动提供的免费信息资料。随着现代营销观念的确立，越来越多的企业和单位，为宣传产品和服务，扩大知名度，树立社会形象，主动向社会传递各种信息，包括广告、产品说明书、宣传材料等。要注意收集和积累这些资料，只要坚持长期收集，往往就能发现有价值的信息。

（二）文案调查的原则

1. 相关性原则

相关性原则是文案调查的首要原则，也是调查人员选定资料的最主要标准。调查人员必须根据调查的目的和要求，确定资料选择的范围和内容，把与调查主题切实相关的资料选择出来。

2. 时效性原则

文案调查所用的资料大多数是历史资料，调查人员在收集资料的过程中，必须考虑所收集资料的时效性是否能满足调查的需要，要摒弃过时的、与市场当前变化不相符的资料，确保资料能准确反映市场变化的规律。

3. 系统性原则

文案调查收集的资料是从不同渠道收集到的散乱的资料，一般情况下，这些资料并不能直接、全面地说明调查主题，需要调查人员在已有资料的基础上，进行必要的加工处理，以形成系统的资料。

4. 经济效益原则

文案调查最主要的优点是省时省费用，如果一项文案调查所使用的费用过高、周期过长，就失去了它的优势。要确保文案调查的经济性，必须遵守先易后难的原则，即先收集那些比较容易得到的资料，再收集那些不易得到的资料；必须遵守先内后外的原则，即先从企业内部收集资料，在企业内部不能满足需要时，再去企业外部寻求相关资料。

任务2 访问调查法

★任务描述

在市场调查中，第二手资料的获取虽然便捷，但毕竟不是针对调查人员所关心的具体问题而编制的，往往缺乏针对性和时效性，很多情况下，只能作为参考材料。所以，第一手资料的收集是非常必要的。第一手资料的最大特点是真实可靠、针对性强、时效性强，它是调查人员根据所研究问题的需要在市场上实地收集的资料，比第二手资料更真实、更准确、更可靠。第一手资料的收集是一项复杂和辛苦的工作，其质量高低直接影响到调查结果。第一手资料的收集方法有访问调查法、观察调查法和实验调查法。本分项任务将引领你认识第一手资料收集中最常用、最基本的方法——访问调查法。

一、访问调查法的概念及类型

（一）访问调查法的概念

访问调查法又称直接调查法，是调查人员以询问为手段，从调查对象的回答中获得信息资料的一种方法。它是市场调查中最常用的方法之一。

访问调查法是收集第一手资料最主要的方法，它既可以独立使用，也可以与观察调查法结合起来使用，是最基本、最普遍采用的一种调查方法。

（二）访问调查法的类型

访问调查法按不同的分类标准可划分为不同的类型。一是根据访问内容有无统一的设计分为标准化访问法和非标准化访问法；二是根据访问者和被访问者交流方式的不同分为直接访问法和间接访问法；三是根据访问调查中一次访问人数的多少分为个别访问法和集体访问法；四是根据访问形式的不同分为面谈访问法、电话调查法、邮寄调查法、留置调查法等。下面主要介绍根据访问形式不同划分的类型。

二、常用的访问调查法

（一）面谈访问法

面谈访问法是调查人员直接面对被调查者了解情况、获得资料的方法。它是一种最常用的方法。

1. 面谈访问法的几种方式

（1）自由问答。调查人员不受时间、地点的限制，可以在业务现场、销售场所或者其他公共场所展开调查；被调查者不受约束，充分发表意见；可以根据需要，采取讨论、质疑等方式使调查逐步深入。

（2）倾向偏差问答。由调查人员按事先拟好的调查提纲，有计划、有步骤地逐步提问。调查时应请注意避免这种逐个发问带来的尴尬氛围，要给被调查者创造一个宽松自如的环境。倾向偏差问答适用于对市场状况有一定了解、问题较集中的情况。

（3）强制性选择面谈，即限定选择问答。它是由调查人员列出限定选择的若干选项，让被调查者从中挑选接近自己看法的选项的面谈访问方式。这种面谈访问方式常用于开辟新市场、改进产品等方面的调查。

2. 面谈访问法的优缺点

（1）面谈访问法的优点。

①能够当面听取被调查者的意见，并观察其反应。

②调查结果获得速度快，回收率高。

③如被调查者对调查问题不理解或理解有偏差可由调查人员解释或纠正，可提高调查的效率。

④调查人员可以根据被调查者个人的穿着、谈吐等推测其家庭背景、经济状况、受教育程度等情况，从而获得重要信息。

⑤调查具有一定的深度，能够逐步深入。

（2）面谈访问法的缺点。

①调查成本高，如果样本数目很大，就需要大量的调查人员，耗费大量的人力和时间。

②调查结果受调查人员和被调查者的主观影响大，需要调查人员具备良好的职业素质和沟通技巧。

3. 面谈访问的注意事项

面谈访问中，调查者和被调查者双方相互影响、相互作用。调查者的人际交往能力是面谈访问成功的关键，只有被调查者有了对调查者的基本信任，消除了紧张与疑虑，才能愉快、顺利地回答问题。因此，面谈访问有相当的难度，要求调查者能熟练掌握访谈技巧。面谈访问的过程，是调查者逐渐接近被调查者的过程。因此，在面谈访问中应注意以下几点：

（1）和被调查者进行真诚沟通，多方面了解对方，给对方以自然、友好、亲切的形象和轻松自如的谈话氛围。

（2）及时关注对方的需求和反应，准确理解和反馈对方的信息。

（3）调查者不应对问题的含义发表过多的主观见解，以免限制对方的思路。

（4）访问时间不宜持续过长。

（5）问题应尽量清楚而简短。

4. 常见的面谈访问的调查方式

（1）入户访问法。入户访问法是指调查人员到被调查者的家中或工作单位进行访问，直接与被调查者接触，或是利用访问式问卷逐个问题进行询问，并记录下对方的回答，或是将自填式问卷交给被调查者，讲明方法后，等对方填写完毕再回收问卷的调查方式。

作为面谈访问的一种方式，入户访问这种面对面的直接交流能使调查人员及时得到反馈信息，可以对复杂的问题进行解释，同时可以就某些问题进行深度交谈，是一种较为理想的调查方式。但是随着人们对隐私权和安全的重视，入户访问的使用率正在逐步下降。

入户访问的过程一般包括访问前的准备、访问执行和访问收尾三个阶段。鉴于入户访问的特殊性，下面介绍几点关于入户访问的注意事项。

①选择一个合适的访问时间。为了克服入户访问的时间障碍，选择一个合适的访问时间是非常必要的。一般而言，法定休息日（例如周六、周日等）与法定工作日的休息时间

（例如傍晚）是进行入户访问的最佳时间。在这些时间里，居民家庭成员集中的机会较多，调查人员入户访问的成功概率较大。在选择入户访问时间时，还需要考虑被调查者的社会工作时间的差异性，例如当被调查者为个体工商户时，由于他们的时间支配较为自由，因此选择访问时间的范围就不仅仅局限于法定休息日与法定工作日的休息时间。

②选择合适的调查人员。为了克服入户访问的信任障碍，选择合适的调查人员是很重要的。一般而言，男性调查人员的信任障碍大于女性调查人员；调查人员年龄越小（例如在校大学生），信任障碍越小。另外，调查人员的着装以及言谈举止对于能否克服信任障碍也会产生较大的影响。鉴于这些因素，在进行入户访问时，一般选择在校的女学生最为合适，同时要对调查人员进行着装、沟通礼仪的严格培训。

③提高调查人员的沟通与交际能力。为了克服入户访问过程中的交流障碍，必须提高调查人员的沟通与交际能力。其包括调查人员对问卷题目的解释能力、深度沟通能力、现场控制能力等。通常可以通过访问前的基础培训（访问技巧）和专门培训（对访问问卷的理解）来提高调查人员的沟通与交际能力。

★相关链接

入户访谈的技巧

1. 访问前的技巧

(1) 仪表。被调查者一开始注意到的是调查人员的仪表，所以调查人员着装要整洁、大方、自然，这样才会更容易被被调查者接受。

(2) 自我介绍。自我介绍是调查人员与被调查者的第一次沟通，是能否顺利入户、能否取得被调查者合作的关键。

(3) 如何对待拒访者。在实际访问中，经常会出现被调查者不愿意合作的现象，调查人员应对具体情况做具体分析。如果被调查者说“我很忙”“我没有时间”或“家有客人”“忙于做事”的话，还可以另外预约一个时间，不要轻易地放弃。如果被调查者有顾虑，调查人员要耐心解释，让被调查者相信访问的资料都是绝对保密的。如果对方认为自己文化程度不高，怕回答不好，调查人员要强调答案没有对错之分。

2. 访问中的技巧

(1) 位置的选取。入户后第一件事是选取有利于开展访问的位置。要尽量选取比较安静不易受干扰且方便记录的位置。

(2) 与被调查者建立认同感。在开始正式访谈之前，要先与被调查者谈一些双方都比较感兴趣的话题。

(3) 赞美被调查者。要善于发现对方的优点，进行赞美，这样可以使被调查者对调查人员产生好感，但赞美一定要诚恳、自然。

(4) 提问。调查人员应严格地按照问卷中的问题和指导语的要求来提问，提问时语速要适当、吐字要清楚，这样才能让被调查者更容易理解所提出的问题。

(5) 追问。对于一些开放性问题，如果被调查者的回答含糊其词，不能满足要求时，需要进行追问。在进行追问时，调查人员必须保持中立的立场，不能给被调查者任何暗示，比如可以不断提问“还有别的吗”“有没有别的需要补充”或者用同样的措辞重复提问。

(6) 不要使用诱导性词语。调查人员在提问或解释的时候不要使用诱导性的词语，因为诱导性的词语会限制被调查者的思路，从而影响回答的客观性。

3. 访问结束

访问结束以后，调查人员要尽快离开访问现场。在离开访问现场之前，要仔细检查一下问卷，看是否有漏问和错记的地方。最后，要向被调查者赠送小礼品，对被调查者的合作表示感谢，并认真回答被调查者的提问，给被调查者留下一个好的印象，以便以后进行访问。

(2) 拦截访问法。拦截访问指的是在固定场所拦截调查对象，对符合条件者进行面对面访问。根据拦截地点不同，其可分为街头拦截访问和中心街区定点访问。街头拦截访问又称为不定点访问，是在街区选择恰当地点（一般为商业街、娱乐场所、生活小区等地点），由调查人员对拦截的合格被调查者进行访问。中心街区定点访问，则是在商业街区选择一个相对固定的地点（一般应选择具有足够多的座位、环境较好、能够让被调查者感到安全的地点），调查人员在选定点附近拦截合格的被调查者，并引导被调查者到此选定点接受提问。其适用于人群特征或目标市场相对比较清晰的项目和产品的渗透率较低的研究项目。

拦截访问法主要有以下三方面的优点：

①访问效率高。由于拦截访问是在固定场所拦截被调查者，合格样本的概率较高，同时调查人员与被调查者进行直接沟通，这样可以充分解释访问的理由和访问将给被调查者带来的利益（如赠送礼品等），得到被调查者配合的可能性较大。

②费时较短、费用较低。由于拦截访问是在人口较多的街头或其他公共场所拦截调查对象，一般不能占用被调查者较长的时间，这就要求前期的问卷设计考虑到时间因素，问卷的长度要相对较短。

③易于对调查人员进行督察控制。督导员在拦截访问现场，可以较好地控制访问质量，有效避免调查人员作弊现象的发生。

街头拦截访问也存在缺点：

①其采用配额抽样进行调查，随机性差。

②由于商圈辐射范围特点和访问地点服务人群层次和消费目的的差异，人群覆盖面不完全。

③调查人员会通过人为的主观判断来挑选被调查者进行访问，容易因此影响调查结果的客观性和准确性。

④因访问地点通常在人流量大的商业场所，被调查者通常是几人结伴同行，而调查人员只能访问其中一位，在访问过程中，被调查者的同伴容易嫌麻烦而造成被调查者中途拒访。

⑤回访难，由于调查对象是临时在某个公共场所出现，当访问出现信息遗漏时，调查人员补访的可能性较小。

【课堂讨论】 在拦截访问中，调查人员应该怎样做才能更快地取得被调查者的信任？

（二）电话调查法

电话调查法是指调查人员通过查找电话号码，用电话向被调查者进行询问，以达到收集资料的目的的一种专项调查形式。目前，电话调查在市场调查中的应用越来越多，尤其在西方发达国家。电话调查适用于样本范围较为广泛的情况，同时，作为一种联络追踪的方法，电话调查也可以和多种调查方法综合应用。

1. 电话调查法的优点

（1）效率较高。电话调查省去了花费在路途上的时间，与入户访问相比，时间短、速度快。电话调查能及时收集被调查者的答案，与邮寄调查相比，速度快，因而是效率较高的调查方式。而且与入户访问相比较，还可以访问到不易接触到的对象。

（2）可以获得更为有效的应答。一些比较敏感的问题，如教育水平、收入、分期付款等问题，在入户访问和拦截访问面对面的情况下，被调查者会感到尴尬，回答率较低，而在电话访问中，则能获得较坦诚的回答。

（3）易于控制调查质量。调查人员集中在同一房间中拨打电话，督导员可以随时检查访问情况、访问技巧等，也可以及时对问题进行修正、完善。与入户访问和邮寄调查相比，其调查质量可以大大提高。

（4）费用较低。入户访问需要的调查人员多、交通费用大，所花的费用很高。与入户访问相比，电话调查所需费用较低。

2. 电话调查法的缺点

（1）访问成功率较低。电话号码的编制采用的是随机数表的方法，有些号码可能未开通，或是空号，或已经停用；另外被调查者如果正在忙于事务，或误以为推销人员的电话，都可能拒接电话。

（2）电话调查时间受限制。电话调查设计的问题不宜过长，时间一般应控制在20分钟以内，以免引起被调查者反感。

（3）不能对被调查者提示。电话调查由于无法提供直观教具，不能对被调查者进行现场启发。

3. 电话调查的基本过程

电话调查的基本过程一般包括访问前准备、访问执行以及访问收尾三个阶段。

（1）访问前准备。

①设计并确认问卷。问卷可以由客户设计，也可以由调查人员根据调查目的设计。

②安排抽样。根据项目的要求使用相应的电话号码抽样方法，比如随机抽样或配额抽样等。

③项目培训。在实地访问之前，一般进行一次内部培训。由项目总负责人向督导员、质控员、数据处理员及其他相关人员交代相关事宜，包括项目背景、客户的特别要求、数据处理等内容。

④调查人员培训。调查人员培训时，由督导员做详尽的项目指导，并解决调查人员的所有疑问，以确保所有的调查人员都能完全理解访问要求。

⑤试访和试访小结。每个调查人员至少要完成一次试访。对试访的及时总结将有助于更好、更清楚地理解项目的各项要求。

（2）访问执行。

①按抽样提供的电话号码进行拨号。电话调查的第一步是按抽样提供的电话号码进行拨号。拨号往往遇到两个问题：第一，电话铃响几次之后才能断定样本户无人接听；第二，以电话接通几次来断定应放弃对该样本户的访问。研究表明，以铃响6次作为断定无

人接听的依据比较适宜；而电话接通后，最少要访问三次，如果三次不成功，该样本户便可以放弃。

当电话拨通之后，与入户访问一样，调查人员需要做自我介绍，并把调查的目的以及访问所需的时间等做出说明，以取得被调查者的信任。若被调查者愿意配合调查，则将调查目的再做一次简要的说明。如果被调查者拒绝访问，就重新拨号。而如果当时被调查者由于各种原因不能立即接受访问，可跟他预约一个时间，届时再进行访问。如果一切顺利，调查人员就可以按照要求进行提问，直至所有问题询问完毕。

②现场监控。督导员在访问现场进行检查，确保调查人员的访问方式、数据记录准确无误。如发现存在错误，督导员应立即纠正。

③最初的数据审核。最初的访问结束后，督导员应检查该调查人员的第一份问卷是否存在问题，如果存在问题，调查人员需要马上向被调查者确认。

（3）访问收尾。

①问卷的回收及数据处理。问卷回收后，必须对所有的问卷进行审核，合格的问卷才能进行数据处理，以便为撰写调查报告提供依据。

②访问小结。访问结束后，督导员将记录此次访问的成功率、成本、调查人员的表现等内容。

★相关链接

如何拨打电话

①左手持听筒，右手拿笔。

②拨通电话后报出公司或部门名称。

③说明打电话的目的，以礼貌赢得接纳。

④把程式化的问题整理成令人感兴趣的话题。

⑤提供便利的回答方式，让对方容易回答。

⑥注意声音和表情。

⑦保持正确的姿势。

⑧复核对方回答的要点。

⑨真诚地向对方表示感谢。

⑩等对方先挂电话。

（三）邮寄调查法

邮寄调查法是指市场调查人员把事先设计好的调查问卷通过邮局寄给被调查者，由被调查者填好后在规定的时间内寄回，调查人员通过对问卷进行整理、分析，以获取市场信息的一种调查方式。

1. 邮寄调查法的优点

（1）调查面广。采用邮寄调查法，调查的区域可以广些，调查数量可以多些，不仅费用较省，而且在时间上也允许，因为对不同调查对象的调查可以同时进行。

（2）费用低。邮寄调查所需的邮资费用比面谈所需的差旅费用要少得多。

（3）调查结果较为客观，不受调查人员态度及主观诱导的影响。

2. 邮寄调查法的缺点

（1）回收率低。被调查者往往因工作繁忙或不感兴趣而不答问卷。一份国外统计资料显示，一般情况下，邮寄调查表的回收率只有5% ~24%。

（2）容易产生理解性差错。由于调查人员不在场，无法了解和消除被调查者对问题的误解。

（3）调查问卷的回收期较长。

3. 提高问卷回收率的方法

（1）对于没有回复的被调查者，用明信片、电话或邮件进行提醒。

（2）赠送新产品的样品或小礼品、购物优惠券，以及付咨询费来吸引被调查者。

（3）采取有奖征询的方式。凡是在规定时间内寄回调查问卷的都有资格参加抽奖活动，这既能提高问卷回收率，又能缩短问卷的回收时间，提高资料的时效性。

（4）附贴好邮票的回复信封。

（5）最好由知名度较高的机构主办，如大学、政府机构、知名调查机构等。

（四）留置调查法

留置调查法是由调查人员将问卷当面交给被调查者，说明调查意图和要求，由被调查者自行填写，再由调查人员按约定日期收回的一种调查方法。此方法在一定程度上借鉴了入户访问法和邮寄调查法的优点，弥补了二者的不足。

1. 留置调查法的优点

（1）问卷回收率高。

（2）被调查者有较充裕的时间填写问卷，又可不受调查人员意见的影响。

（3）被调查者可当面询问问卷填写的要求，可避免由于误解调查内容造成的误差。

（4）对被调查者有意无意漏答的问题，调查人员可在回收问卷时将其补全，从而减少无效问卷。

2. 留置调查法的缺点

（1）调查区域范围有限。由于需要调查人员亲自送调查问卷给被调查者，人力、财力、时间上都不可能允许访问地域较远的被调查者。

（2）调查费用较高。

三、访问调查法的新发展

（一）计算机直接访问

计算机直接访问是借助计算机进行的一种新型拦截访问的方法。这种方法与传统拦截访问的不同在于访问是在计算机上进行。访问前，先将调查的问题输入计算机，并将计算机安置在某处，然后，由调查人员把拦截到的被调查者请到计算机前，指导其操作。计算机会依次显示每个问题与答案，直至访问结束。

（二）传真调查

传真调查是近年来出现的收集商业信息的一种有效方法，与邮寄调查类似。传真调查的最大优点是收集与传递信息的时间短、回复率较高。

（三）电子网络调查

电子网络调查是随着电子技术的发展而出现的一种新型邮寄调查方法，调查过程由计算机互联网络完成。关于电子网络调查，下面主要介绍三种方式：

1. E-mail 调查

E-mail 调查是指通过电子网络向被调查者传递问卷，被调查者在规定的时间内填写问卷并寄给调查人员的一种调查方式。

2. 互动式调查

互动式调查是指调查人员与被调查者约定在某一时间进行网上交流，请其回答问题，以此来收集所需要的信息。

3. 弹出式调查

弹出式调查是指将软件安装在网站上，根据一定的比例抽取被调查者，当网站的访问者被随机选中时，一个独立的小窗口就会弹出，并询问访问者是否愿意完成一份调查问卷。如果访问者选择“是”，问卷就会出现，访问者就可进行在线回答；如果访问者选择“否”，该窗口就会立即消失。

电子网络调查与传统邮寄调查相比，具有速度快、成本低、样本容量大、趣味性及灵活性较强等优点。

（四）计算机辅助电话访谈

计算机辅助电话访谈（CATI）是将调查问卷的题目及选项输入计算机，当被调查者电话接通后，调查人员按照计算机中问卷的题目及选项提问，并键入被调查者相应的答案，计算机会自动显示下一个问题。与传统的电话访问相比，计算机辅助电话访谈省略了数据的编辑及录入的过程，在调查人员输入答案时，计算机还会自动查错，并可随时了解调查结果。

任务3　观察调查法

★任务描述

观察调查法是市场调查中实地调查的方法之一，它是指在无须与调查对象沟通的条件下，通过对调查对象的观察和记录来收集资料的一种方法。观察调查法最突出的优点是可以实地记录市场现象的发生情况，能够获得直接、生动、具体的材料，可以了解市场现象的实际过程和当时的环境气氛，这是其他调查方法不能比拟的。本分项任务将引领你认识观察调查法。

一、观察调查法的概念及特点

（一）观察调查法的概念

观察调查法就是在现场直接观察或利用仪器观察被调查者行为或现场事实的一种资料收集的方法。采用观察调查法，既可以观察人，也可以观察现象；既可由人员进行，也可由仪器来进行。日本东芝公司某一系列的洗衣机的成功开发，就得益于观察调查法的应用。首先，东芝的设计者在观察中发现，由于日本妇女就业人数的增加，洗衣服不得不在早晨或晚上进行，噪声因而成为困扰所有家庭成员的问题，于是东芝公司设计了一款低噪声洗衣机投放市场；而后，他们又发现许多日本人洗衣服的观念也发生了改变，衣服已经不是脏了再洗，而是为了获得新鲜的感觉，于是又推出了烘干机；再后来，他们又观察到大多数家庭住房空间有限，洗衣、烘干二合一的洗衣机因此问世了。

（二）观察调查法的特点

1. 观察调查法的优点

（1）观察调查法可以直接记录观察的事实，并且可以在不被被调查者察觉的情况下观察其在现场的行为，使调查结果更接近客观实际，因此直观性和可靠性是观察调查法的最大优点。

（2）调查人员不会受到被调查者是否愿意回答问题以及回答能力的影响。

（3）观察调查法可以较为简单、快速、准确地收集到某些资料。

2. 观察调查法的缺点

（1）观察调查法不够具体、深入，调查人员只对发生的事实或被调查者公开的行为进行记录，而很难了解到人们的动机、态度、情感、想法以及一些私下的行为。

（2）某些被调查者的行为不是经常发生的，这就需要观察人员做较长时间的观察，成本也较高，因此观察调查法比较适合小范围的微观市场调查。

（3）观察调查法对观察人员的业务水平要求比较高，如要求观察人员要有敏锐的观察力、良好的记忆力、出色的判断能力和丰富的经验等。

二、观察调查法的类型及应用范围

（一）观察调查法的类型

1. 参与观察与非参与观察

参与观察是指调查人员直接加入某一群体，以内部成员的角色参与他们的各种活动，在共同活动中进行观察，收集与分析有关的资料。

非参与观察是指调查人员不参与被调查者的任何活动，以旁观者的身份，置身于被调查群体之外进行观察。在非参与观察中，作为一名旁观者，观察结果可信度高，但不能了解到被调查者的内心世界，不能获取深入细致的调查资料。

2. 公开观察与非公开观察

公开观察是指被调查者知道自己正在被观察。通常情况下，调查人员的公开出现将影响被调查者的行为，他们可能会表现出与平常有所不同的特征。

非公开观察是在不为被调查者所知的情况下观察他们的行为的过程。非公开观察的普遍形式是装扮成普通顾客在现场观察人们的行为，观察相对真实、可信。

3. 结构式观察与非结构式观察

结构式观察是指调查人员事先制定好观察的范围、内容和实施计划的观察方式。由于观察过程标准化，能够得到比较系统的观察材料供解释或研究使用。

非结构式观察是指观察的范围、内容和实施计划事先不做严格的限定，依现场的实际情况随机决定的观察方式。非结构式观察主要是在做探测性调查或者对被调查者缺乏足够了解的情况下使用。非结构式观察比较灵活，可以充分发挥调查人员的主观能动性、创造性。但是得到的观察资料不系统、不规范，受调查人员个人因素影响较大，可信度较低。

4. 直接观察与间接观察

直接观察是指调查人员直接到现场观看被调查者的情况，即调查人员直接“看”到被调查者的活动。

间接观察是指调查人员通过对与被调查者关联的自然物品、社会环境、行为痕迹等事物进行观察，间接了解被调查者的状况和特征。

5. 人员观察与仪器观察

人员观察即调查人员直接到现场观看，收集有关资料。例如，调查者到零售商店观察产品的货架，了解不同品牌产品的陈列、数量、价格、广告张贴等。

仪器观察是指在市场调查中应用一些先进的工具，如录音机、录像机、照相机、监视器、扫描仪等。

观察调查中常用的工具如表 2-1 所示。

表 2-1　感觉和观察工具

感觉	人的器官	在市场调查中的作用	辅助手段
视觉	眼睛	行为观察（广告牌效果检验）	望远镜、显微镜、照相机、电影、电视
听觉	耳朵	谈话观察（顾客的言谈）	助听器、录音机、噪声测量仪
触觉	手指、手掌	表面检验（纹路、结构、皮肤）	触式测试仪、盲视仪、金相仪
味觉	舌、口腔	品味	化学分析仪、味料专用分析仪
嗅觉	鼻	食品、香料检验	香料分析仪

（二）观察调查法的应用范围

观察调查法在市场调查中的应用十分广泛，可以应用于对实际行动和迹象的观察、对语言行为的观察、对空间关系和地点的观察。

观察调查法在市场营销中的具体应用主要体现在以下几方面：

1. 产品设计观察

有的产品设计可根据观察的资料来完成，如对服装款式的设计或对已投放市场的产品进行设计改进等，可由调查人员观察街道行人的穿着或观察人们使用产品的情况取得资料，然后进行综合分析，对产品进行设计或改进，进而创造出市场机会。

2. 新产品试销观察

新产品试销时可观察顾客的喜爱程度或评价。在观察时，要把各方面的情况通过不同的观察手段详细地加以记录，然后经过研究分析，确定新产品的定位、策略和促销方式。

3. 顾客行为观察

当设计新的营业场所时往往需要研究采用何种吸引顾客的方式才能取得最佳的效果，这时可由调查人员观察并记录同业营业场所内的有关情况，或用摄像机录下顾客在店内的活动情况，以供参考。

4. 营业员和顾客态度的双重观察

为了调查营业员的服务态度和顾客对该营业场所的惠顾及对某些商品的偏好情况，可由调查人员直接或用仪器对营业员和顾客的态度进行观察，从而为该店提高服务质量和选择采购某些商品提供依据。

5. 广告效果观察

广告效果观察主要包括广告脚本测试、广告事前事后测试、广告效果测试。

（1）广告脚本测试也叫广告方案测试，指对已经设计创造出来但还未发布的广告作品的测试评估。

（2）广告事前事后测试是在确定了发布的广告版本后，在广告播出前，测定市场对品牌的认知率、顾客使用率等指标，在广告播出后一段时间，再次做测试，测定品牌认知率、广告认知率，顾客的兴趣、购买意向、使用率等指标。

（3）广告效果测试是一种在广告发布前和发布后各进行一次的测试，但是测试的重点及测试的手法有所不同，广告效果测试更注重广告发布对于销售量的影响程度，因此其测试的前后口径必须完全一致，并且尽量剔除其他市场动因对销售量的共同影响。

三、观察调查法的记录技术及步骤

（一）观察调查法的记录技术

观察调查法的记录技术主要指观察人员在实施观察时所运用的各种技术手段，包括观察卡片、速记符号、机械记录等。

1. 观察卡片

观察卡片是根据所观察的项目、各项目的内容及排列顺序特制的一种卡片，它是用以记录观察内容的标准化的记录工具，对提高观察效果具有重要意义，如表2-2所示。

★相关链接

观察卡片的设计

表2-2是某商场为观察购买者的行为而制作的顾客流量及购物调查卡片。使用时，在商场的进出口处，由几名调查人员配合进行记录。调查卡片每小时使用一张或半小时使用一张，该时间内出入的顾客及其购物情况可详细记录下来。

表2-2 顾客流量及购物调查卡片

被观察单位＿＿＿＿＿＿＿＿ 观察时间＿＿年＿＿月＿＿日＿＿时至＿＿时

观察地点＿＿＿＿＿＿＿＿ 观察员＿＿＿＿＿＿

内　容	入	出
人　数		
购物金额	—	

2. 速记符号

速记符号是指为了提高观察记录工作的效率，采用的代替文字的具有特殊含义的符号，是记录所观察的客观情况的一种工具。

3. 机械记录

机械记录是指将各种机械设备，如录像机、录音机、记数仪等作为记录工具，用来记录所观察的客观情况的一种方法。

（二）观察调查法的步骤

1. 制订观察计划

观察计划确定后，就要围绕观察计划设计观察提纲，一般包括谁、何时、何地、怎么样、为什么等内容。另外，为便于使用，观察提纲可制成观察表、卡片等形式。

2. 确定观察目标

确定观察目标，包括观察的范围、数量、内容、对象、时间、次数、方式、手段以及采用的工具等。

3. 进入观察环境

保持观察对象的自然状态，避免干扰。接触观察对象，与其建立适当关系，但应以不改变观察对象的正常活动为原则。

4. 认真做好观察记录

记录的方式可以多样化，尽可能地利用仪器进行观察，如摄像机、录音机等。

5. 分类整理、登记、存放观察记录

观察后所得的资料一般是凌乱、零散的。在观察后，及时进行整理，按预定计划对资料进行分类、归档，对缺漏、错误记录及时进行修正与追补，使之条理化。

6. 进行分析，撰写观察报告

观察调查的最后阶段是分析观察记录，概括观察结果，做出结论并撰写观察报告。

任务4　实验调查法

★任务描述

实验调查法是将自然科学的实证研究方法应用于市场调查之中所形成的调查方法。它是把调查对象置于一定条件下，进行小规模实验，通过观察分析，了解其发展趋势的一种调查方法。实验调查法对于研究事物之间的因果关系非常有效，它的应用范围很广，凡是某种产品在改变它的质量、包装、设计、价格、广告宣传、陈列方法等因素时，都可以使用实验调查法进行调查。本分项任务将引领你认识实验调查法。

一、实验调查法的概念及特点

（一）实验调查法的概念

实验调查法是指在市场调查中，调查者有目的、有意识地通过改变或控制一个或几个市场影响因素的实践活动来观察市场现象在这些因素发生变化时的变动情况，由此认识市场现象和发展变化规律。通过实验调查法可以深入研究事物之间的因果关系。

实验调查法的基本要素有：①实验者，即主持实验的研究者以及参与实验过程的实验人员；②实验对象，即实验中所涉及的人或物；③实验环境，即实验所处的环境；④实验活动，即改变市场现象所处市场环境的实践活动；⑤实验检测，即在实验过程中对实验对象所做的检测和测定。

（二）实验调查法的特点

实验调查法是一种具有实践性、动态性、综合性的直接调查方法，它具有其他调查方法所没有的优点，同时也有自身的局限性。

1. 实验调查法的优点

（1）实践性。实验调查是一种直接的动态调查，通过实验调查能够直接掌握大量的第一手资料。

（2）可重复性。实验调查是可重复的调查，通过实验调查能够验证市场现象之间是否存在因果关系。调查人员通过主动改变某种条件，促进市场现象的发展，以观察其对实验对象所产生的影响，得出结论，并可以通过多次反复的实验来检验实验结论的正确与否。

2. 实验调查法的缺点

（1）实验对象和实验环境很难具有充分的代表性，特别是实验组、对照组中的实验对象和实验环境难以做到相同或相似。

（2）人们很难对实验过程进行充分有效的控制，特别是在现场实验中往往无法完全排除非实验因素对实验过程的干扰。

（3）对实验者的要求较高，花费的时间较长，实验的对象不能过多等，也是这种调查方法难以克服的局限性。

二、实验调查法的种类及应用步骤

（一）实验调查法的种类

根据选择的实验场所的不同，实验调查法可以分为两类：实验室实验和市场试销。

1. 实验室实验

实验室实验是指市场调查人员人为地模拟一个场景，分析没有导入变量和导入变量之后经济效果的变化情况。它主要应用于新产品、包装和广告设计及其他调查的初始测试。

2. 市场试销

市场试销是指企业的某种产品进入某一特定地区进行试验性销售。目的是收集有关市场活动的信息和经验，预测市场活动计划在应用于全部目标市场时的结果。

实验室实验和市场试销的本质区别在于所处环境的不同，前者是在人为的环境之中，后者是在自然的市场环境之中。

（二）实验调查法的应用步骤

1. 根据市场调查课题，提出研究假设，确定实验自变量

在市场实验调查开始之前，市场调查人员要根据此次调查课题和项目的要求，分析可能影响事物变化的因素，再按照其重要性依次提出具有因果关系的若干研究假设，确定实验的自变量。实验的自变量可以是一个，也可以是多个。

2. 进行实验设计，确定实验方法

进行实验设计是指调查人员拟订如何控制实验对象，从而验证研究假设，达到实验目的

的详细规划。在市场调查中有多种实验方法可供选择，选择合理的实验方法是合理的实验设计的关键，而合理的实验设计又是实验调查成功的关键。

3. 选择实验对象

实验调查一般在较小的范围内开展，这就必须选择恰当的实验对象。根据调查深度和市场现象的特点，一般用随机抽样或非随机抽样方法进行实验对象的选择。

4. 进行正式实验

严格按照事先设计的程序来进行实验，并对实验结果进行认真的观测和记录，必要时还可以通过反复实验和研究获得较为真实、准确的实验数据资料。

5. 整理分析资料，得出实验结果

根据实验记录及有关资料，进行统计分析，以揭示市场现象的规律性及相关因素的影响，得出客观、科学的结论并写出详细的调查报告。

按照上述科学的步骤进行实验调查，既是保证实验顺利完成的需要，也是认识市场现象的客观要求。

三、几种主要的实验调查方法

（一）单一实验组前后对比实验

单一实验组前后对比实验是选择若干实验对象作为实验组，将实验对象在实验活动前后的情况进行对比，得出实验结论。

其实验程序如下：选择实验对象，对实验对象进行实验前的检测，对实验对象进行实验，对实验结果进行检测并得出实验结论。

其公式为

$$实验效果 = 实验组实验后检测结果 - 实验组实验前检测结果$$

例 由于原材料价格的上涨等原因，某企业打算提高产品 A 的销售价格，但是不确定提高价格对 A 产品的销售情况的影响，此时，可选择在特定的商场实验 1 个月，实验前后均统计 1 个月的产品销售量，如表 2-3 所示。

表 2-3 实验前后 A 产品销售情况统计表

产品	销售价格/元		销售量/件		销售额/元		销售额变动/元
	实验前	实验后	实验前	实验后	实验前	实验后	
A	90	100	4 000	3 500	360 000	350 000	-10 000

$$实验效果 = 350\ 000 - 360\ 000 = -10\ 000（元）$$

实验测试表明，A 产品提价后，销售量下降了 500 件，销售额下降了 10 000 元，表明把 A 产品的价格从 90 元提高到 100 元对销售收入的提升是不利的，此时可以考虑不对 A 产品涨价。

（二）实验组与控制组对比实验

实验组与控制组对比实验是选择若干实验对象为实验组，同时选择若干与实验对象相同或相似的调查对象为控制组，并使实验组与控制组处于相同的实验环境之中。实验者只对实验组进行实验活动，对控制组不进行实验活动，根据实验组与控制组的对比得出实验结论。

其实验程序如下：选择实验对象，并在相同或相近的市场条件下将其划分为实验组与控制组，对实验组进行实验，分别对实验组和控制组进行检测，得出实验结论。

其公式为

实验效果 = 实验组实验后检测结果 - 控制组检测结果

例　某品牌服装为了了解广告明星是否对消费者购物产生影响，选择了三个专卖店为实验组，再选择与之条件相似的三个专卖店为控制组进行观察。在实验组中，店内置有多幅醒目的明星照片为POP广告，而控制组则没有类似的设置。实验为期1个月，实验期1个月的销售量统计如表2-4所示。

表2-4　实验组与控制组对比表　　单位：千件

组别	实验期销售量
实验组	8 700
控制组	7 500
实验结果	1 200

实验效果 = 8 700 - 7 500 = 1 200（千件）

由实验结果可知，一个月内控制组 三个专卖店共销售了7 500千件，实验组三个专卖店共销售了8 700千件。这说明使用广告明星做促销后增加了1 200千件销售量，此举对企业很有利。

（三）实验组与控制组前后对比实验

实验组与控制组前后对比实验，是在实验中对于实验组和控制组在实验后都进行检测，然后根据其检测结果得出实验结论。这是较复杂也是较科学的一种实验调查法。

其实验程序如下：选择实验对象，并将其划分为实验组和控制组，对实验组和控制组分别进行实验前的检测，对实验组进行实验，对实验组和控制组分别进行实验后的检测，得出实验结论。

其公式为

实验效果 = 实验组结果（后检测 - 前检测） - 控制组结果（后检测 - 前检测）

例　某企业拟测定某种巧克力新包装的市场效果，选定三家超市为实验组，再另选三家超市为控制组，实验期为1个月，其销售量统计如表2-5所示。

表2-5　巧克力新包装销售量统计表　　单位：盒

组别	实验前	实验后	变动量
实验组	4 000	6 500	2 500
控制组	4 000	4 400	400

实验效果 = 2 500 - 400 = 2 100（盒）

实验结果对比表明，实验组的新包装巧克力比原包装巧克力在实验后销售量增加了2 500盒，扣除控制组增加的400盒，新包装巧克力比原包装销售量增加了2 100盒，其表明改进包装的市场效果显著。

项目小结

本项目主要介绍了四种主要的市场调查方法，包括文案调查法、访问调查法、观察调查法和实验调查法。在具体介绍每种调查方法时又详细介绍了它们的运用形式、优缺点、主要应用方向、应用步骤等。这些市场调查方法都具有较强的实践性，尤其是访问调查法、观察调查法和实验调查法。因此，本项目的学习不仅需要从理论上理解并掌握各种方法的应用，更重要的是要积极进行实践，通过实践真正掌握各种市场调查方法的精髓，以便更好运用它们为工作服务。

课后自测

一、单选题

1. 当调查对象合作率很低，或到陌生的地方收集信息遇到沟通障碍时，适合采用的调查方法是（　　）。

A. 文案调查法　　B. 访问调查法
C. 观察调查法　　D. 实验调查法

2. 收集已加工过的第二手资料应采用（　　）。

A. 观察调查法　　B. 访问调查法
C. 实验调查法　　D. 文案调查法

3. 要了解顾客的流量，应采用的调查方法是（　　）。

A. 实验调查法　　B. 观察调查法　　C. 访问调查法　　D. 文案调查法

4. 为了分析某些市场变量之间是否存在着因果关系以及自变量的变动对因变量的影响程度，应当选择的市场调查方法是（　　）。

A. 观察调查法　　B. 实验调查法　　C. 访问调查法　　D. 网络调查法

二、多选题

1. 观察调查法经常被用来判断以下哪些情况？（　　）

A. 商品资源观察　　B. 顾客观察　　C. 营业状况观察　　D. 痕迹观察
E. 商品库存观察

2. 实验调查法的特点包括（　　）。

A. 实践性　　B. 动态性　　C. 综合性　　D. 间接性
E. 不重复性

3. 文案调查的方法有（　　）。

A. 查找　　B. 索讨　　C. 购买　　D. 交换
E. 接收

4. 常用的实验调查法主要有（　　）。

A. 单一实验组前后对比实验　　B. 收敛性对比实验
C. 实验组与控制组前后对比实验　　D. 实验组与控制组对比实验

5. 实验调查法是一种（　　）。

A. 直接调查方法　　B. 间接调查方法

C. 比较复杂的调查方法　　　　D. 比较简单的调查方法

E. 比较抽象的调查方法

三、名词解释

文案调查法　　访问调查法　　观察调查法　　实验调查法

四、简答题

1. 什么是文案调查法？它有何特点？文案调查资料的来源有哪些？

2. 什么是访问调查法？它有哪些具体的形式？各有什么优缺点？

3. 什么是观察调查法？常用的观察调查法有几种形式？

4. 什么是实验调查法？它有什么优缺点？

拓展提高

案例2-1

访问调查法的运用

强生公司是一家国际知名的婴儿用品生产公司。该公司想利用其在婴儿用品市场的高知名度来开发婴儿使用的阿司匹林，但不知市场的接受程度如何。由于强生公司有一些关系较好的市场调查样本群体，且问题比较简单，但需由被调查者做出解释，故决定采用费用较低的邮寄方法进行市场调查。通过对调查结果的分析，强生公司得出了这样一个结论：该公司的产品被消费者一致认为是温和的（这种反应与强生公司所做广告的宣传效果是一致的），但温和并不是人们对婴儿使用的阿司匹林的期望。相反，许多人认为温和的阿司匹林可能不具有很好的疗效。为此，强生公司认为如果开发这种新产品，并做出适合该产品的宣传就会损坏公司的整体形象，公司多年的努力也将付诸东流。如果按以往的形象做出宣传又无法打开市场。因此强生公司最终决定放弃这种产品的开发。

资料来源：http：//www. docin. com/p－625462963. html.

讨论：本案例中应用了什么调查方法？这种方法有何优缺点？

案例2-2

商业密探：帕克・昂得西尔

昂得西尔是著名的商业密探，他所在的公司叫恩维罗塞尔市场调查公司。昂得西尔常常坐在商店的对面，悄悄观察来往的行人。而此时，在商店里他的属下正努力工作，跟踪在商品架前徘徊的消费者，他们的目的是找出商店生意好坏的原因，了解消费者走进商店以后如何行动，以及为什么许多消费者在对商品进行长时间挑选后还是失望地离开。他们给商店提出了许多实际改进意见。例如，通过调查发现，一家主要被青少年光顾的音像店把磁带放置得过高，孩子们往往拿不到。昂得西尔指出应把商品放在较低处，音像店老板接受了这个建议，结果磁带销售量大大增加。

资料来源：https：//wenku. baidu. com/view/ddefe60303d8ce2f00662362. html.

讨论：这是采用了什么调查方法？这种调查方法有何特点？

项目训练

实训项目：拦截访问法的设计。

（一）手机厂商拟对新推出手机的功能、外形等进行拦截测试，拦截的甄别条件是年龄在18~35岁的青年学生和初涉社会的职业男女青年。请结合本地情况，设计该项拦截访问的具体地点，并给出受访人员甄别条件的具体描述。

（二）某厂家正在进行一项婴儿用品的新产品试用的定点访问，请运用访问的基本技巧，为访问员设计两套以上“拦截开场白方案”。

实训组织：学生走出课堂，走向市场，以小组为单位开展拦截访问的具体方案的设计。

实训要求：要求每个学生能根据调查目的选择合适的方法、地点、时间和对象并进行合理的分工。掌握拦截访问的方法与技巧，更好地理解拦截访问对收集第一手资料的重要作用，掌握实地调查的基本技能。

实训成果：调查方法的设计方案。

实训考核：根据出勤、课堂讨论发言、市场调查方法设计的实施效果进行评定。首先，小组内部评出每位成员的个人成绩档次（优秀、良好、中等、及格、不及格），如表2-6所示；然后，教师综合评出各小组成绩，如表2-7所示，在此基础上给出个人最终成绩；最后，教师进行点评。

个人最终成绩=20%×（表2-6中的成绩）+80%×（表2-7中的成绩）

附：效果评价表

表2-6　小组成员个人成绩评价表

小组成员个人成绩 / 小组成员姓名	优秀	良好	中等	及格	不及格
教师评价					

注：考评满分为100分，60分以下为不及格，60~70分为及格，71~80分为中等，81~90分为良好，90分以上为优秀。

表2-7　小组拦截访问法设计实施成绩评价表

评价内容	分值/分	评分/分
拦截对象甄别设计	15	
拦截时间、地点选择设计	15	
拦截开场白设计	15	
拦截实施数量	25	
拦截实施质量	30	
合计	100	

学习收获

项目3

市场调查方案的设计

★知识目标

1. 了解确立市场调查主题的过程及方法
2. 掌握市场调查方案设计的基本内容
3. 明确市场调查方案设计可行性分析的方法

★技能目标

能够撰写市场调查方案

★情境设置

场景一 大学生是一个独特的消费群体，知识水平相对较高，愿意尝试接受新鲜的事物和理念。虽然消费能力相对偏低，但人数庞大，消费领域集中。更重要的是，现在的大学生在不久的将来就是市场消费主体，谁抓住了他们，谁就抓住了未来的市场。因此，国内外众多厂商纷纷把目光投向大学校园，如飞利浦公司放弃中国足协杯，转而赞助中国大学生足球联赛就是一个很好的例子。现在，我们拟对贵阳市大学校园内的商业推广活动进行调查，以深入了解大学生这个特殊的消费群体，挖掘其中蕴含的商机，为商家提供决策依据。请为高校商业推广活动设计市场调查方案。

场景二 脑白金广告已做了多年，目前上海健特生物科技有限公司正在思考是否应该对现行的广告宣传方式做出改变。请你就脑白金广告宣传方式拟订一份市场调查方案。

★案例导入

真维斯××口岸店堂问卷调查方案

一、调查目的和任务

1. 了解消费者的购买习惯；

2. 了解消费者对真维斯休闲服装的满意度和真维斯休闲服装的市场竞争力；

3. 收集消费者的意见，改善经营管理。

二、调查对象和调查单位

调查对象为进入真维斯店铺的消费者，从中选取500名消费者进行调查。

三、调查项目

按照真维斯全国市场店堂调查问卷规定的项目进行调查。

四、调查方法

采用拦截访问法。

五、调查机构及人员

由××学院负责调查，调查小组成员如下：

组长：×××（该校管理系主任）；

副组长：×××（该校营销教研室专业教师）；

成员：市场营销专业毕业班10名学生。

六、调查组织和调查进程

1. 培训：1月10日。

2. 人员分工：10名学生分为5组分别到指定的5家店铺对消费者进行调查，每组完成100份有效调查问卷，然后由×××老师负责审核、汇总和统计分析，起草调查报告。

3. 调查：1月12—18日。

4. 资料整理分析：1月19—22日。

5. 调查报告撰写：1月22—25日。

七、调查费用

1. 礼品费：800元。

2. 交通费：200元。

3. 调查报酬：4 000元。

合计：5 000元。

资料来源：叶叔昌，邱红彬．营销调查实训教程［M］．武汉：华中科技大学出版社，2006.

讨论：

1. 该调查方案的可操作性如何？

2. 一份完整的调查方案设计应该包括哪些内容？

任务1　定义市场调查问题

★任务描述

市场调查通常是企业为了解经营过程所存在的问题及找出解决问题的对策而组织的信息收集活动。定义市场调查问题是市场调查的首要步骤，也是关键性的工作。只有调查问题被十分正确和清晰地认识和定义，一个市场调查项目才能有效实施。本分项任务将引领你对定义市场调查问题的过程有个初步认识。

一、明确市场调查意图

在企业每天的营销活动中，各部门可能都会面临这样或那样的问题，例如，经过千辛万苦开发出来的新产品没有得到市场的认可，销售局面迟迟不能打开；由于企业缺乏知名度，产品在国际市场上竞争能力弱；产品研发部门刚刚立项准备新的开发计划，突然传来市场上已有同类产品的消息……如果你是专业公司的一名市场调查人员，当遇到这样的问题时，该怎么办呢？调查人员不要急于制订市场调查计划，而应该围绕问题，与相关人员进行充分的研究分析，只有以这些问题为基础，从分析中找出原因，才能明确市场调查意图，最终调查才会有意义。

调查人员可以通过下述方式明确市场调查意图。

1. 与决策者交流

与决策者交流的原因是调查的结果是为决策者服务的，决策者在决策中需要什么信息是调查人员在确定调查主题时所需要掌握的重要信息。同时，决策者对调查项目有一定的控制能力，双方的交流有助于建立更好的信任和沟通渠道，为今后的合作奠定基础。

2. 采访专家

采访专家是因为专家熟悉相关行业情况和经营环境信息，与其交流有助于调查人员对市场调查主题的了解和认识。发现那些既了解情况又愿意合作的专家是不容易的，需要在这方面多加留意。与专家进行交流可以采用多种形式，如文字形式或座谈会形式等。

3. 分析第二手资料

在确定市场调查问题的过程中，对第二手资料的分析是必要的和有益的。第二手资料是已有的资料，它并不是为解决当前问题而专门搜集的资料，但这些资料可以为解决当前问题提供有价值的信息。

4. 定性调查

如果从决策人员、有关专家和第二手资料等来源获得的信息仍不足以确定调查问题，此时，有必要开展定性调查，补充信息。这种定性调查属于探索性研究，以小样本为基础，具体的调查方法也灵活多样，如深度访谈法、座谈会法、德尔菲法等。

二、了解营销问题的背景

通过上述工作，已经可以初步了解企业所面临的营销问题是什么，这时，也不要急于开始正式的市场调查工作，调查人员还必须了解营销问题的背景，了解客户及其所在的行业，特别是那些对确定调查问题有较大影响的因素，如所属行业和本企业的历史背景和发展限制条件、企业目标、消费者行为、法制环境及企业的营销能力和技术手段等。

（一）了解企业本身条件

1. 了解企业历史资料和预测未来发展

为了了解调查问题，事先分析研究企业有关销售、市场份额、盈利情况、技术、人口统计和生活方式等方面的历史资料及对未来发展进行预测很有必要，历史资料和未来预测对于揭示潜在的问题和机遇很有价值。

2. 了解企业可利用资料和调查面临的限制条件

为了确定调查的范围，有必要考虑现有的资料条件及相应的限制因素，如资金预算、成本、时间和调查手段等制约因素。

3. 了解企业目标

企业制定决策的目的在于实现企业目标。管理决策是建立在清楚了解企业目标和决策者的个人目标的基础之上的，因此，市场调查项目要取得成功，同时满足上述两个目标要求很重要，但要做到这一点并非易事。决策者对企业目标的阐述通常比较抽象和笼统，如“改善公司的形象”“提高经营效益”等，调查人员应注意并善于使组织目标具体化和清晰化。

（二）了解企业的环境条件

1. 了解消费者行为

消费者行为是市场调查内容的一个重要组成部分。对消费者行为的研究可用来预测消费者对特定营销行为的反应。影响消费者行为的因素主要有消费习惯、消费者人数与地域分布、价格敏感度、媒体的偏好等。

2. 了解企业所处的法制环境

法制环境包括公共政策、法律、政府代理机构。重要的法律包括专利、商标、特许使用权、交易合同、税收等，另外还有规范各个产业的法律。法制环境对于界定市场调查问题有重要作用。

3. 了解企业所处的经济环境

经济环境同法制环境一样是企业运营环境的重要组成部分。经济环境涉及购买力、收入总额、可支配收入、价格、居民储蓄及总的经济形势等。

4. 了解企业的营销能力及技术手段

一个企业的营销能力及技术手段会影响它的营销项目和战略实施。从更大范围来说，技术的进步，如计算机的持续发展，对市场调查也会产生深刻的影响。

三、确定市场调查目标

在与企业决策者沟通、与专家交流、进行第二手资料的收集分析、了解营销问题背景等一系列工作的基础上，可以根据项目要求设立调查假设或形成某种思路，最后确定市场调查目标。

在确定调查目标时，调查者通常会犯两类错误。其一，将目标定得太宽，以至于无法为调查的后续工作提供明确的方向；其二，将目标定得太窄，这就会使得管理者依据调查结果做决策时缺乏对市场情况的全盘把握，甚至导致决策的失误。为了减少上述错误，可以先将调查目标用比较宽泛的、一般性的术语来陈述，然后确定具体的研究提纲。前者的陈述可以为确定问题提供较为开阔的视角，以避免出现第二类错误，而后者集中了问题的关键，从而可以为如何进一步操作提供清楚的路线。

★案例

某企业奶制品销量逐年下降

第一步：确定调查研究任务，建立假设。假设可以根据实际经验提出，或根据以往情况推测出。

提出假设如下：

1. 销量下降是由于本公司一直在销售全脂牛奶，而人们越来越多地消费低脂牛奶。

2. 销量下降是因为本公司的促销活动太少，而其他公司在进行大规模的促销活动。

3. 由于社会上流传着牛奶油脂胆固醇含量高并使身体增重的说法，全脂牛奶、奶油等销量下降，普通奶酪和低脂牛奶的销量增加。

4. 由于代用品销量的增加，奶制品销量下降。

5. 竞争者在低价销售其产品，抢走了本公司的市场。

6. 本公司增加工资导致产品价格提高，失去了家庭订户的销量。

第二步：非正式调查。

1. 公司的历史和现状——了解公司过去和现在是如何经营的。

2. 公司的产品和劳务——目前正在销售的产品是否有代用品？如有，它们有什么特性？

3. 公司与整个行业的关系——了解其他奶制品公司是否存在同样的问题，它们的规模、产品、利润、厂址、设备和财力如何。

4. 销售渠道——研究本公司的销售渠道和销售策略。

5. 市场情况——测定人们对本公司产品的消费需求是否改变了，并把本公司产品的销售情况与竞争者进行比较。

6. 促销活动——研究本公司与竞争者的产品包装以及广告、宣传等促销活动。

否定1、4、5、6四个假设，加强对2、3两个假设的资料收集，提出答案：本公司的产品销量一直在下降是由于消费者看法、购买行为的改变。

第三步：对2、3假设进行正式调查，调查重点是：

1. 怎样用最经济的促销手段，既提高公司奶制品的销量，又不增加产品成本。

2. 如何用广告活动吸引顾客，并使关于牛奶油脂胆固醇含量高及会使身体增重的说法的影响降到最低程度。

资料来源：刘红．市场调查与预测［M］．北京：北京交通大学出版社，2010.

任务2　撰写市场调查方案

★任务描述

市场调查是一项有计划、有组织的工作。计划性是通过市场调查方案具体表现出来的，具体的工作也是按照市场调查方案的要求来进行的。市场调查方案是在调查项目实施之前对整个项目各个方面和各个阶段任务的通盘考虑和安排，它是整个调查项目的总体框架或蓝图，对保证市场调查工作的顺利进行发挥着重要作用。本分项任务将引领你完成市场调查方案的撰写。

一、市场调查方案设计的内容

市场调查方案是对调查工作的总体规划，涉及市场调查活动的各个环节，规划不好，调查工作就很难顺利完成。市场调查方案是否科学可行，关系到整个调查活动的成败。当确定好市场调查目标后，要进行市场调查的实际运作，就必须设计市场调查方案。市场调查方案设计的内容包括以下九个方面：

（一）确定调查背景（前言）

简单说明此研究项目是如何形成的，是从哪些角度出发提出的，概括地说明整个调查项目的情况或背景。

★案例

西安杨森采乐市场调查方案——前言

近年来，宝洁公司凭借其强大的品牌运作能力及资金实力，在中国洗发水市场牢牢地坐稳了第一把交椅。但随着竞争加剧，夏士莲、力士等多个洗发水品牌从宝洁手中夺走了部分消费者。花王旗下品牌奥妮和舒蕾占据了中端市场，而低端市场则属于拉芳、亮荘、蒂花之秀、好迪等后起之秀。至此，中国洗发水行业呈现出一个典型的金字塔形品牌格局。通过市场细分，西安杨森推出了采乐，在药品和洗发水两个行业找到了一个交叉点。为了提高其在全国重点城市中的占有率，并为其今后的营销发展计划提供科学的依据，市场调查公司对全国范围的重点城市进行了一次专项市场调查。

资料来源：https：//wenku. baidu. com/view/091d4e15302b3169a45177232f60ddccdb38e647. html.

（二）确定调查目的和意义

确定调查目的和意义，即明确为什么要调查，在调查中要解决哪些问题，通过调查要取得什么样的资料，取得这些资料有什么用途等。例如，某企业在经营过程中出现商品销售量下降的情形，此时确定的调查目的可能是“发现引起企业销售量下降的原因”。而这些原因可能是：商品结构不合理；服务质量下降；消费者购买力下降；企业资金不足，周转缓慢；企业促销不力；竞争者产品大幅度降价等。这些问题涉及面广，比较笼统，需要找出主要原因。只有确定了调查目的，才能确定调查的范围、内容和方式，否则就会因一些无关紧要的调查项目，而漏掉一些重要的调查项目，无法满足调查的要求。衡量一个调查方案是否科学，主要就是看方案的设计是否体现调查目的和要求，是否符合客观实际。

★案例

西安杨森采乐市场调查方案——目的和意义

本次调查的主要问题是：了解采乐洗发药的优势和劣势以及市场前景。

具体的工作目的是：

1. 分析采乐洗发药前期营销计划的实施情况（包括其销售渠道、广告效果等）。
2. 了解消费者对去屑洗发药的认知和对去屑洗发药的接受程度，以及对产品的期望。
3. 了解产品的知名度、产品的优势和存在的不足，确定今后营销计划的重点。

调查意义：针对其营销计划进行全面的分析，从而为其今后的营销计划提供科学的依据。

资料来源：https：//wenku. baidu. com/view/091d4e15302b3169a45177232f60ddccdb38e647. html.

（三）确定调查内容

确定调查内容就是确定调查项目。如果调查对象是消费者，可供选择的调查项目有姓名、住址、收入、职业和文化程度等内容。如果做一项商品调查，调查项目可以包括商品质量、销售数量和购买时间等。调查项目选择的原则取决于调查目的，也就是说，应该依据调查目的选择调查项目。在确定调查项目时，除了要考虑调查目的和调查对象的特点，还要注意以下问题：

第一，调查项目应当既能满足调查目的所需，又能够取得答案。否则不要列入调查项目，项目不宜过多。

第二，调查项目的表达必须明确，要使答案具有确定的表达形式，如数值式、文字式等，以便统一调查者填写的形式，便于调查数据的处理和汇总。否则，会因被调查者产生不同理解而得出不同的答案，造成汇总困难。

第三，调查项目之间尽可能相互关联，使取得的资料相互对照，以便了解现象发生变化的原因、条件和后果，从而确保调查的准确性。

第四，调查项目的含义要明确，必要时还可附加对调查项目的解释。

★案例

西安杨森采乐市场调查方案——调查内容

根据调查目的，确定本次调查的内容主要包括以下几个方面：

1. 针对第一个调查目的，确定需要调查的主要内容是：

（1）是否知道采乐；

（2）怎么知道采乐的；

（3）通过什么渠道购买到采乐的；

（4）是否看过采乐的广告。

2. 针对第二个调查目的，确定需要调查的主要内容是：

（1）市场上去屑洗发药产品有哪些；

（2）消费者所知道的同类产品有哪些；

（3）消费者是否愿意购买去屑洗发药产品等。

3. 针对第三个调查目的，确定需要调查的主要内容是：

（1）对于采乐的了解程度——是否知道，以及是否使用过；

（2）使用后的感觉及满意度，对于采乐的印象评价（5 分法）；

（3）产品的哪些地方更加吸引消费者；

（4）产品需要改进的地方有哪些等。

此外，还将收集包括消费者的年龄、性别、收入、职业，以及消费者的发质在内的背景资料以备统计分析之用。

资料来源：https：//wenku. baidu. com/view/091d4e15302b3169a45177232f60ddccdb38e647. html.

【课堂讨论】 某企业为国内一家生产“尿不湿”的大型企业，其客户遍及全国各地。近年来，生产“尿不湿”的企业竞争越来越激烈，为此，该企业决定重新确定市场定位和营销策略，这就需要进行一次市场调查。这次调查的精确度要求较高，时间和经费比较宽裕。

讨论：该公司应如何确定这次调查的主要内容？

（四）确定调查对象和范围

确定调查对象即解决向谁调查的问题，这与调查目的是紧密联系在一起的，是根据调查目的选定符合条件的市场活动参与者。例如性别、年龄、文化程度、收入水平、职业等都是确定调查对象时需要考虑的因素。

调查范围主要指空间范围。调查的地区应与企业的产品销售范围一致或近似，当在某一城市做市场调查时，调查范围应尽量包括整个城市；当在全国范围做市场调查时，由于调查样本数量有限，调查范围不可能遍及全国的每一个目标市场或每一个城市，一般可根据目标市场的人口分布、收入、文化程度等因素，选择若干城市，或者在少数城市划定几个小范围调查区域，这样可相对缩小调查范围，减少实地访问工作量，提高调查工作效率，减少费用。

★案例

西安杨森采乐市场调查方案——调查对象和范围

因本次调查是针对其前期的营销计划实施的反馈，在样本定义时遵循以下原则：一是样本要有广泛的代表性，以期能够基本反映消费者对于采乐洗发药的看法，以及能反映采乐前期营销计划的实施情况；二是样本要有针对性。由于采乐属于日用品，主要适合有头屑的人，再加上它的价格较高，需要受众有一定的购买能力，因此此次调查主要是针对有使用经验的人，主要在全国的重点城市做调查。基于以上原则，建议采用如下标准挑选被访者：

（1）20～45周岁的城市居民。

（2）本人及亲属不在相关的单位工作（如市场调查公司、广告公司，以及洗发水行业等）。

（3）在过去的6个月内未接受或参加过任何形式的相关市场调查。

资料来源：https：//wenku. baidu. com/view/091d4e15302b3169a45177232f60ddccdb38e647. html.

（五）确定调查方法和方式

具体调查方法有文案调查法、访问调查法、观察调查法和实验调查法等。在方案的设计中可能会综合使用几种方法，各种方法的使用要尽量合理。一般作为辅助性方法的观察调查法，可以另行附一份观察计划（包括观察目的、观察对象、观察时间、观察内容、观察表等）。

收集调查资料的方式有普查、重点调查、典型调查、抽样调查等。在抽样调查中，要结合调查的地点和市场特点，合理确定各地点和特征样本量。例如是选择一个城市，还是多个城市，是选择某城市的一个区，还是特定的销售环境；各个地段调查样本量是多少，男性调查多少，女性调查多少，30～40岁的调查多少，41～50岁的调查多少，顾客调查多少，经销商调查多少，都是要仔细考虑的问题。实际上，准确地界定一个调查总体必须包括四个要素，即抽样元素、抽样单位、抽样范围和抽样时间。例如，在一个企业关于其产品社会集团购买量的调查中，调查总体可以界定为："在过去3年中，在中国大陆，所有购买过我们产品的机关、部队、学校、企业和事业单位。"在这个总体的定义中，就包含这四个要素：

（1）抽样元素：所有购买过我们产品的机关、部队、学校、企业和事业单位。

（2）抽样单位：同上。

（3）抽样范围：中国大陆。

（4）抽样时间：过去3年。

缺少这四个要素中的任何一个，调查总体的界定就是不清楚的。在以消费者为调查对象时，要注意到有时某一产品的购买者和使用者不一致。如对婴儿食品的调查，其调查对象应为孩子的母亲。此外还应注意到一些产品的消费对象是某一特定消费群体或侧重于某一特定群体的消费群体，这时调查对象应注意选择产品的主要消费群体。如对于化妆品，调查对象应主要选择女性；对于酒类产品，调查对象应主要选择男性。

在调查时，采用何种方法、方式，不是固定和统一的，而是取决于调查对象和调查任务。在市场经济条件下，为了准确、及时、全面地取得市场信息，尤其应注意多种调查方法、方式的综合运用。

★案例

西安杨森采乐市场调查方案——调查方法和方式

（一）第二手资料的收集

利用网络，通过“洗发水市场份额”“去屑洗发水”等关键词寻找相关的第二手资料，并进行分析。

（二）原始资料的收集

本项目的数据资料收集方法如下：

1. 调查方法：电话调查和入户访问

通过电话甄别问卷，筛选出合格的被访者。然后采用结构性问卷，进行入户访问，并赠送价值20元的小礼品一份。

市场调查公司将根据与西安杨森公司探讨所达成的共识设计问卷，问卷中插入李克特量表、语意差异量表，问卷长度控制在半小时左右，问卷经双方商讨确定之后采用。

2. 调查方式：抽样调查法

（1）确定样本总量：采用随机抽样的方法进行，在北京、哈尔滨、上海、广州、长沙、成都、西安7个城市中各选择200人作为调查对象，共计1 400个样本。

（2）抽样框选择：选择每个城市的居民电话簿作为抽样框。

（3）确定抽样框的跳跃区间：如居民电话号码有20万个，除以样本数200个，跳跃区间为1 000。在每个区间内随机选择一个样本，共计200个号码。打电话核实受访者，在不断排除不愿意受访者的情况下，多次随机选择，直到选够200人为止。

附：电话甄别问卷

请问您的年龄在20～45岁吗？

（如果是则继续询问，不是则结束电话调查。）

请问您或您的家庭成员有在市场调查公司、广告公司或洗发水行业工作的吗？

（如果不是则预约时间入户访问，是则结束电话调查。）

附：样本总量计算：

采用简单随机抽样，确定样本容量的条件如下：

（1）调查总体可以是无限大；

（2）要求具有±3%的精确度；

（3）使用95%的置信水平（查正态分布表得$z=1.96$）；

（4）假设变异性最大（$p=50\%$）（同意者和反对者都是一半）。

计算调查的样本容量：

$$N=\frac{1.96^2\times(0.5\times0.5)}{0.03^2}=\frac{3.84\times0.25}{0.0009}=1\ 067$$

以上计算表明大约需要 1 100 名受访者。为确保调查效果，取 1 400 个样本。建议本次调查选取 7 个城市，每个城市选取 200 名受访者。

附：质量控制与复核

(1) 本次访问复核率为 30%，其中 15% 电话复核，15% 实地复核；

(2) 实行一票否决制，即发现访问员有一份问卷作弊，该访问员的所有问卷作废。

资料来源：https：//wenku. baidu. com/view/091d4e15302b3169a45177232f60ddccdb38e647. html.

（六）确定调查时间进度表

调查需要合理安排时间，既包括从调查方案设计到提交调查报告的整个工作时间，也包括各个阶段的起始时间，其目的是使调查工作能及时开展，按时完成。为了提高信息资料的时效性，在可能的情况下，调查期限应适当缩短。

在进行调查方案的设计中，一般用调查时间进度表来表示，如表 3-1 所示。时间进度表就是将调查过程的每个阶段的活动、需要完成的任务和达到的目标做出时间规定。确定调查时间进度表，一方面可以指导和把握计划的完成进度；另一方面也可以控制调查成本，以达到用有限的经费获得最佳效果的目的。

表 3-1　调查时间进度表

时间或日期	工作与活动内容	主要负责人及成员	备注
	调查总体及抽样方案的论证、设计		
	问卷初稿设计		
	问卷测试		
	问卷修正、印刷		
	访问员的挑选、培训		
	调查实施		
	资料的整理和统计分析		
	报告的撰写、修改和制作		
	调查结果汇报会		

（七）确定调查费用

确定调查费用是调查方案设计的重要内容。调查的开支费用会因调查课题的不同而不同。在制定预算时，应当制作较为详细的工作项目费用计划。通常在调查前期，计划准备阶段的费用安排应占总预算的 20%。具体实施调查阶段的费用安排可占总费用的 40% 左右，而后期分析报告阶段的费用安排也将占总费用的 40% 左右。因此，必须全面考虑各个不同阶段的费用支出情况，避免节外生枝。

一般来说，市场调查所需的费用包括以下几个方面：调查方案设计费、抽样和问卷设计费、问卷印刷和装订费、调查人员劳务费、调查人员差旅费、被调查者的礼品费、数据统计处理费、调查报告撰写费及杂费等。通常可以制作成表格的形式，如表 3-2 所示。

表 3-2 调查费用估算表

支出项目	数量	单价	金额	备注
调查方案设计费				
抽样设计费				
问卷设计费				
问卷印刷和装订费				
调查人员劳务费				
调查人员差旅费				
被调查者的礼品费				
数据统计处理费				
调查报告撰写费				
杂费				
合计				

（八）确定提交调查报告的方式

调查报告是调查者呈交给企业的最终产品。调查者必须用足够的时间和精力，认真准备好调查报告。确定提交调查报告的方式主要应考虑：最终报告是书面报告还是口头报告、报告包括几部分内容、是否有阶段性报告等。

（九）附录部分

开列出调查负责人及主要参加者的名单，扼要介绍团队成员的专长和分工情况，说明抽样方案的技术和细节，调查问卷设计中有关的技术参数、数据处理方法、采用的软件等。

需要强调的是，以上分别介绍的内容并非孤立的，而是密切联系的，某一项内容的变化往往会影响其他内容的执行。因此，整个调查过程要通盘考虑，在制定调查方案时应对以后的步骤有所预判。

二、市场调查方案的评价

（一）市场调查方案的可行性研究

在调查复杂的社会经济现象时，通常不是设计一个调查方案，而是需要设计多个调查方案，并从中选取最优方案。同时，所设计的调查方案也不是一次完成的，还需经过必要的可行性研究，然后做进一步修改。众所周知，决策失误是最大的失误。可行性研究是科学决策的必经阶段，是科学设计调查方案的重要步骤。因此，对调查研究工作而言，事先对方案进行科学的可行性研究是非常必要的。市场调查方案的可行性研究方法很多，常见的有经验判断法、逻辑分析法和试点调查法等。

1. 经验判断法

经验判断法是指组织一些具有丰富市场调查经验的人士，对设计出来的市场调查方案进行初步的主观判断和推理，以说明调查方案的合理性和可行性。例如，对劳务市场中的保姆问题进行调查，就不宜采用入户访问或电话调查方式，而适合采用拦截访问方式；对 IT 行业的专家和企业家进行调查，就适合采用深层访谈或电话调查方式。经验判断法能够节省人力和时间，在比较短的时间内得出结论。但这种方法也有一定的局限性，这主要是因为人的认识是有局限性的，各种主客观因素都会对人们判断的准确性产生影响。

2. 逻辑分析法

逻辑分析法是指从逻辑层面考察调查方案的内容是否符合情理。例如，对于学龄前儿童进行文化程度的调查，对没有通电的山区进行电视广告效果的调查等，这些都是有悖于常理和逻辑的，缺乏实际意义。

★相关链接

某高校拟进行一次民意调查，想知道一项新的福利改革制度在教职工中的支持度，在选取样本时应该如何操作？假设该学校有2 000名教职工，其中一线教师1 000人，中层及以上领导100人，其他教职工900人，只准备选取样本100人进行问卷调查。那么，若按各类人员在全部教职工中所占的比例进行样本分配，显然这样做是科学和符合逻辑的。按照这个思路，分配样本如下：

一线教师样本数 $=1\ 000 \div 2\ 000 \times 100 = 50$（人）

中层及以上领导样本数 $=100 \div 2\ 000 \times 100 = 5$（人）

其他教职工样本数 $=900 \div 2\ 000 \times 100 = 45$（人）

3. 试点调查法

试点是整个调查方案可行性研究中十分重要的步骤，对于大规模的市场调查来讲尤为重要。试点调查法是在小范围内选择部分单位进行试点调查，对调查方案进行实地检验，目的是使调查方案更加科学和完善，而不仅仅是收集资料。在试点调查中重要的是选好试点。作为试点必须具备两个明显的特点：一是实践性，二是创新性。两者互相联系、相辅相成。通过试点调查可以为正式调查积累实践经验，可以修改、补充、丰富和完善对调查主体的认识。

（二）市场调查方案设计的总体评价

对于一个市场调查方案设计的总体评价，主要从以下三个方面进行：

1. 方案设计是否体现调查目的和要求

方案设计是否体现调查目的和要求，这一点非常重要。因为后期所确定的调查内容、调查方法、时间进度表、问卷设计、调查费用预算等内容都要围绕调查目的和要求来确定。

2. 方案的设计是否科学、完整和适用

方案设计是否科学、完整和适用决定了所收集资料的准确性和有用性，因此在设计方案时必须考虑方案设计的科学性、完整性和适用性。

3. 调查方案能否使调查数据质量有所提高

影响调查数据质量高低的因素是多方面的，但调查方案是否科学可行，对最后的调查数据质量有直接影响。调查方案设计合理，可以使调查数据实际差错率大大降低。

项目小结

明确市场调查问题是市场调查方案设计中的一项关键性工作。应在运用适当调查方法的基础上，进行详细的背景分析，从而确定相应的市场调查问题和市场调查目标。市场调查方案是指导调查研究活动的大纲，是调查计划和流程的概括及说明，一份完整的调查方案应包括调查背景（前言）、调查目的和意义、调查内容、调查对象和范围、调查方法和方式、调查时间进度表、调查费用、提交调查报告的方式、附录部分等内容。对市场调查方案进行可行性研究可采用逻辑分析法、经验判断法和试点调查法。

课后自测

一、单选题

1. 市场调查方案设计的首要问题是（　　）。

A. 选择调查方法　　B. 确定调查对象

C. 明确调查目的　　D. 筹措调查费用

2. 影响调查数据质量高低的因素是多方面的，但对最后的调查数据质量有直接影响的因素是（　　）。

A. 调查目的的明确性　　B. 调查计划的可行性

C. 调查项目的完整性　　D. 调查方案的科学性

3. 一般情况下实施调查阶段的费用安排占总预算的（　　）。

A. 20%　　B. 50%　　C. 40%　　D. 30%

4. 进行市场调查方案设计时（　　）。

A. 包括的项目越多越好　　B. 应包含尽可能多的项目

C. 避免将研究问题界定得太宽或太窄　　D. 主要应考虑预测的需要

二、多选题

1. 确定市场调查意图常用的方法有（　　）。

A. 开展定性调查　B. 采访专家　C. 第二手资料分析　D. 与决策者交流

2. 市场调查方案设计是（　　）。

A. 在调查项目实施之前进行的

B. 对整个调查项目各个方面的通盘考虑和安排

C. 对整个调查项目各个阶段任务的通盘考虑和安排

D. 整个调查项目的框架或蓝图

E. 一项补充和辅助工作

3. 在编制市场调查方案时，安排调查进度要详细地列出（　　）。

A. 调查目的与任务

B. 调查对象和调查单位

C. 完成每一步骤所需的时间以及起始终止时间

D. 调查结果的用途

E. 计划要稍稍留有余地

4. 针对市场调查方案进行的可行性研究方法主要有（　　）。

A. 经验判断法　B. 逻辑分析法　C. 试点调查法　D. 归纳推断法

5. 衡量一个调查方案设计是否科学，主要是看（　　）。

A. 方案的设计是否体现调查目的和要求　B. 方案是否符合客观实际

C. 方案设计是否体现企业领导的意愿　D. 方案设计是否可以满足多种用途

三、名词解释

调查方案　　调查项目　　调查时间　　调查对象

经验判断法　　逻辑分析法　　试点调查法

四、简答题

1. 明确市场调查意图的方法有哪些？
2. 在确定调查目标时应注意什么问题？
3. 市场调查方案设计主要包括哪些内容？
4. 如何开展市场调查方案的可行性研究？

拓展提高

案例 3-1

关于在校大学生学车情况的市场调查策划书

（一）调查问题

××地区在校大学生学车的情况和需求程度。

（二）背景环境

中国加入WTO后，汽车市场进一步开放，私家车已逐渐进入寻常百姓家。学车拿驾照在社会上成为一种时尚，这种状态也影响到高校大学生的消费观念。在一些大学生看来，开车是一门技能，掌握后可增加自己的就业优势，为求职做更好的准备。

（三）调查目标确定

以××地区大学生为主要调查与预测对象，了解在校大学生学车的情况，主要包括：

1. 了解在校大学生对于学车的看法。
2. 了解在校大学生对于学车的需求程度。
3. 了解在校大学生如何选择驾校。

（四）市场调查方法

以访问调查法为主，以观察调查法为辅。

（五）调查资料整理和分析方法

1. 定量分析和定性分析相结合。
2. 进行实地调查结果分析。

（六）调查步骤和时间安排（略）

（七）资金预算及项目安排（略）

（八）小组成员确定和工作安排（略）

（九）调查项目（略）

附：调查问卷

关于在校大学生学车情况的调查问卷

亲爱的同学：

您好！我们是××学院营销专业的学生，为了能够更好地了解在校大学生对于学车的看法，以便于我们能提供更加适合学生的驾校，希望您能抽出宝贵的时间填写此问卷，您的意见对我们来说非常重要，谢谢您的合作与支持！

1. 性别：男（　　）　　女（　　）

　年级：大一（　　）大二（　　）大三（　　）大四（　　）

2. 请问您现在有学车的打算吗？（　　）

A. 有　　B. 无，但正准备学车

C. 目前暂无学车的打算

3. 请问您每学期花费在技能培训方面的经费为多少？（除学校专业培训外）（　　）

A. 几乎没有　　B. 100 元左右　　C. 200～500 元　　D. 500 元以上

4. 请问您觉得考到驾照对您将来就业是否有帮助？（　　）

A. 有很大的帮助　　B. 无关紧要

5. 请问您选择驾校时最关心的是什么？（　　）

A. 驾校考试通过率　　B. 驾校口碑和规模

C. 培训地点交通是否便利　　D. 学车的价格

6. 请问导致您目前不打算学车的主要原因是什么？（　　）

A. 学车费用问题　　B. 时间问题

C. 觉得没有太大需要　　D. 其他

7. 请问假如您要学车，在学车过程中您最看中哪项？（　　）

A. 能够上门接送　　B. 提供免费午餐

C. 场地硬件设施　　D. 教练员的教学水平

8. 请问您一般会通过哪些渠道来选择驾校？（　　）

A. 上网搜索　　B. 朋友或同学介绍

C. 校园内刊登的广告　　D. 其他

9. 请问您会选择利用什么时间来考驾照？（　　）

A. 平时课余时间　　B. 寒暑假期间

C. 气候条件良好的季节　　D. 无所谓

10. 在“××”“××”“××”这几个驾校中您会选择哪个？请简要说明原因。

11. 驾照考试将会在6—7 月份进行改革，并新增几项考试项目，且学车费用也会有所增长。请问这是否会影响您学车的计划？您对此问题有何看法？

谢谢合作！

资料来源：http：//www. docin. com/p－1326523115. html.

讨论：

1. 如果你是这次市场调查活动的策划人，你会对调查提出什么建议？

2. 这份市场调查策划书的设计有无不足之处？为什么？

项目训练

实训项目：分组自选题目，确定调查目的，然后进行市场调查方案的设计。

实训组织：学生分组，编写一份市场调查方案并制作成 PPT 课件，进行课堂交流。

实训要求：

1. 能依据调查目的科学地设计出完整的市场调查方案；

2. 能运用适当的可行性研究方法对调查方案进行分析评价。

实训成果：市场调查方案一份。

实训考核：根据出勤、课堂讨论发言、市场调查方案的设计和写作水平进行评定。首先，小组内部评出每位成员的个人成绩档次（优秀、良好、中等、及格、不及格），如表3-3所示；然后，教师综合评出各小组成绩，如表3-4所示，在此基础上给出个人最终成绩；最后，教师进行点评。

个人最终成绩 =20% ×（表3-3中的成绩）+80% ×（表3-4中的成绩）

附：效果评价表

表3-3 小组成员个人成绩评价表

小组成员个人成绩 / 小组成员姓名	优秀	良好	中等	及格	不及格
教师评价					

注：考评满分为100分，60分以下为不及格，60~70分为及格，71~80分为中等，81~90分为良好，90分以上为优秀。

表3-4 各小组调查方案设计评价表

评价内容	分值/分	评分/分
调查方案体现了调查目的和要求	10	
调查方案的可操作性	20	
调查方案的科学性和完整性	30	
调查方案的质量和效果	40	
调查方案设计的总体评价	100	

学习收获

项目4

市场调查问卷的设计

★知识目标

1. 了解调查问卷的相关概念
2. 掌握问句的类型及在设计中应注意的问题
3. 明确问卷设计的基本步骤及问卷结构

★技能目标

1. 能够全面思考问题，善于把握问题本质，从而合理设计和编排问卷
2. 能够运用问卷设计知识独立完成调查问卷的设计

★情境设置

场景一 大学生是一个独特的消费群体，知识水平相对较高，愿意尝试接受新鲜的事物和理念。虽然现在的消费能力相对偏低，但人数庞大，消费领域集中。现在我们拟对××市大学校园内的商业推广活动进行调查，以深入了解大学生这个特殊的消费群体，挖掘蕴含的商机，为商家提供决策依据。在广泛调查的基础上，我们确定以××市几所有代表性的高校的学生为调查对象，进行一次市场问卷调查。本次调查具体目的可概括为：

1. 了解大学校园内的主要媒介；
2. 了解大学校园最常规、最普遍的商业推广形式；
3. 了解大学校园商业推广的产品类型；
4. 了解大学生对商业推广活动的态度；
5. 了解大学生最喜欢的推广形式；
6. 了解各商业推广形式的影响效果及比较；
7. 了解大学生的消费观。

请你根据以上调查目的，利用学过的知识，为商家在高校的商业推广活动拟订一份市场调查问卷。

场景二　某啤酒企业根据其产品的市场占有情况和目前市场对啤酒的需求情况，考虑引进啤酒包装，计划推出1组4～6瓶250 ml小瓶的包装形式。在正式决策之前，企业需了解新包装是否有足够的市场、目标市场是什么、消费者一般在什么时候饮用、消费者希望在哪类商店买到该产品。为此，需进行一次市场问卷调查。本次调查的具体目的可概括为：

1. 估量消费者对小瓶包装啤酒接受的可能性；
2. 辨别小瓶包装啤酒的潜在购买者和饮用者；
3. 辨别小瓶包装啤酒的饮用场合；
4. 判断消费者希望在什么地方买到这种小瓶包装啤酒；
5. 判断小瓶包装啤酒潜在的市场大小。

请你根据以上调查目的，利用学过的知识，为该企业的新包装决策拟订一份市场调查问卷。

★案例导入

顾客满意度调查

飞利浦电子有限公司服务部准备对其特约维修站的顾客做一次调查，下面是该公司设计的一份调查问卷。

亲爱的顾客：

感谢您于近期光临飞利浦特约维修站！

为了不断提高我们对于客户的服务水平，请您花费宝贵的几分钟时间提出一些想法和建议。谢谢！

1. 您对故障的解决是否满意：□是　　　□否
2. 您对下列各项的满意程度：

	很不满意	不满意	可以接受	满意	很满意
您的等待时间	1	2	3	4	5
维修所花费的时间	1	2	3	4	5
维修的质量	1	2	3	4	5
服务态度	1	2	3	4	5
服务人员的专业能力	1	2	3	4	5
服务人员的技术能力	1	2	3	4	5

3. 如果您需要购置/更新产品，您是否愿意选择再次购买飞利浦产品？
   A. 肯定会　B. 可能会　C. 不一定　D. 可能不会　E. 肯定不会
4. 您最近一次光顾的特约维修站的名称是：__________。
5. 如果产品再次发生故障，您还会光临该特约维修站吗？
   A. 肯定不会　B. 可能不会　C. 可能会　D. 肯定会

其他建议：______________________________

____

____

再次感谢您的合作！

资料来源：陆军，梅清豪．市场调查［M］．北京：电子工业出版社，2009.

讨论：

1. 一份调查问卷由哪几部分组成？
2. 调查问卷设计前应思考哪些问题？

任务1　确定问卷设计的步骤及问卷结构

★任务描述

在市场调查活动中，获取足够的信息资料是实现调查目的的基础。在收集资料时，往往要通过问卷方式进行。特别是在获取第一手资料时，问卷调查是最基本的方法。因此，问卷设计在整个调查活动中具有重要地位，问卷的设计水平是影响市场调查质量的关键因素。

一、确定问卷调查的种类

（一）问卷调查的概念

问卷是指调查者事先根据调查目的和要求所设计的，由一系列问题、说明以及备选答案组成的调查项目表格，所以又称调查表。问卷调查是指调查者依据心理学原理，将精心设计的各种问题全部以询问的形式在问卷中列出来，提供给被调查者进行选择。这种方式有助于被调查者及时准确地获取调查的内容，领会调查意图，从而提高调查的系统性和准确性。

★相关链接

问卷调查

1. 问卷调查是实地调查的有效工具

实地调查是收集第一手资料的调查方法，具有针对性强、运用面广、材料真实的特点。其常用方法有文案调查法、访问调查法、观察调查法、实验调查法。访问调查法是实地调查中用得最多的一种方法。

2. 问卷调查是标准化调查

问卷调查即按照统一设计的有一定结构的问卷所进行的调查。调查问卷可使调查内容标准化和系统化，便于资料的收集和处理，具有内容简明、应用灵活等优点，在市场调查中被广泛采用。

（二）问卷调查的种类

问卷调查按照问卷填答者的不同可分为自填式问卷调查和代填式问卷调查。

1. 自填式问卷调查

按照问卷传递方式的不同，自填式问卷调查可分为报刊问卷调查、邮寄问卷调查、送发问卷调查和网上访问问卷调查。自填式问卷调查一般是间接调查，即调查者不与被调查者直接见面，而由被调查者自己填答问卷。同时，它通常也是书面调查，即调查者以书面形式提出问题，被调查者也用书面方式回答问题。

2. 代填式问卷调查

按照与被调查者交谈方式的不同，代填式问卷调查可分为访问问卷调查和电话问卷调查。

二、确定问卷设计的步骤与流程图

（一）问卷设计步骤

要设计一份问卷，第一步工作并不是动手写调查问题，而是先做一段时间的探索性工作，然后才是设计问卷初稿，并经过试用和修改，最后形成正式的问卷。其基本步骤如下：

1. 准备阶段

在准备阶段应根据调查的需要，首先确定调查的主题，其次根据调查的主题明确调查的范围和调查项目所需的资料。在设计问卷之前，调查者需先进行第二手资料的收集工作，在对第二手资料进行充分分析的基础上，确定所需的第一手资料，同时分析调查对象的各种特征，作为拟订问卷的基础。

2. 初步设计阶段

在初步设计阶段，按照调查的主题，根据调查对象的特征，对所有收集的资料确定相应的问卷形式，选择合理的问卷结构，设计每个问句的表现形式，对问句拟订编排方案，考虑问卷是否需要编码并向被调查者说明调查目的、要求、注意事项等。

3. 试调查阶段

将初步设计出的问卷在小范围内进行试调查，先发出少量问卷进行试答，以及时发现存在的问题，并做必要的修改，使问卷更加完善。试答在问卷设计中至关重要，时间再紧也不能不做，这是因为问卷设计中所出现的任何一点不足或缺陷，都将在所得到的问卷资料中留下印记，有时甚至造成难以弥补的损失。通常要在对第一次试答结果进行审定后再进行多次试答，试答次数越多，所产生的效果也就越好。问卷完善后，报请委托方审查批准。

4. 付印阶段

将最后定稿的问卷，按照调查任务的要求，确定印制的份数，印制正式的调查问卷。

（二）问卷设计流程图

问卷设计流程如图 4-1 所示。

三、确定问卷的结构

问卷的基本结构一般包括题目、卷首语、填表说明、甄别部分、问卷主体内容、被调查者的基本情况、编码、作业证明的记载、结束语九个部分。

（一）题目

题目反映问卷的主题。问卷与文章一样，题目非常重要，其所取题目应做到：

（1）准确而概括地表达问卷的性质和内容。

（2）观点新颖，句式构成上富有吸引力和感染力。

（3）言简意赅，明确具体。

（4）不给被调查者以不良的心理刺激。

例　（1）大屏幕高清平板彩电需求的调查。

（2）关于出境旅游消费的调查。
（3）大学生消费状况调查。

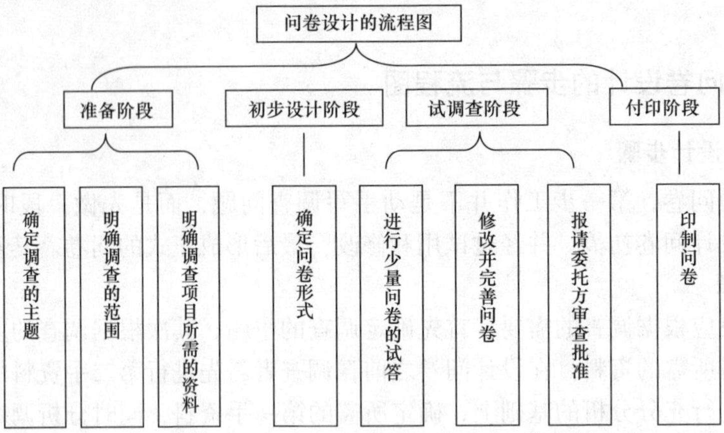

图 4-1　问卷设计流程图

不要简单采用“问卷调查”这样的题目，它容易引起被调查者的怀疑甚至拒答。

（二）卷首语（说明信）

卷首语一般在问卷的开头，是致被调查者的一封短信。这是调查者与被调查者的沟通媒介，目的是让被调查者了解调查的意义，引起被调查者足够的重视和兴趣，争取他们的支持与合作。

其内容一般包括以下几个方面：

（1）称呼、问候。如“××先生/女士：您好”。
（2）说明调查的主办单位和个人的身份。
（3）简要地说明调查的内容、目的及问卷的填写方法。
（4）说明作答的意义或重要性。
（5）说明所需时间。
（6）保证作答对被调查者无负面作用，并替他保守秘密。
（7）表示真诚的感谢，或说明奖励的方式、方法及奖金、奖品等有关问题。

★相关链接

说明信的编制

××先生/女士：

您好！我是××公司的访问员，我们正在进行一项有关羊肉市场的调查，耽搁您几分钟的时间，向您了解一些问题，我们保证得到的信息将全部用作调查之用并对您提供的信息严格保密。希望您配合，谢谢。

卷首语（说明信）的语气应该亲切、诚恳而有礼貌，内容要简明扼要，切忌啰唆。大量的调查实践表明，几乎所有拒绝合作的调查对象都是在开始接触的前几秒钟就表示不愿参与的，如果潜在的调查对象在听取介绍调查来意的时候就愿意回应，那么绝大部分都会合作，而且一旦开始作答，几乎都会继续并完成问卷，只有在非常特殊的情况下才会中止。写好说明信，取得被调查者的支持与合作，是问卷调查取得成功的必要保证。

（三）填表说明

填表说明可以让被调查者知道如何填写问卷。在自填式问卷中一定要有这部分内容，填表说明一定要详细清楚，格式位置要醒目。

例　凡符合您的情况和想法的项目，请在相应的括号中打“√”；凡其他需要具体说明的项目，请在横线上填写文字。

（四）甄别部分

下面结合一个高档化妆品的市场调查问卷来说明。

1. 对个体自然状态的排除

对个体自然状态的排除主要是为了甄别被调查者的自然状态是否符合产品的目标市场。主要的自然状态变量包括年龄、性别、文化程度、收入等。

（1）对年龄的甄别。由于中国人使用化妆品具有明显的年龄倾向，要排除年少的人和年老的人，所以年龄的甄别问题设计为：

您的年龄：（　　）。

a. 18 岁以下 终止访问；b. 18 ~45 岁 继续；c. 45 以上 终止访问

（2）对性别的甄别。假设此产品为女性所专用，甄别问题的设计为：

您的性别：（　　）。

a. 男 终止访问；b. 女 继续

（3）对收入的甄别。在中国，影响女性购买化妆品的收入因素有两个，即个人收入和家庭总收入。因此对收入的甄别问题的设计就包括两方面：

①您的个人月收入（包括工资、奖金、第二职业收入等）：（　　）。

a. 1 500 元及以上 继续；b. 1 500 元以下 终止访问

②您的家庭月总收入：（　　）。

a. 3 000 元以上 继续；b. 3 000 元以下 终止访问

2. 对产品适用性的排除

假设这种化妆品只适用于油性和混合性皮肤，那么对产品适用性的甄别问题设计为：

您的皮肤是：（　　）。

a. 油性 继续；　b. 混合性 继续；　c. 干性 终止访问

3. 对产品使用频率的排除

很明显，频率过低，就不可能成为调查产品的目标消费者，甄别问题的设计为：

您平时多长时间使用一次化妆品？（　　）

a. 几乎不用 终止访问；b. 每月一次以下 终止访问；c. 每月一次或以上 继续

4. 对产品评价有特殊影响状态的排除

这种排除主要是为了把职业习惯可能对调查结果的影响排除掉。题目一般有固定的设计格式，其甄别问题的设计为：

（1）您和您的家人是否有在以下单位工作的：（　　）。

a. 社情民意调查机构、咨询公司 终止访问；

b. 电台、电视台、报社、杂志社 终止访问；

c. 化妆品生产或经销单位 终止访问；

d. 以上都没有 继续；

(2) 在过去的6个月里，您是否接受过这家调查公司的访问？(　　)

a. 是 终止访问；b. 否 继续

(五) 问卷主体内容

问卷主体是市场调查所要收集的主要信息，它由一个个问句及相应的选择答案项目组成。显然，这部分内容是问卷设计的重点，是问卷的核心内容，其应覆盖调查研究的全部内容。这部分内容直接影响整个调查的意义。

★相关链接

"消费者"调查项目的内容

第一，被调查者的信息资料。其包括性别、年龄、职业、文化（专业）、收入（个人、家庭、生活费用）等。

第二，目标消费者的信息资料。其包括喜欢购买（消费）该产品的消费者是谁，有多少。

第三，购买动机。其包括质量保证、价格便宜、安全可靠、服务周到、品牌信誉、新潮时尚、艺术欣赏、陶冶性情、环境舒适等。

第四，购买行为特点。其包括购买什么、购买多少、何时购买、何地购买、采用什么购买方式、购买的频率以及购买什么品牌等。

第五，获得购买信息的渠道。其包括产品广告、商业促销、媒体宣传、熟人介绍、个人体验等。

(六) 被调查者的基本情况

所谓被调查者的基本情况，主要是指被调查者的一些主要特征。

如果被调查的是企业组织，基本情况包括企业名称、单位代码、行政区划代码、企业地址、企业规模、企业所在国民经济行业、企业登记注册类型、职工人数、销售收入等。

如果是个人，基本情况包括个人的年龄、性别、文化程度、职业、职务、收入等。

如果是家庭，基本情况包括家庭的类型、人数、经济情况等。

具体列入多少项目，应根据调查目的、调查要求而定，并非多多益善。有些问题与研究目的密切相关，如某个个体特征不同的消费者对特定事物的态度、意见以及行为倾向有很大差异，就有必要对其进行调查。

(七) 编码

编码是将问卷中的调查项目以及备选答案给予统一设计的代码。编码既可以在设计问卷时就设计好，也可以等调查工作完成以后再进行。前者称为预编码，后者称为后编码。在实际调查中，常采用预编码。编码一般应用于大规模的问卷调查中。因为在大规模问卷调查中调查资料的统计汇总工作十分繁重，借助编码技术和计算机，则可大大简化这一工作。如：①您的姓名；②您的职业；等等。

（八）作业证明的记载

所谓作业证明的记载，即“调查情况记录”。这个记录一般包括调查人员（访问员）姓名、编号、访问时间等。如有必要，还需注明被调查者的姓名、单位或家庭住址、电话等，以便于审核和进一步追踪调查。

★相关链接

被调查者姓名：张三　　被调查者电话：138××××××××

调查人员姓名：王小军　　调查日期：2018年1月30日

调查开始时间：上午8：00　　调查结束时间：上午8：15

问卷审核时间：2018年2月8日

（九）结束语

结束语置于问卷的最后，有的问卷也可以省略。结束语要简洁明了，用来对被调查者的合作表示感谢，也可以设置开放性问题，征询被调查者的意见、感受以及做其他补充说明等。

例　（1）再次谢谢您的配合！

（2）谢谢您，祝您生活愉快！

在调查实践中，问卷设计既要有科学性，又要有艺术性。不同目的的调查，问卷设计的差别很大，不可能存在普遍适用的模式。

任务2　设计问卷的问题及其答案

★任务描述

设计完美的问卷能够帮助调查者全面准确地收集资料，而问题、答案设计不当的问卷则往往造成所需资料的遗漏和偏差，降低资料的可信度，甚至偏离调查主题，从而造成调查的失败。因此，问题及其答案的设计是问卷设计的核心内容。

【课堂讨论】　请仔细阅读以下问卷设计的问题：

1. 您住的地方离这里只有5分钟的路途吗？
2. 您家上月的恩格尔系数是多少？
3. 对于目前市场上出现的各式各样的手机，您更偏爱哪个品牌？
4. 消费者普遍认为××牌子的冰箱好，您的印象如何？
5. 您一天抽多少支烟？
6. 您是否逃过税？逃过几次？数量多少？
7. 在去年4月您在电视上看到过几次高露洁产品的广告？
8. 您认为这部手机的外形和通话效果如何？
9. 您觉得这种产品的新包装不美观吗？

10. 作为推销员，您是否接受过系统的培训？

讨论：

1. 以上问题的设计是否妥当？如有不妥，说明理由。
2. 对设计不妥的问题进行修改。

一、设计问卷的问题

（一）确定问句类型

在市场调查与分析活动中，一旦数据资料收集方法确定，实际的问卷设计过程也就开始了。问卷设计首先要做的工作就是确定在问卷中使用什么样的问句类型，然后才是设计问题答案。

1. 直接性问句、间接性问句和假设性问句

直接性问句是将所要询问的问题直截了当地向被调查者提出，请被调查者直接给予回答。这种直接提问方式明确表明要问什么问题，通常所问的是个人基本情况或意见。

例 （1）您的年龄？

（2）您的职业？

（3）您现在用的洗发水是什么品牌的？

间接性问句指那些不宜直接提问，而采用间接提问方式的问句，适用于被调查者不乐意回答或很难做出正面回答的问题。

例 要调查学生参与“赌博”“酗酒”等情况，“你是否赌博？”这一问题就可改为：“现在一些同学中流行用扑克等定输赢，你是否也喜欢玩这些扑克游戏？”

假设性问句是指通过假设某一情景或现象存在而向被调查者提出的问句。有许多问句是先假定一种情况，然后询问被调查者在该种情况下会采取什么行动。

例 （1）如果在购买汽车和住宅中您只能选择一种，您可能会选择哪种？

（2）如果××牌肥皂涨价2元，您是否还愿意用它？

2. 开放性问句和封闭性问句

开放性问句是一种被调查者可以自由地用自己的语言来回答和解释有关想法的问句，可以让被调查者充分地表达自己的看法和理由，回答往往比较深入，有时可能获得调查者始料未及的答案。

例 （1）您认为软包装饮料有哪些优点和缺点？

（2）您认为应该如何改进电视广告？

开放性问句的优点：设计问题容易，并可以得到被调查者的建设性意见，能为调查者提供大量的、丰富的信息。开放性问句在探索性调查中十分有用。

开放性问句的缺点：首先，在编码方面费时费力；其次，受被调查者性格、文化水平、态度等方面影响，有时可能得不到准确的信息，并且由于回答费事，可能遭到拒答；最后，收集到的资料中无用信息较多，难以进行统计分析。

封闭性问句是指答案中包括所有可能的答案，让被调查者从中选择一个答案的问句。

例 您购买雕牌洗衣粉的主要原因是：（选择最主要的两种）

（1）洗衣较洁白□

（2）售价较低廉□

(3) 任何商店都有出售□

(4) 不伤手□

(5) 价格与已有的牌子相同，但分量较多□

(6) 朋友介绍□

封闭性问句的优点：被调查者回答问题容易，所得资料较准确。由于答案标准化，易于进行各种统计处理和分析，编码和录入工作大大简化，是目前进行市场调查的主要提问方式。

封闭性问句的缺点：问卷设计花费的时间较多，不能得到更多的信息，回答者只能在规定的范围内回答，无法反映其他想法。

在实际调查问卷设计中常常既有开放性问句，也有封闭性问句，一般以封闭性问句为主，以开放性问句为辅。

3. 事实性问句、行为性问句、态度性问句、动机性问句

事实性问句是指要求被调查者依据现有事实来回答问题，不必提出主观看法的问句。常用于了解被调查者的特征（如职业、年龄、收入水平、家庭状况、居住条件、教育程度等）以及与消费商品有关的情况（如产品商标、价格、购买地点、时间、方式等），例如“您使用的手机是什么牌子的？”“您的职业是什么？”等。

行为性问句是指询问被调查者的某些实际行为，了解行为特征的问句（如是否拥有某物，或是否做过某事等），例如：“您上星期天去网吧了吗？”问句中词语的定义必须清楚，让被调查者了解后能正确回答。

态度性问句是指询问被调查者的态度、评价、意见等问题的问句，例如：“您是否喜欢××品牌的MP4？”

动机性问句是指了解被调查者行为的原因或动机的问句。通过该类型的问句，能够较为深入地了解消费者的心理活动，从而找到问题及问题产生的原因，为解决问题提供依据，例如：“您为什么希望购买这种品牌的MP4？”

理想的问句应能使调查人员获得所需要的信息，同时被调查者又能轻松方便地回答问题。设计问句类型及问法，也是一门学问，要求调查人员依据具体调查内容选用适当类型的问句进行调查，这常常需要几种类型的问句结合起来使用，但不能随意设计，否则会影响调查的效果。

（二）明确问句设计要求

★相关链接

市场调查问卷是由一个又一个问题组成的，这些问题凝结着设计人员的智慧和汗水。营销类教程中讲过一个例子：有一家肉类经销商拟对肉类销售市场进行调查，在设计好问卷后，派营销调查人员进行了街头拦截调查。一位调查人员将调查地点选在了一个商业闹市区，正巧迎面走来了四个人——一个意大利人、一个南非人、一个韩国人和一个墨西哥人。调查人员马上上前问道：“对不起，打扰一下，你能谈谈对目前肉类供应短缺的看法吗？”结果四人的回答让人啼笑皆非。意大利人说：“短缺是什么？”南非人说：“肉指的是什么？”韩国人说：“什么是看法？”墨西哥人说：“什么是打扰了？”

这个例子说明了在实施问卷调查时，在问卷的设计、问题的提问等环节运用一定技能的

重要性及必要性。

1. 用词要明确，避免含混不清

问句设计应避免使用含混不清的句子或语意不明的措辞，以免不同的被调查者产生不同的理解。有些问题含有“偶尔、许多、大致、普通、经常、一些、很多、相当多、几乎”这样的词，以及一些形容词，如“美丽”等，不同被调查者的理解显然是不同的。

例 “您通常喜欢选购什么样的帽子?”就是用词不准确，因为“通常”“什么样”的含义，不同的人有不同的理解，必定回答各异，调查人员不能从中取得准确的信息。

比较下面两个问句：

(1) 您经常买《贵阳晚报》吗?

(2) 您买报纸的频率为多少?

a. 每天都买　b. 一周买 3~4 次　c. 一周买 1~2 次　d. 一周以上买 1 次

以上两个问句，第一个模糊，第二个更加确切。

2. 用词要通俗，避免用专业术语

一般调查中，生僻、专业的词语会影响被调查者对问题的理解。

例 某保险公司调查顾客对本公司业务的印象：

(1) 请问您对本公司的理赔时效是否满意?

(2) 请问您对本公司的展业方式是否满意?

以上两个问句都不合适，许多被调查者不明白什么是“理赔时效”和“展业方式”，即便给出答案也没有意义。再如“促销效果”“分销渠道”等术语，对于某些消费者来说也不易理解。必须使用时，应进行定义和说明。

3. 用词要简明，避免使用冗长复杂的语句

例 您认为电视机市场已经日趋饱和的今天，政府仍向电视机生产企业征收高额税收，从而阻碍了生产厂家的发展，这样的做法是不是应该受到批评?

这样的长问句提问，让人很难做出回答，也很难得到满意的回答。

4. 避免使用否定句或反义疑问句进行提问

例 (1) 您是否不赞成商店实行“打折”制度?

(2) 您不赞成商店实行“打折”制度，是吗?

以上两个问句一个为否定句，一个为反义疑问句，带有很强的暗示性质，情况同样糟糕。修改为“您是否赞成商店实行‘打折’制度?”情况就大为改观，有望获得准确信息。

5. 避免使用诱导性提问方式

问卷中的问题必须保持中立，不能带有倾向性，问题应精心设计，按中性方式提出。

例 ××品牌的手机质优价廉，您是否准备选购?

这个问句不能反映消费者对商品的真实态度和真正的购买意愿，所产生的结论也缺乏客观性，结果可信度低。

例 现在的小学生作业负担太重，您认为是这样吗?

显然这个问句带有倾向性，暗示了调查者自己的观点。对于这样的问题可进行中性化的处理。

例 科学家认为，钙是人体生理不可缺少的元素。您认为您的孩子需要补钙吗?

这个问句带有科学权威性提示倾向，这样得到的答案不够客观。

6. 避免提带有双重或多重含义的问题

一个问句中如果包含过多访问内容，会使被调查者无从答起，也会给统计处理带来困难。

例　（1）雕牌洗衣粉是否洗衣清洁又不伤衣服？

（2）您对该商场产品的价格和服务质量满意还是不满意？

第一个问句中“清洁”“不伤衣服”是一个事物两个不同的方面，可能会得到不同答案。

第二个问句包括商品价格和服务质量两个方面的问题，或对价格不满意或对服务不满意或，对价格和服务都不满意的被调查者都可能回答“不满意”，该结果显然得不到企业想了解的信息。

7. 避免提出令被调查者难堪或禁忌和敏感的问题

问卷设计所用语言和所提问题要有礼貌和有趣味，问卷应使用适合被调查者身份、认知水平的用语，尽量避免列入一些会令被调查者难堪或反感的问题，如“你离过几次婚?”这种问题很容易引起被调查者的反感而拒绝合作。

例　两种问句对比：

（1）您至今未购买电脑的原因是什么？

a. 买不起　　b. 没有用　　c. 不懂　　d. 软件少

（2）您至今未购买电脑的主要原因是什么？

a. 价格高　　b. 用途较少　　c. 对性能不了解　　d. 其他

显然第二个问句备选答案设计更有艺术性，能使被调查者愉快地合作。而第一个问句备选答案较易引起被调查者的反感，使其不愿合作，从而导致调查结果不准确。

例　您目前没有购买空调的原因是（　　）。

a. 没钱买　　b. 住房条件太差　　c. 电费太贵

这样的问句会令被调查者反感，应该将各备选答案改为比较委婉的说法：

您目前没有购买空调的原因是（　　）。

a. 价格不合适　　b. 住房条件不允许　　c. 暂不需要

8. 避免笼统估算，同时要考虑时间性

遗忘和记忆上的差错会导致被调查者无法提供全面和准确的信息。

例　去年您家庭的生活费支出是多少？用于食品、衣服的分别为多少？

除非被调查者连续记账，否则很难回答出来。

例　（1）您家上月生活费支出是多少？

（2）昨天你在电视上看了哪几则手机广告？

显然，缩小时间范围可使问题回忆起来较容易，回答也比较准确。

二、设计问题的答案

在问卷调查实践中，无论哪种问题类型，都要进行答案设计，尤其是封闭性问题，必须进行全面、系统、详尽的设计，才可以将调查内容信息准确地传递给被调查者，取得对方的充分合作，使其不带偏见地回答有关问题。一般常用的答案设计可以这样操作：

（一）确定问题答案设计的类型

1. 设计二项选择式答案

二项选择式又称是非式，这种类型的问题只允许被调查者在给定的两个性质相反的备选答案中选择其一。最常见的是在“是”与“否”、“有”与“无”、“好”与“坏”、“喜欢”与“不喜欢”中选择其一。

例 您吃过奥利奥牌饼干吗？(　　)

a. 吃过　　b. 没吃过

这种提问方式便于被调查者选择，而且易于统计。但调查者只能知道被调查者的一种态度或一种状况，不能弄清形成这种态度或状况的原因，也无法把握被调查者对所选答案的认同程度，因而这种提问方式常常需要有其他形式的询问作为补充，才能使提问更深入，使被调查者对问题的回答更明朗。

例 您是否打算在近五年内购买轿车？

①是　②否

回答①的，请问您打算买什么品牌的轿车？

2. 设计多项选择式答案

所谓多项选择式是指所提出的问题有两个以上答案，让被调查者在其中进行选择。

例 你在毕业后选择就业时考虑的主要因素是什么？(应注明选项数量)

a. 工资福利□　b. 经济发达城市□　c. 有利于自身今后发展□

d. 专业对口□　e. 才能得以施展□　f. 积累社会经验□

多项选择式的优点是可以弥补二项选择式强制选择的缺点，应用范围广，能较好地反映被调查者的多种意见及其程度差异，由于限定了答案范围，统计比较方便。缺点是回答的问题没有顺序，且答案太多，不便归类，对问卷设计者的要求较高。

3. 设计顺位式答案

顺位式问句是在多项选择式问句的基础上，要求被调查者对所询问问题的各种可能性答案，按照重要程度或喜爱程度排列出先后顺序。

例 您在选购电视机时主要注重哪些方面？对下列各项，请根据您认为的重要程度按1、2、3、4进行排序：

a. 图像清晰（　　）　　b. 音质好（　　）

c. 外形漂亮（　　）　　d. 使用寿命长（　　）

也可以对不同品牌的同类产品的喜爱程度进行排序。

例 下列牙膏品牌中，请根据您的喜爱程度，按1、2、3、4进行排序：

a. 佳洁士（　　）　　b. 高露洁（　　）

c. 两面针（　　）　　d. 美加净（　　）

顺位式不仅能够反映出被调查者的想法、动机、态度、行为等多方面的因素，还能反映出各因素的先后顺序，既便于回答，又便于分析。但是在实践应用中应注意：被选答案不宜过多，以免造成排序分散，增加整理分析的难度。顺位式比较适合备选答案需要排序时使用。

4. 设计比较式答案

所谓比较式是指采用对比的方式，由被调查者将备选答案中具有可比性的事物进行比对从而做出选择的方法。

例　请比较下列每组不同品牌的彩色电视机，哪一种你更喜欢使用？（每组中只选一个，以打“√”表示）

a. 长虹□海信□　　b. 创维□海信□　　c. TCL□海信□

d. 长虹□创维□　　e. TCL□创维□　　f. TCL□长虹□

这种方法采用了一一对比方式，具有一定的强制性，使被调查者易于表达自己的态度。但在实际应用时应注意：比较项目不宜过多，否则会影响被调查者回答的客观性，也不利于统计分析。

5. 设计矩阵式（双向列联式）答案

当有多个问题，又有多个备选答案，且每个问题可以用相同的答案时，可将答案设计成矩阵的格式。

例　请对下列问题表明你的态度：

	赞成	中立	反对
药品的价格应降低5%	[ ]	[ ]	[ ]
药品的价格应降低10%	[ ]	[ ]	[ ]
药品的价格应降低15%	[ ]	[ ]	[ ]
药品的价格应保持不变	[ ]	[ ]	[ ]

矩阵式的优点是：①节省空间。对于有多个问题，又有多个备选答案，且每个问题可以用相同答案的情况，矩阵式是最节省空间的表现形式。②便于比较。采用矩阵式有利于同一矩阵中多个不同问题之间的相互比较。③简化说明。对于如何填答矩阵式问题，只需在开头说明一次，不必重复说明。④节省时间。采用矩阵式有利于缩短被调查者思考和回答问题的时间。

6. 设计表格式答案

如果调查目的是对某一事物的若干个特征进行程度比较，则可将特征与反映特征程度的词语排列成表格的形式，由被调查者在表格中打分。最终汇总时只需将每一特征的分数和项数统计出来，就可知道该特征的情况。

例　您认为星浪牌啤酒与您认为最好的啤酒相比如何？（如表4－1所示，在您同意的程度上画“√”）。

表4-1　比较打分法

特征	理想	较理想	一般	不太理想	不理想
口味	5	4	3	2	1
泡沫	5	4	3	2	1
清纯	5	4	3	2	1
包装	5	4	3	2	1
价格	5	4	3	2	1
购买方便	5	4	3	2	1

被调查者对很多产品的印象并不能用简单的喜欢与不喜欢表达出来，比如对食品、茶叶、酒类等味道，不同的消费者有不同的判别标准，即使说味道好的消费者，对好的感受程

度也不会是完全相同的，所以用表格式答案可以更精确地体现被调查者对某个特征的心理感受程度。

例 关于口味测验调查如表4-2所示。

表4-2 口味测验调查表

特征	3	2	1	0	−1	−2	−3	特征
黏								不黏
清淡								浓烈
粗								细
酥脆								坚硬
新鲜								走味
稀								稠
干硬								松软

上述口味测验调查表采用的是一种观念计量的方法，它反映被调查者对某事物的感受程度。该方法的要点是将问题的答案对称排列或顺序排列，让被调查者选择。类似口味或感受这样的问题，不宜用“是”或“否”的简单方式来回答，否则会得出过于粗略的结果，从而掩盖被调查者更深的感受和感受差异。表中所示则是用定量的方法将被调查者的感受程度反映出来。统计汇总时只需将每一对应特征的评分值相加，然后计算出它们的平均值或画出图形，就可以得到感受差异性的结果。

（二）明确问题答案设计的原则

1. 穷尽性原则

穷尽性原则是指每个问题中所列出的备选答案应包括所有可能的回答。这是为了使所有被调查者都能在给定的备选答案中至少选择出一项适合的答案，不至于因所列出的答案中没有合适的答案可选而放弃回答。

例 您家目前的收支情况是：

①较多节余 ②略有节余 ③收支平衡

对该问题若只设计以上三个备选答案就违背了穷尽性原则。因为其反映的都是“顺差”的情况，而对于“逆差”的情况却没有反映。因此应加上第四个备选答案“入不敷出”，这时答案才符合穷尽性原则。

2. 互斥性原则

互斥性原则是指每个问题中所有备选答案必须互不相容、互不重合，这是为了避免被调查者在选择时出现双重选择的现象。

例 您平均每月支出中，花费最多的是哪项？

①食品 ②服装 ③书籍 ④报刊 ⑤日用品

⑥娱乐 ⑦交际 ⑧饮料 ⑨其他

备选答案中食品和饮料、娱乐和交际都不符合互斥性原则。

任务3 组织与编排问卷

★任务描述

经过认真研讨，调查小组终于完成了问题与答案的设计工作，最终要将它们编排在一起，成为一份完整的市场调查问卷，那么这些问题该怎样排列呢？

一、紧扣调查目标设置问题

设计问卷时，首先必须遵守的原则就是紧扣调查目标来设置问卷的问题，问卷必须问什么，不必问什么，都应根据调查目标决定。要防止问题偏离调查目标。

此外，采用什么样的问句形式，也应服从调查目标的需要。必须选择能引导被调查者围绕调查目标客观准确地提供答案的问句，不可单纯追求形式的差异或新奇。

二、确定问卷问题的编排顺序

心理学研究表明：问题排列的前后顺序有可能影响被调查者的情绪。在设计问卷时，应站在被调查者的角度，顺应被调查者的思维习惯，使问题容易回答。下面是问题编排顺序的一般原则。

（一）问题的排序应注意逻辑性

问题的排序应该注意尽量符合人们的思维习惯，这样才可能使调查有一个良好的开端。如果未加仔细考虑，问题排序杂乱无章，让人思维空间变换过快，这就会影响被调查者回答问题的意愿。问卷设计时，有关问题的排列，要依照一定的逻辑顺序，如时间顺序、类别顺序等。如表4-3所示。

★相关链接

（1）你通常每日读几份报纸？

a. 不读报　b. 1份　c. 2份　d. 3份以上

（2）你通常用多长时间读报？

a. 10分钟以内　b. 半小时左右　c. 1小时　d. 1小时以上

（3）你经常读的是下面哪类（或几类）报纸？

a.《×市晚报》　b.《×省日报》　c.《人民日报》　d.《参考消息》

e.《中央广播电视报》　f. 其他

表4-3　问卷中问题的逻辑顺序示范

位置	类型	例子	理论基础
过滤性问题	限制性问题	过去的12个月中您曾滑过雪吗？您拥有一副雪橇吗？	为了辨别被调查者，对去年滑过雪的雪橇拥有者的调查
最初几个问题	适应性问题	您拥有何种品牌的雪橇？您已使用几年了？	易于回答，向被调查者表明调查很简单

续表

位置	类型	例子	理论基础
前1/3的问题	过渡性问题	您最喜欢雪橇的哪些特征?	与调查目标有关，需稍费些力回答
中间1/3的问题	难以回答及复杂的问题	以下是雪橇的10个特点，请用以下量表分别评价您的雪橇的特征	被调查者已保证完成问卷并发现只剩下几个问题
最后部分	分类和个人情况	您的最高学历是什么?	有些问题可能被认为是个人隐私，被调查者可能不愿作答，它们应放在问卷的末尾

资料来源：[美]卡尔·迈克丹尼尔，罗杰.当代市场调查[M].李桂华，译.北京：机械工业出版社，2012.

（二）问题的排序应该先易后难

先问一般性问题可以使人们开始考虑有关概念、公司或产品类型，然后再问具体问题。也就是将容易回答的问题放在前面，难以回答的问题放在后面，问卷的前几个问题容易作答能够减少被调查者的反感情绪，提高其积极性，有利于建立起一种融洽关系。如果一开始就让他们感到费力，容易使他们对完成问卷失去兴趣。

（1）公开的事实或状态的描述性问题简单一些，因此应放在问卷较前面的位置，而对问题的看法、意见等需要动脑筋思考的问题比较难，因此应放在问卷稍后一点的位置。

（2）从时间的角度来考虑，最近发生的事情容易回想，便于作答，因此应放在问卷较前的位置。过去发生的事情，由于记忆受到干扰不容易回想，因此应放在问卷较后的位置。

例 可先问："你现在使用的是什么牌子的牙膏?"

然后再问："在使用这种牌子的牙膏之前你使用过什么品牌?"

（3）复杂的开放性问题置于封闭性问题后。对于复杂的开放性问题，被调查者一般需要较长的时间来思考，因此放在封闭性问题之后。

（4）一些特殊问题置于问卷的最后。许多特殊问题如收入、婚姻状况、政治信仰等一般放在问卷的最后，因为这类问题非常容易遭到被调查者拒答，从而影响回答的连续性。

★相关链接

1. 简单易懂的问题放在前面，把复杂的问题放在后面，由简单到复杂，容易得到被调查者的配合。
2. 把能引起被调查者兴趣的问题放在前面，把枯燥的问题放在后面。
3. 先问行为方面的问题，再问态度、观念性问题。
4. 一般性问题放在前面，特殊性问题放在后面。
5. 封闭性问题放在前面，开放性问题放在后面。

6. 涉及被调查者个人资料的问题应最后提出。

7. 问题排列的顺序必须遵循一般人的思考顺序，确保问卷条理清楚、顺理成章，以提高被调查者回答问题的效果。

任务4 评估问卷

★任务描述

经过调查小组的努力，一份经科学组织编排的市场调查问卷初稿就完成了。但是在进行数据收集之前，还应该对问卷进行一系列的评估与修正，直至取得多方认可。这些工作应该怎么去做呢？

一、问卷检测与修正的方法

问卷草稿设计好了以后，设计人员应该进行检测和修正。

（一）问卷中的问题是否必要

问卷设计人员必须保证问卷中包含足够数量和类型的问题，以满足管理者决策的信息需求。每个具体的调查目标都应该有相应的问题，不能遗漏，而且每个问题必须服从一定的目的。要么它是过滤性的，要么是培养兴趣的，要么是过渡用的，要么直接地或清楚地与所陈述的特定调查目标有关。如果问题不能达成上述目的中的一个，就应当删去。

（二）问卷是否太长

做拦截访问或电话调查的问卷如果答卷时间超过20分钟，应当考虑删减。如果有比较有吸引力的刺激物，问卷可稍微长一些。

入户访问如果时间超过45分钟，也应当提供给被调查者比较有吸引力的刺激物。一般的刺激物有电影票、钢笔、铅笔盒、现金或支票，使用刺激物通常可以降低调查成本，因为回答率会提高。

（三）邮寄和自填式问卷的外观是否美观

邮寄和自填式问卷是由被调查者自己填写的，问卷的外观是影响被调查者是否填写的一个重要因素。问卷看上去应尽可能规范，应当用高质量的纸印刷，长度若超过4页，应装订成册。

（四）问卷版面安排是否规范

问卷四周应留有足够的空白，行间与列间不应太密。如果把许多内容挤到同一页上，问卷就会看上去繁杂、难度大。拥挤的问卷也会对人们参与调查的意愿产生不利的影响。

开放性问题应留下足够的答题空间，否则，得不到多少信息。一般来讲，一个开放性问题应留3~5行空间。调查人员要根据问题需要回答的详细程度来决定留下多少空间。

为了清晰表明哪部分是问题、哪部分是说明，应该使用不同的字体，以提醒被调查者。

二、进行问卷的预先测试与修正

预先测试不是一个调查人员向另一个调查人员实施调查，而是让最终进行实地调查的最优秀的调查人员对调查的目标应答者实施调查。通过调查寻找问卷中存在的错误和不连贯的地方，为封闭性问题寻找额外的选项以及了解被调查者的一般反应。预先测试也应当以最终实地调查的形式进行。如果最终实地调查是采取入户访问的形式，那么预先测试也应当采取入户访问的形式。

测试完成后，任何需要修改的地方都应当切实进行修改。在进行实地调查前应当再一次获得各方的认可。

项目小结

本项目主要介绍市场调查的重要载体——调查问卷的设计与制作。调查问卷在数据收集方面有着不可替代的作用，问卷设计工作自然就非常重要，问卷设计与编排得好坏直接关系到调查结论的客观性与科学性。为了达到调查目的，在完成问卷初稿的基础上还应该进行一系列的试用及修改，直至取得各方的认可。

课后自测

一、单选题

1. 在涉及令人困窘的问题时，你认为调查者应该怎样对被调查者提问？（ ）

A. 可以用第三人称方式提问　B. 可以直接提问
C. 事先声明这种问题是普遍存在的　D. 可以假设性提问

2. 问卷设计的首要步骤是（ ）。

A. 进行必要的探索性调查　B. 设计问句项目
C. 把握调查的目标和内容　D. 收集和研究相关资料

3. 某调查问卷的问题："您对网上购物有什么看法?" 属于（ ）问题。

A. 公开性　B. 开放性　C. 保守性　D. 封闭性

4. 问卷设计是否合理，调查目的能否实现，关键就在于（ ）的设计水平和质量。

A. 前言部分　B. 主体内容　C. 附录部分　D. 说明部分

5. "您是否喜欢××牌子的自行车?" 属于哪种类型的问句？（ ）

A. 事实性问句　B. 行为性问句　C. 动机性问句　D. 态度性问句

二、多选题

1. 根据提问的方式，可供设计者选择的形式有（ ）。

A. 直接提问　B. 间接提问　C. 假设提问　D. 联合提问

2. 调查问卷的开场白是对（ ）的说明。

A. 调查的目的　B. 调查的意义　C. 调查的问题　D. 有关事项

3. 调查问卷开场白的主要作用是（ ）。

A. 引起被调查者的兴趣和重视，使他们愿意回答问卷中的问题
B. 登记调查访问工作的执行和完成情况
C. 打消被调查者的顾虑，取得他们的支持与合作
D. 了解被调查者的基本情况

4. 下列（　　）属于设计答案时应当遵守的原则。
A. 相关性原则　　B. 互斥性原则　　C. 单一性原则　　D. 完整性原则
E. 耦合性原则

5. 根据填写问卷方法的不同，问卷可分为（　　）。
A. 留置问卷　　B. 邮寄问卷　　C. 报刊问卷　　D. 自填式问卷
E. 代填式问卷

三、名词解释

问卷设计　封闭性问句　事实性问句　顺位式问句

四、简答题

1. 下列问题属于什么类型的问题？它们应该放在问卷的什么位置？并说明原因。
①你在最近的12个月中买过手机吗？
②你的手机品牌是什么？
③请评价你的手机特征。
④你的最高学历是什么？
2. 问卷设计应注意哪些问题？
3. 问卷通常由哪几部分构成？
4. 问卷设计应遵循怎样的程序？

拓展提高

案例 4-1

石家庄西式快餐市场调查问卷

调查员：　　　　　调查地点：　　　　　时间：　　　　　编号：

调查员保证：我将忠实地履行我的职责，如有欺骗行为，愿接受公司处罚，承担由此引起的全部责任。

调查员签名：

问卷采用提问形式，不需要让被调查者填写。结束后赠送被调查者价值5元的餐券一张。

您好！我是××公司的市场调查员，现在正着手西式快餐市场的调查，请您回答几个问题好吗？谢谢！

甄别部分

年龄：　　　　性别：

被调查者是外地短暂住宿人员→访问终止；被调查者是在西式快餐店的工作人员→访问终止；被调查者是未吃过西式快餐的人员→访问终止

正式部分

1. 请问您最喜欢吃哪家的西式快餐？

A. 麦当劳 B. 肯德基 C. 欧贵客 D. 必胜客 E. 好伦哥 F. 多美丽

2. 您选择西式快餐最先考虑的是什么因素？

A. 品牌 B. 口味 C. 环境 D. 服务 E. 习惯 F. 价格

3. 请问您多长时间吃一次西式快餐？

A. 每天 B. 三五天 C. 平均一周

D. 平均两周 E. 平均一个月 F. 偶尔

4. 请问您最喜欢吃什么西式快餐食品？

A. 汉堡 B. 炸鸡 C. 薯条 D. 沙拉 E. 甜品 F. 其他配餐

5. 请问您每次吃西式快餐一般会和谁一起去？

A. 家人 B. 男（女）朋友 C. 同学 D. 同事 E. 一个人

6. 请问您吃西式快餐平均每人每次要花多少钱？

A. 10 元以下 B. 11～20 元 C. 21～30 元 D. 31～40 元 E. 41 元及以上

7. 您认为哪家快餐店的汉堡最好吃？

A. 麦当劳 B. 肯德基 C. 欧贵客 D. 多美丽

8. 您觉得哪家快餐店的炸鸡最好吃？

A. 麦当劳 B. 欧贵客 C. 肯德基 D. 好伦哥 E. 多美丽

9. 您认为影响汉堡口味的最主要因素是什么？

A. 面包的味道 B. 汉堡酱的味道 C. 肉饼的味道 D. 蔬菜的品种

10. 您最喜欢的西式快餐赠品是什么？

A. 时尚手表 B. 背包 C. 玩具 D. 电影票 E. 游戏光盘

注：样本容量300份，按年龄段、区域范围取样。

非常感谢您在百忙中抽出时间接受调查，您的意见对我们很重要，谢谢！

资料来源：http：//www. docin. com/p－605788289. html.

讨论：

（1）根据这个问卷的内容你认为本次调查的目的是什么？调查对象是哪部分人群？

（2）根据这个问卷的内容你认为本次调查选择哪种调查方法更恰当些？

（3）问卷中存在哪些问题？如何改进？

（4）结合案例谈谈调查问卷应该包括哪些内容。

案例 4-2

城市编号：□□　　小区/楼盘编号：□□　　问卷编号：□□□□

尊敬的消费者：

您好！感谢您在百忙中参加我们的调查活动。您所参加的调查是由中国消费者协会和厦门市消费者权益保护委员会联合开展的调查活动。您的真实回答有助于我们了解当前商品房市场的相关情况，为我们进一步做好消费者权益保护工作打好基础。您的个人资料我们绝对保密。感谢您的参与！

中国消费者协会

厦门市消费者权益保护委员会

调 查 员：　　督 导 员：　　审 核 人：

住宅商品房消费者满意度调查问卷

问卷填写要求

请按照调查问卷的提问顺序和填答提示逐一填答，以免漏答。第5题有3问，请将合适的选项序号填在“____”上；第7、10、11、12和13题均包含若干小题，每个小题均请回答，请在所给的分值上画“□”；第15、16和19题为多选题，请在合适的选项序号上画“□”；第20、21和27题请直接在“____”上填写数字；其余题目均为“单选题”，请在合适的选项序号上画“□”。

1. 国家政策规定：自2006年6月1日起，个人住房按揭贷款首付款比例不得低于30%。考虑到中低收入群众的住房需求，对购买自住房且套型建筑面积在90平方米以下的仍执行20%的规定。之前，您对此政策规定了解吗？

(1) 非常了解；　(2) 一般了解；　(3) 不了解

2. 您对上述政策规定的满意度是：

非常满意　　　　　　　　　　　　非常不满意

5　　4　　3　　2　　1　　0

3. 客观地讲，您认为本市的房价几千元/平方米（建筑面积）比较合理？

(1) 2 000以下；(2) 2 000 ~3 000；(3) 3 000 ~4 000；(4) 4 000 ~5 000；(5) 5 000 ~6 000；(6) 6 000 ~7 000；(7) 7 000 ~8 000；(8) 8 000 ~9 000；(9) 9 000 ~10 000；(10) 10 000以上

4. 您认为未来一年内本市的房价：

(1) 比现在涨得还快；(2) 以现在的速度上涨；(3) 上涨，但没有现在涨得快；

(4) 不会上涨，也不会下降；(5) 略有下降；(6) 会大幅下降；(7) 说不准

5. 您购房时主要考虑哪些因素？第一________；第二________；第三________

(1) 建筑质量；(2) 环境；(3) 地段；(4) 配套；(5) 交通；(6) 价格；

(7) 户型；(8) 物业管理；(9) 开发商；(10) 其他（请注明）：________

6. 您认为小区车库的产权应归谁所有？

(1) 全体业主；(2) 开发商；(3) 物业公司；(4) 谁购买谁拥有；

(5) 按合同约定；(6) 其他（请注明）：________；(7) 不清楚/不适用

7. 请您对目前房地产行业的诚信情况进行满意度评价：

	非常满意					非常不满意	不清楚/不适用
商品房广告宣传真实性	5	4	3	2	1	0	8
商品房销售环节诚实性	5	4	3	2	1	0	8
商品房合同履行规范性	5	4	3	2	1	0	8
商品房价格透明性	5	4	3	2	1	0	8

8. 您对您所购买的商品房的总体满意度如何？

非常满意　　　　　　　　　　　　非常不满意

5　　4　　3　　2　　1　　0

9. 在购买您现在居住的商品房时，您认为开发商给您的广告宣传内容（如承诺的履行情况、广告内容的真实性等）的诚信度如何？

非常满意					非常不满意
5	4	3	2	1	0

10. 请对（您所购买的商品房）销售服务方面的满意度进行评价：

	非常满意					非常不满意	不清楚/不适用
手续办理便捷	5	4	3	2	1	0	8
购房合同/协议公平合理	5	4	3	2	1	0	8
销售人员讲解全面可靠	5	4	3	2	1	0	8
销售价格透明度	5	4	3	2	1	0	8
交房时间	5	4	3	2	1	0	8
交房标准	5	4	3	2	1	0	8
房产证办理及时性	5	4	3	2	1	0	8

11. 请对（您所购买的商品房）规划设计方面的满意度进行评价：

	非常满意					非常不满意	不清楚/不适用
小区外交通环境	5	4	3	2	1	0	8
小区商业环境	5	4	3	2	1	0	8
小区绿化和景观	5	4	3	2	1	0	8
小区内公共设施（休闲/健身/娱乐）	5	4	3	2	1	0	8
小区内人、车道路规划布置	5	4	3	2	1	0	8
停车场	5	4	3	2	1	0	8
楼内电梯	5	4	3	2	1	0	8
通风、采光	5	4	3	2	1	0	8
户型设计	5	4	3	2	1	0	8

12. 请对（您所购买的商品房）工程质量方面的满意度进行评价：

	非常满意					非常不满意	不清楚/不适用
管线质量	5	4	3	2	1	0	8
（如果您给了 0~4 分，请回答本题）影响您给 5 分的最主要问题是：（单选题） （1）供排水管；（2）煤气管道；（3）暖气管道、暖气片；（4）供电线路； （5）电话、网络、有线电视；（6）其他							
门窗质量	5	4	3	2	1	0	8
墙体质量（含房顶）	5	4	3	2	1	0	8
（如果您给了 0~4 分，请回答本题）影响您给 5 分的最主要问题是：（单选题） （1）渗漏；（2）裂缝；（3）隔音；（4）不平整；（5）起皮、脱落；（6）其他							
水、电、气供应	5	4	3	2	1	0	8
房屋建筑的节能效果	5	4	3	2	1	0	8

13. 请对（您所居住的小区）物业管理方面的满意程度进行评价：

	非常满意					非常不满意	不清楚/不适用
卫生保洁	5	4	3	2	1	0	8
公共秩序维护	5	4	3	2	1	0	8

续表

	非常满意				非常不满意	不清楚/不适用
园林绿化	5	4	3	2	1	0	8
服务人员工作态度	5	4	3	2	1	0	8
服务人员专业技能	5	4	3	2	1	0	8
收费标准	5	4	3	2	1	0	8
收费透明度	5	4	3	2	1	0	8

14. 您是否遇到过质量、管理或服务方面的问题，有无投诉或反映情况的经历？
(1) 没有遇到过（请直接回答第19题）；(2) 遇到过，且投诉或反映过情况；
(3) 遇到过，但没有投诉或反映过情况（请回答第15题后直接回答第19题）
15. 您遇到的主要问题是：(可多选)
(1) 规划设计变更；(2) 合同签订；(3) 房屋质量；(4) 面积测量；(5) 售后服务；
(6) 广告宣传；(7) 物业收费；(8) 小区管理；(9) 其他（请注明）：________
16. 您向哪些单位投诉或反映过情况？(可多选)
(1) 房地产和建设管理部门；(2) 工商部门；(3) 消费者协会；(4) 质量协会；
(5) 开发商；(6) 物业公司；(7) 小区/居委会；(8) 媒体；(9) 法院；
(10) 其他（请注明）：________
17. 您觉得投诉或反映情况方便吗？
非常方便　　　　　　　　　　　　　　非常不方便
5　　4　　3　　2　　1　　0
18. 您对投诉或反映情况的处理结果满意吗？
非常满意　　　　　　　　　　　　　　非常不满意
5　　4　　3　　2　　1　　0
19. 您对目前商品房消费领域有何建议？(可多选)
(1) 加大对违法违规行为的惩罚力度；(2) 进一步细化售房合同文本的相关条款；
(3) 建立房地产咨询、监督、投诉处理的专门机构；(4) 制定出台相应的“三包”规定；(5) 其他（请注明）：________
20. 您居住的房屋使用面积为：________平方米。
21. 您认为最适合的房屋户型是：____房____厅____卫；使用面积是：______平方米。
22. 在购房时，您采取的付款方式是：
(1) 一次付清；(2) 分期付款；(3) 银行按揭贷款；(4) 其他
23. 您的性别：
(1) 男；(2) 女
24. 您的年龄：
(1) 25岁及以下；　(2) 26～30岁；　(3) 31～40岁；
(4) 41～50岁；　(5) 51～60岁；　(6) 61岁及以上
25. 您的文化程度：
(1) 初中及以下；(2) 高中或职高；(3) 大专；(4) 本科；(5) 硕士及以上

26. 您的职业或身份：

(1) 党政机关、国有企事业单位工作人员；(2) 独资、合资或私营企业工作人员；(3) 离退休人员；(4) 无业、失业人员；(5) 在校学生；(6) 其他

27. 您家庭的人均月收入大约为______元（请直接在横线上填上收入金额）。

请留下您的联系方式：____________

感谢您的参与，问卷调查到此结束。

资料来源：http：//www. docin. com/p－1481237544. html.

讨论：

1. 请你对此问卷进行评价。
2. 该问卷用到的量表有哪几种？每种量表的目的是什么？有哪些量表可以用来获得相同的信息？
3. 可以在这份问卷中使用意义差异量表吗？如果可以，有哪些可以使用的形容词组？

项目训练

实训项目：根据项目3拟定的调查方案要求，分组进行市场调查问卷设计。

实训组织：学生分组，编写一份市场调查方案并制作成PPT课件，进行课堂交流。

实训要求：

1. 能依据调查方案科学地设计出完整的市场调查问卷；
2. 能运用问卷设计的原则、技巧、注意事项等对各组调查问卷进行一对一的小组分析评价。

实训成果：市场调查问卷。

实训考核：根据出勤、课堂讨论发言、市场调查问卷的设计和写作水平进行评定。首先，小组内部评出每位成员的个人成绩档次（优秀、良好、中等、及格、不及格），如表4-4所示；然后，教师综合评出各小组成绩，如表4-5所示，在此基础上给出个人最终成绩；最后，教师进行点评。

个人最终成绩＝20%×（表4-4中的成绩）＋80%×（表4-5中的成绩）

附：效果评价表

表4-4 小组成员个人成绩评价表

小组成员个人成绩 / 小组成员姓名	优秀	良好	中等	及格	不及格
教师评价					

注：考评满分为100分，60分以下为不及格，60～70分为及格，71～80分为中等，81～90分为良好，90分以上为优秀。

表4-5　各小组调查问卷评价表

评价内容	分值/分	评分/分
调查问卷体现了调查目的和要求	30	
调查问卷结构完整	20	
调查问卷逻辑性	20	
调查问卷的质量和效果	30	
调查问卷设计的总体评价	100	

学习收获

项目5

抽样推断

★知识目标

1. 了解抽样调查的概念与特点
2. 掌握随机抽样与非随机抽样常用的方式
3. 明确影响抽样误差的因素及样本容量的确定方法

★技能目标

1. 能够根据调查目的选择合适的市场调查组织方式
2. 能够熟练运用抽样调查的各种方式抽取样本和计算抽样误差

★情境设置

场景一 某电信运营商为了更好地为用户服务、改进服务质量，决定对其用户进行一次随机抽样调查。该运营商的用户为10万户，用等距抽样方法从中选取5%即5 000户进行调查。该运营商首先通过计算机将用户电话号码按顺序排列起来，然后用随机数表选出一个两位数，再由计算机打印出所有的被抽中的用户的号码，最后将抽中的号码分配给话务员，由她们根据规定的内容分别对这些用户进行电话访问。

你知道电信运营商为什么要这样做吗？这样做对调查工作有什么好处？

场景二 英国医学科学家发现儿童时期智商高的人往往比同时期智商低的人寿命长。伦敦大学科研小组在伦敦在1921年出生的人中抽取了2 792名进行调查。他们通过对这些人在11岁时的智商记录进行分析后发现，在儿童时期智商超过102的人仍然健在，而智商低于97.7的人皆已去世。研究人员在1921年出生的人中另外抽取了2 792名进行调查，发现儿童时期智商高的人在75岁之前死亡的概率非常低。这个案例就是采取抽样调查的方式，利用样本统计出当时智商超过102的仍健在、智商低于97.7的皆已去世的情况，得出儿童时期智商高的人往往比智商低的人寿命长的结论。

★案例导入

蓝星调查公司

全国互联网服务供应商协会想了解以下一些问题：人们在选择某个特定的互联网服务供应商（ISP）时会考虑哪些因素？家庭用户和企业用户在选择 ISP 时所考虑的因素有什么不同？前一年有多少人改变了他们的 ISP？他们为什么要改变？他们对其现有的 ISP 满意度如何？使用者还想从 ISP 得到哪些服务？

蓝星调查公司以低于其他三家调查公司的出价得到了这一调查项目的合同，它的出价比第二低的价格低了 25% 以上。在调查方案中，蓝星调查公司指明用大学生来收集调查资料。它计划从全国随机选出 20 所高校，与其市场营销系负责人取得联系，要求他给出 10 名参加调查的学生名单。最后，蓝星调查公司从每个学校的 10 名学生中选择了 5 名学生分别完成 10 份完整的调查资料。

在该方案中，选择被调查者的唯一要求是：他们现在必须是 ISP 的用户。蓝星调查公司建议参加调查的学生采用最简单的办法抽取调查对象：在午餐时到学生食堂问学生是否有兴趣参加这项调查。

资料来源：刘红．市场调查与预测［M］．北京：北京交通大学出版社，2010.

讨论：

1. 什么是抽样调查？
2. 抽样调查有哪些特点？
3. 本案例运用了哪种抽样方法？

任务1 认识抽样

★任务描述

在实地调查时，由于时间、财力、物力的限制，往往不可能进行全面的调查，更多的时候是抽取合适的样本，通过对样本的调查结果来推断总体的情况。本分项任务将引领你了解抽样调查的概念、特点及常用术语。

一、抽样调查的概念与特点

（一）抽样调查的概念

抽样调查是一种非全面调查，它是按照一定程序，从所研究对象的全体（总体）中抽取一部分（样本）进行调查，并据此对总体做出估计和推断的一种调查方式。抽样调查可分为随机抽样和非随机抽样两类。随机抽样就是按随机原则抽取样本，完全排除人为主观因素的影响，使每一个样本单位都有同等被抽到的概率。非随机抽样不遵循随机原则，它是为了方便或根据主观的选择来抽取样本。习惯上将随机抽样称为抽样调查。

（二）抽样调查的特点

1. 调查方式的科学性

抽样调查是按照随机原则抽取样本，从根本上排除人为因素的干扰，并能够将调查样本的代表性误差控制在允许的范围内，因而调查结果的精确度并不比全面调查低，有时还高于全面调查。

2. 调查结果的准确性

抽样调查是按照随机原则抽取部分样本单位进行的非全面调查，由于调查的样本单位少，所需的调查人员较少，易于通过培训提高调查人员的业务能力，因而能在很大程度上克服全面调查涉及面广，工作量大，人员庞杂，容易产生重复、遗漏和大量的非抽样误差的影响。

3. 调查费用的经济性

抽样调查仅仅是从总体中抽取少部分样本单位进行调查，调查规模比全面调查小，资料收集、整理、汇总工作量小，因而可以节省人力、物力和财力，降低市场调查费用。

4. 调查信息的时效性

由于抽样调查的样本单位少，收集、整理、汇总调查资料的工作量相对较小，信息传递的时间必然比全面调查短，因而可提高信息的时效性。

二、抽样调查中的基本术语

抽样调查中经常使用一些基本术语，主要有总体、样本、总体指标、样本指标、重复抽样、不重复抽样等。

（一）总体和样本

每一次市场调查活动总有它明确的研究对象，研究对象的全体被称为总体，它是由具有相同性质的许多个体构成的集合体。组成总体的每一个个体被称为总体单位，总体单位的数目通常用 N 表示。

在实际市场调查中，调查总体有时会非常大。对总体进行调查研究往往需要很大的投入，甚至有时候根本就没有办法做到，这就需要从总体中抽取一定数量的总体单位作为代表来进行调查研究，这个过程称为抽样。样本即从总体中抽取的部分个体构成的对总体具有代表性的集合体。样本中的各个单位被称为样本单位，样本中所包含的样本单位的多少被称为样本容量，通常用 n 表示。

例 要调查某校学生平均月生活费支出，全校共有学生6 000人，从中抽取300人进行调查，那么总体就是该校全部学生，总体单位数 $N=6\ 000$；样本就是所抽取的那部分学生，样本单位数 $n=300$。

按照样本单位的多少，样本可以分为大样本和小样本。一般地说，$n\geq30$ 为大样本，$n<30$ 为小样本。在对社会经济现象进行抽样调查时，多数采用大样本。

（二）总体指标和样本指标

总体指标是根据总体各单位标志值计算的反映总体数量特征的综合指标。总体指标是一个未知数，需要通过样本资料进行推算。常用的总体指标有总体平均数 $\bar{X}$、总体成数 P、总体标准差 σ。

样本指标是根据样本各单位标志值计算的综合指标。常用的样本指标有样本平均数 $\bar{x}$、样本成数 p、样本标准差 s。各指标计算公式如表5-1所示。

表5-1　总体指标和样本指标公式表

指标名称		总体指标公式	样本指标公式
平均指标	简单式	$\bar{X} = \dfrac{\sum X}{N}$	$\bar{x} = \dfrac{\sum x}{n}$
	加权式	$\bar{X} = \dfrac{\sum XF}{\sum F}$	$\bar{x} = \dfrac{\sum xf}{\sum f}$
成数		$P = \dfrac{N_1}{N}, Q = \dfrac{N_0}{N}$	$p = \dfrac{n_1}{n}, q = \dfrac{n_0}{n}$
数量标志标准差	简单式	$\sigma = \sqrt{\dfrac{\sum (X - \bar{X})^2}{N}}$	$s = \sqrt{\dfrac{\sum (x - \bar{x})^2}{n}}$
	加权式	$\sigma = \sqrt{\dfrac{\sum (X - \bar{X})^2 F}{\sum F}}$	$s = \sqrt{\dfrac{\sum (x - \bar{x})^2 f}{\sum f}}$
成数标准差		$\sigma = \sqrt{P(1-P)}$	$s = \sqrt{p(1-p)}$

（三）重复抽样和不重复抽样

重复抽样是指从总体中随机抽取一个样本后，再将其放回，使它仍有第二次被抽取的机会。在抽样过程中总体单位数始终不变，被抽中样本单位的概率也完全相等。不重复抽样是指先被抽取的单位不能放回总体中，任何单位一经抽出，就不再有第二次被抽中的可能性。

任务2　随机抽样

★任务描述

随机抽样又称概率抽样，其对总体中的每一个体都给予平等的抽取机会。在随机抽样条件下，根据调查对象的性质和研究的目的不同，可将其具体分为简单随机抽样、等距抽样、分层抽样、整群抽样四种类型。随机抽样在实践中受到人们的普遍重视，得到广泛应用。随机抽样是一个必须经过设计的过程，否则所选出来的样本不一定能代表总体，也不能充分发挥调查功能。本分项任务将引领你了解各种类型随机抽样方式，掌握抽样误差及样本单位数的确定方法。

一、随机抽样方式

（一）简单随机抽样

1. 简单随机抽样的概念

简单随机抽样又称纯随机抽样，是指从总体的全部单位中按随机原则直接抽取 n 个单位组成样本进行调查。它是一种最基本的抽样调查方式，也是理论上最符合随机原则的抽样方式。简单随机抽样通常采用抽签法、随机数表法抽取样本。

（1）抽签法。抽签法类似于通常所说的“抓阄”，即给总体中的每个个体编上序号，然后将序号写到标签上并将标签混合均匀后随机抽取所需的单位数，被抽到的号码所代表的个体即为样本之一，直到抽足预先规定的样本容量为止。当总体单位 N 较大时，这种方法比较麻烦，工作量较大，因此这种方法多在较小规模的总体中应用。

（2）随机数表法。在大规模的调查中，由于总体单位数目较大，使用抽签法的工作量相当大，所以常用随机数表法来确定样本单位。随机数表是用计算机、随机数字机等方法编制的，根据不同的需要可以灵活地确定随机数的起始位置，按行、列或划某一随机线取得随机数字，随机数字对应编号的单位组成样本。

2. 简单随机抽样的优缺点及适用范围

简单随机抽样是最单纯的抽样方法，它不需要对总体抽样框中的单位进行分组或排列，完全按照随机的原则来抽取样本。这种方法简单直观，当总体抽样框完整时，使用简单随机抽样对抽样误差的计算和对总体数值的推断都比较方便。

简单随机抽样的缺点是，当总体单位很大时，编号烦琐，而且如果总体各单位差异较大，采用此方法抽出的样本代表性比较差。

因此，简单随机抽样比较适合总体单位数不多并且总体单位之间差异较小的情况。

（二）等距抽样

1. 等距抽样的概念

等距抽样又称为系统抽样、机械抽样或间隔抽样，它是先将总体各单位按某一标志排列，并根据总体单位数和样本单位数计算出抽样距离（即相同的间隔），然后按相同的距离抽选样本单位。

2. 等距抽样的应用步骤

（1）把总体单位按一定标志有序排列，并进行连续编号。

（2）计算抽样距离 L。抽样距离等于总体单位数（N）除以样本单位数（n），计算公式为

$$L=\frac{N}{n}$$

（3）随机确定抽样起点。根据确定的抽样距离把总体分成 n 段，在第一段（编号为 1 ~ L）中，用简单随机抽样方法随机抽取一个号码，假设为 a，a 即等距抽样的起点。

（4）按抽样距离做等距抽样。以 a 为起点，每隔 L 个单位抽取一个单位作为样本，直至抽出全部的样本单位为止。抽取的样本编号依次是：a，$a+L$，$a+2L$，$a+3L$，…。

3. 等距抽样的优缺点及适用范围

与简单随机抽样相比，等距抽样省却了一个个抽样的麻烦，能够使样本均匀地分布在调查总体中，而不会集中于某些层次，提高了样本的代表性。但等距抽样在给总体单位排列时需要有每个单位的详细资料，如果总体内各单位之间差异较大或者各单位的排列有规律，采用等距抽样获得的样本则会影响调查的精确度。例如，对班级中男女同学按单双号排序时，采用等距抽样会出现较大的偏差。

可见，等距抽样适用于同质性较高，即内部各单位之间差别不大的总体。

（三）分层抽样

1. 分层抽样的概念

分层抽样又称类型抽样，是在抽样前按某一种特征对调查总体进行分类或分组，然后按随机的原则从各组中抽取样本。分层抽样把总体中具有某种特征或特征比较接近的单位归为一组，从而使各组中个体之间的特征差异缩小，而组与组之间的特征差异更明显，以此来增加样本对总体的代表性，计算出来的抽样误差也就比较小。

2. 分层抽样的主要方式

根据确定各层所要抽取样本数量的方法不同，分层抽样可分为等比例分层抽样和分层最佳抽样等方式。

(1) 等比例分层抽样。等比例分层抽样，是按照各层中单位数占总体单位数的比例来分配各层的样本数量。采用等比例分层抽样，确定样本数的计算公式为

$$n_i = \frac{N_i}{N} n$$

式中 n_i——第 i 层应抽取的样本数；

N_i——第 i 层的总体单位数；

N——总体单位数；

n——预定抽取样本数。

例 某地共有居民 20 000 户，按经济收入高低进行分类，其中高收入的居民为 4 000 户，中收入的为 12 000 户，低收入的为 4 000 户，要从中抽取 200 户进行购买力调查，则各类型应抽取的样本单位数如下：

高收入的样本单位数为 $\frac{4\ 000}{20\ 000} \times 200 = 40$（户）

中收入的样本单位数为 $\frac{12\ 000}{20\ 000} \times 200 = 120$（户）

低收入的样本单位数为 $\frac{4\ 000}{20\ 000} \times 200 = 40$（户）

确定了各层样本数后，即可以按简单随机抽样从各层中抽取预定数目的样本进行调查，并推算出购买力的情况。

等比例分层抽样简便易行，计算方便，适用于各类型之间差异不大的分类抽样调查，如果各类之间差异过大，则不宜采用，而应采用分层最佳抽样。

(2) 分层最佳抽样。分层最佳抽样亦称非比例抽样，它不仅按各层单位数占总体单位数的比例来分配样本数，而且还根据各层的样本标准差大小来调整各层的样本数。

当各层单位之间差异悬殊，某些层的重要性远大于其他层时，就需要采取非比例抽样，即重要的层抽取的样本数多，不重要的层抽取的样本数少。该方法既考虑到各层在总体中所占比例的大小，又考虑了各层标准差的差异程度，有利于降低各层的差异，提高样本的可信程度。

采用分层最佳抽样确定各样本数的计算公式为

$$n_i = n \cdot \frac{N_i s_i}{\sum N_i s_i}$$

式中 n_i——第 i 层应抽取的样本数；

n——样本单位总数；

N_i——第 i 层的调查单位总数；

s_i——第 i 层的调查单位的标准差。

例 上例改用分层最佳抽样。设各层样本标准差分别为：高收入 300 元；中收入 200 元；低收入 100 元。为了便于观察，如表 5-2 所示。

表 5-2 各层单位数与各层样本标准差乘积计算表

各层次	各层的调查单位数（N_i）/户	各层的样本标准差（s_i）/元	乘积 N_is_i
高收入	4 000	300	1 200 000
中收入	12 000	200	2 400 000
低收入	4 000	100	400 000
总　计	20 000		4 000 000

按照分层最佳抽样公式计算，得出各类型应抽选的样本单位数为：

高收入样本单位数为：$200\times\dfrac{1\ 200\ 000}{4\ 000\ 000}=60$（户）

中收入样本单位数为：$200\times\dfrac{2\ 400\ 000}{4\ 000\ 000}=120$（户）

低收入样本单位数为：$200\times\dfrac{400\ 000}{4\ 000\ 000}=20$（户）

通过上述计算可以看出，分层最佳抽样与等比例分层抽样，各层次抽取的样本数不同。本例中高收入与低收入之间样本标准差相差较大，标准差反映的是各层的每一个体值与平均值之间的差异。差异大，标准差就大，该层应抽样本数就多；差异小，标准差就小，该层应抽样本数就少。所以从高收入户中抽取的样本数增加 20 户，低收入的减少 20 户，中收入的不变。由于购买力同家庭经济收入关系很大，因而要增加高收入户的样本数，相应减少低收入户的样本数，这样使所抽取的样本更具有代表性。在调查实践中，标准差估计值经常根据经验或通过试调查来确定。本例是假定的，若通过公式计算，其公式为

$$样本标准差=\sqrt{\frac{离差的平方和}{样本数目}}$$

3. 分层抽样的优缺点及适用范围

当调查总体很大且总体内部个体差异明显时，采用分层抽样可以避免简单随机抽样过于集中于某个地区或某种特性，从而增加样本的代表性和普遍性。另外，在样本容量相同时，分层抽样比简单随机抽样的抽样误差小；在抽样误差一定时，它又比简单随机抽样所需样本数量少，样本的代表性强。但分层抽样要求调查者必须对调查总体有较深的了解，否则难以分层。而做到这一点往往是比较困难的，需要事前投入较多时间和精力。

分层抽样适用于规模大、内部结构复杂且类别分明的总体。在实践中，分层抽样广泛应用于购买力调查、企业调查和产品销售调查。

（四）整群抽样

1. 整群抽样的概念

整群抽样又称分群随机抽样，是将市场调查总体区分为若干群体，然后以简单随机抽样的方法选定若干群体作为调查样本，对群体内各子体进行普遍调查。例如，对某市居民进行某种消费品需求调查，就可以先抽出部分小区，然后对抽中的小区中的全体住户进行全面调查，这种调查方式就是整群抽样。

★相关链接

整群抽样与分层抽样的比较

整群抽样与分层抽样有相似的地方，它们都是先将总体划分成不同的部分。但两者也有不同，主要表现在以下两个方面：

（1）总体划分原则不同。在分层抽样中，对总体单位进行分层的原则要求各层次之间有较大差异性，而每层内部的个体具有相同性；整群抽样要求各群体之间具有相同性，每一群体内部的个体具有差异性。

（2）抽样方法不同。分层抽样在每层中都要按一定数目抽取样本，即样本分布在各层当中；而整群抽样是抽取总群中的若干群，抽出的这些群体内部的所有单位都是样本，即样本分布在若干群当中。所以，分层抽样的样本单位的分布比整群抽样更为分散。

2. 整群抽样的优缺点及适用范围

整群抽样样本单位比较集中，操作起来比较方便，因把调查单位局限在某一地理区域内，为调查人员节省了时间和费用。但因样本只能集中在若干群中，不能均匀地分布在总体的各个部分，所以用以推断总体的准确性较差。

整群抽样适用于总体可以划分成各个群，这些群大体相同，而群的内部构成比较复杂的情况。

以上四种随机抽样方法，其共同特点是均以随机原则为基础，因而调查总体中的每一个单位被抽取的机会是均等的或基本均等的。但是，在实际工作中，由于客观条件，如调查费用、调查时间的限制，随机抽样并不是对所有调查都是可行的。因为采用随机抽样，要求调查人员具有比较熟练的技术水平和丰富的工作经验，而且花费的时间长，费用支出高，因此在市场调查中，对调查总体不甚了解或调查总体过分庞杂时，往往也采用非随机抽样调查。

二、抽样误差的计算与控制

（一）抽样误差的概念及影响因素

1. 抽样误差的概念

在市场调查中，无论是全面调查，还是非全面调查，都有可能发生误差。调查误差是指调查的结果和客观实际情况的出入，一般有两种误差存在，即非抽样误差和抽样误差。

非抽样误差是基于随机抽样之外的各种原因引起的误差，比如重复登记、遗漏、计算错误、弄虚作假等引起的误差，这是抽样调查中应极力避免的误差。

抽样误差是样本不能完全代表总体所生产的误差，也称为偶然代表性误差，这种误差不可避免，只能力求控制。

2. 抽样误差的影响因素

（1）样本单位数的多少。在其他条件不变的情况下，抽取样本单位数越多，抽样误差就越小，反之，则越大。如果样本单位数为 N，则抽样调查变为全面调查，抽样误差就不存在了。

（2）总体标志的变异程度。在其他条件不变的情况下，抽样误差的大小与总体标志变异的程度成正比。变异程度越大，则抽样误差越大；反之，抽样误差就越小。这是因为总体标志变异小时，各单位的标志值之间的差异也小，样本指标与总体指标之间的差异也就小。如果总体单位的标志值都相等，即标志变异程度等于零，这时样本指标和总体指标的差异也就不存在了。

（3）抽样的方法。抽样的方法不同，抽样误差也不同，一般说来，重复抽样的误差要大于不重复抽样的误差。

（4）抽样的组织形式。不同的抽样组织形式有不同的抽样误差。一般来说，分层抽样同组内各单位之间的差异较小，因而它的抽样误差要比简单随机抽样误差和等距抽样误差小；而整群抽样的误差受抽样单位分布极不均匀的影响，其误差是最大的；等距抽样由于实行的是等距离抽样，总体中被抽中的单位分布比较均匀，因此其抽样误差较小。

了解影响抽样误差的因素，对于控制和分析抽样误差十分重要。在上述影响抽样误差的因素中，标志变异程度是客观存在的因素，是调查者无法控制的，但样本单位数、抽样方法及抽样的组织形式是调查者能够选择和控制的。因此在实际工作中，应当根据研究的目的和具体情况，做好抽样设计和实施工作，以获得经济有效的抽样结果。

（二）抽样平均误差的计算

在随机抽样的实际工作中，抽样误差是用抽样平均误差来衡量的。抽样平均误差是反映抽样误差一般水平的指标，其实质是抽样指标的标准差，它是可以事先计算并加以控制的。

抽样平均误差的计算，与抽样的方法和抽样的组织形式有直接关系，不同的抽样方法和抽样组织形式计算抽样平均误差的公式是不同的。这里主要以简单随机抽样为例说明其计算方法。

1. 样本平均数的抽样平均误差

（1）在重复抽样条件下，样本平均数的抽样平均误差的计算公式为

$$\mu_{\bar{x}} = \sqrt{\frac{\sigma^2}{n}} = \frac{\sigma}{\sqrt{n}}$$

式中 $\mu_{\bar{x}}$——样本平均数的抽样平均误差；

σ——总体标准差；

n——样本单位数。

由公式看出，样本平均数的抽样平均误差的大小与总体标准差成正比，而与样本单位数成反比。

（2）在不重复抽样条件下，样本平均数的抽样平均误差的计算公式为

$$\mu_{\bar{x}} = \sqrt{\frac{\sigma^2}{n}\left(1 - \frac{n}{N}\right)}$$

式中　$\mu_{\bar{x}}$——样本平均数的抽样平均误差；

σ——总体标准差；

n——样本单位数；

N——总体单位数；

$\left(1-\dfrac{n}{N}\right)$——修正系数。

应用上述公式时应注意：公式中的 σ 是指总体指标的标准差。事实上，总体指标是未知的，所以通常用样本指标的标准差来代替。实践证明，用样本的标准差来代替总体的标准差，只要组织工作得当，抽样数目足够多，一般都能获得满意的结果。

例　对某市1 500名消费者进行购物消费支出调查，随机抽取其中5%的消费者作为样本，调查所得的资料如下：样本单位数为75人，平均每人购物消费支出434.4元，购物消费的标准差为46.8元，请计算样本平均数的抽样平均误差。

已知：$n=75$，$\bar{x}=434.4$，$\sigma=46.8$，则样本平均数的抽样平均误差计算如下：

重复抽样：$\mu_{\bar{x}}=\sqrt{\dfrac{\sigma^2}{n}}=\dfrac{\sigma}{\sqrt{n}}=\dfrac{46.8}{\sqrt{75}}=5.38$（元）

不重复抽样：$\mu_{\bar{x}}=\sqrt{\dfrac{\sigma^2}{n}\left(1-\dfrac{n}{N}\right)}=\sqrt{\dfrac{46.8^2}{75}(1-5\%)}=5.27$（元）

2. 样本成数的抽样平均误差

（1）在重复抽样条件下，样本成数的抽样平均误差的计算公式为

$$\mu_p=\sqrt{\frac{P\ (1-P)}{n}}$$

式中　μ_p——样本成数的抽样平均误差；

P——总体成数；

n——样本单位数。

（2）在不重复抽样条件下，样本成数的抽样平均误差的计算公式为

$$\mu_p=\sqrt{\frac{P\ (1-P)}{n}\left(1-\frac{n}{N}\right)}$$

式中　μ_p——样本成数的抽样平均误差；

P——总体成数；

n——样本单位数；

N——总体单位数；

$\left(1-\dfrac{n}{N}\right)$——修正系数。

在计算样本成数的抽样平均误差时，由于总体成数 P 是未知数，可用样本成数 p 来代替。

例　从某商场购进的某批2 000条毛巾中随机抽取10%进行质量检验，其中合格品为196条，请计算合格率的抽样平均误差。

根据已知资料计算得知：$n=2\ 000\times10\%=200$，$n_1=196$，$p=\dfrac{n_1}{n}=\dfrac{196}{200}=98\%$

合格率的抽样平均误差的计算如下：

重复抽样：$\mu_p=\sqrt{\frac{P\ (1-P)}{n}}=\sqrt{\frac{98\%\times2\%}{200}}=1\%$

不重复抽样：$\mu_p=\sqrt{\frac{P\ (1-P)}{n}\left(1-\frac{n}{N}\right)}=\sqrt{\frac{98\%\times2\%}{200}(1-10\%)}=0.94\%$

（三）抽样极限误差

抽样极限误差又称允许误差，是指变动的样本指标与确定的总体指标之间产生抽样误差被允许的最大可能范围。它是根据所研究对象的变异程度和分析任务的要求来确定的可允许的误差范围。抽样极限误差用“Δ”表示。样本平均数和成数的抽样极限误差分别可以表述为

$$\Delta_{\bar{x}}=\left|\bar{x}-\bar{X}\right|$$

$$\Delta_p=\left|p-P\right|$$

式中 $\Delta_{\bar{x}}$——样本平均数抽样极限误差；

Δ_p——样本成数抽样极限误差。

由于总体平均数和总体成数是未知的，它要靠实测的样本平均数或成数来估计，因而抽样极限误差的实际意义是希望总体平均数落在样本平均数的范围内，总体成数落在样本成数的范围内。

基于理论上的要求，抽样极限误差需要用抽样平均误差 $\mu_{\bar{x}}$ 或 μ_p 为标准单位来衡量，即把极限误差 $\Delta_{\bar{x}}$ 或 Δ_p 相应除以 $\mu_{\bar{x}}$ 或 μ_p，得出相对的误差程度 t。t 表示极限误差为平均误差的倍数，它是与概率有关的，t 是测量估计可靠程度的一个参数，称为抽样误差的概率度，于是有

$$\Delta_{\bar{x}}=t\mu_{\bar{x}}$$

$$\Delta_p=t\mu_p$$

三、确定抽样数目

（一）确定抽样数目的必要性

抽样数目又称样本容量。在市场调查过程中，抽样数目的确定是一个非常重要的问题。根据大数定律，在抽样调查中，样本容量越大，样本对总体的代表性越大，抽样误差越小；样本容量减少，抽样误差就要增大。但同时，抽样数目越多，抽样调查的费用也越高，而且还会影响抽样调查的时效性。因此，确定样本容量时，应在保证满足抽样调查数据的估计精确度和置信度（概率把握度）的情况下，尽量减少抽样数目，即确定必要的抽样数目。

（二）影响样本容量的因素

1. 总体被研究标志的变异程度

如果总体被研究标志的变异程度大，则应抽取较多的样本单位；如果总体被研究标志的变异程度小，则可抽取较少的样本单位。

2. 允许的误差范围

如果允许的误差范围小，即要求的精确度高，应抽取较多的样本单位；反之，应抽取较少的样本单位。

3. 抽样推断要求的可靠程度

抽样推断要求的可靠程度越高，则应抽取的样本单位越多；要求的可靠程度越低，则应抽取的样本单位越少。

4. 抽样方法与抽样方式

重复抽样误差大，要多抽取一些样本，不重复抽样可以少抽取一些样本。非随机抽样、简单随机抽样和整群抽样的误差较大，要多抽取一些样本；采用分层抽样、等距抽样时，可以少抽取一些样本。

5. 市场调查的预算

抽样数目的多少还受到市场调查预算的限制。市场调查人员测算抽样调查的样本数目还应该考虑市场调查预算的多少。

（三）样本容量的计算

抽样调查中采用的随机抽样方式不同，样本容量的具体计算公式也不同，本书主要介绍采取简单随机抽样时样本容量的计算，如表5-3所示。

表5-3　样本容量的计算公式

抽样方式	平均数估计	成数估计
重复抽样	$n=\dfrac{t^2\sigma^2}{\Delta_{\bar{x}}^2}$	$n=\dfrac{t^2 p\ (1-p)}{\Delta_p^2}$
不重复抽样	$n=\dfrac{Nt^2\sigma^2}{N\Delta_{\bar{x}}^2+t^2\sigma^2}$	$n=\dfrac{Nt^2 p\ (1-p)}{N\Delta_p^2+t^2 p\ (1-p)}$

例　某厂拟采用抽样调查的方法对500户职工家庭收入进行调查，根据经验，职工家庭收入的方差为300元，若允许误差要求不超过5元，抽样推断的把握程度为95.45%，请问应抽取多少样本进行调查？

已知$\sigma^2=300$，$t=2$，$\Delta_{\bar{x}}=5$，$N=500$，则样本单位数的计算如下：

重复抽样：$n=\dfrac{t^2\sigma^2}{\Delta_{\bar{x}}^2}=\dfrac{2^2\times300}{5^2}=48$（户）

不重复抽样：$n=\dfrac{Nt^2\sigma^2}{N\Delta_{\bar{x}}^2+t^2\sigma^2}=\dfrac{500\times2^2\times300}{500\times5^2+2^2\times300}=44$（户）

例　某公司生产某种电池，月产量为40 000只，根据以往的资料测得一等品率为94%。现重新抽样调查一等品率，要求抽样误差范围不超过2%，概率保证程度为95.45%，请问应抽取多少样本进行调查？

已知：$p=94\%$，$\Delta_p=2\%$，$N=40\ 000$，则样本单位数的计算如下：

重复抽样：$n=\dfrac{t^2p\ (1-p)}{\Delta_p^2}=\dfrac{2^2\times94\%\times\ (1-94\%)}{(2\%)^2}=564$（只）

不重复抽样：$n=\dfrac{Nt^2p\ (1-p)}{N\Delta_p^2+t^2p\ (1-p)}=\dfrac{40\ 000\times2^2\times94\%\times\ (1-94\%)}{40\ 000\times\ (2\%)^2+2^2\times94\%\times\ (1-94\%)}=556$（只）

四、抽样推断

抽样调查的主要目的在于利用样本指标来推断总体指标，即以样本平均数来估计总体平均数，以样本成数来估计总体成数。这种利用已知的样本资料对未知的总体做出估计的过程就是抽样推断。

利用样本资料估计总体指标有点估计和区间估计两种方法。

（一）点估计

点估计又称定值估计，是指在不考虑抽样误差的条件下，直接以样本指标的数值作为总体的估计值。点估计方法简便，只要样本有足够的代表性，就有可能对总体指标做出比较接近实际的估计。但这种估计由于不考虑抽样误差，所以它的把握程度究竟有多大是无法回答的。

（二）区间估计

区间估计就是根据样本指标和抽样误差来推断总体指标值的最大可能范围，并同时指出估计的概率保证程度。

用公式表示为

$$\bar{x}-\Delta_{\bar{x}}<\bar{X}<\bar{x}+\Delta_{\bar{x}}$$

$$p-\Delta_p<P<p+\Delta_p$$

式中　$(\bar{x}+\Delta_{\bar{x}})$和$(\bar{x}-\Delta_{\bar{x}})$——总体平均数区间的上限与下限；

$(p+\Delta_p)$ 和 $(p-\Delta_p)$ ——总体成数的上限与下限。

$\{\bar{x}-\Delta_{\bar{x}},\ \bar{x}+\Delta_{\bar{x}}\}$和$\{p-\Delta_p,\ p+\Delta_p\}$为置信区间，它表达了区间估计的精确性。与置信区间相联系的一个概念是置信度，也叫概率保证程度，用 $F(t)$ 表示。概率保证程度是指在抽样调查中，通过抽取一套样本进行调查来推断总体的平均数或成数在某个范围内的可能性有多大，也就是概率有多大。概率保证程度同允许误差的范围密切相关。在其他条件不变的情况下，如果精确度要求越低（允许误差范围越大），那么概率保证程度也就越高，即把握程度越高；反之，如果精确度要求越高，那么把握程度越低。

概率论和数理统计证明，概率度 t 和概率保证程度 $F(t)$ 之间存在着一定的函数关系，现将几个常用的对应数值列于表 5-4 中。

表 5-4　常用概率度与概率保证程度对照表

概率度 t	概率保证程度 $F(t)$	概率度 t	概率保证程度 $F(t)$
0.5	0.382 9	1.96	0.950 0
1.00	0.682 7	2.00	0.954 5
1.50	0.866 4	3.00	0.997 3

下面举例说明区间估计的方法与步骤。

1. 总体平均数的估计

例　某城市进行居民家计调查，随机抽取400户居民，调查得出年平均每户文化用品消费支出为900元，标准差为200元。要求抽样极限误差不超过20元，试对该市居民年平均每户文化用品消费支出情况做出估计。

第一步，抽取样本，计算样本平均数和标准差，并计算抽样平均误差。

$$\bar{x}=900\text{元}，s=200\text{元}$$

$$\mu_{\bar{x}}=\frac{\sigma}{\sqrt{n}}=\frac{200}{\sqrt{400}}=10\text{（元）}$$

在这里总体标准差是用样本标准差来代替的（以下例子相同）。

第二步，根据给定的误差范围，计算该市居民户年均文化用品消费的范围。

$$\text{下限}=\bar{x}-\Delta_{\bar{x}}=900-20=880\text{（元）}$$

$$\text{上限}=\bar{x}+\Delta_{\bar{x}}=900+20=920\text{（元）}$$

第三步，计算概率度，并查表估计出置信度。

$$t=\frac{\Delta_{\bar{x}}}{\mu_{\bar{x}}}=\frac{20}{10}=2$$

$$F(t)=0.954\ 5$$

我们可以有95.45%的概率保证程度，估计该市居民户年均文化用品消费支出在880～920元。

2. 总体成数的估计

例 对某市居民户独立拥有厨卫设施情况进行调查，随机抽取900个居民户，其中有675户居民拥有独立的厨卫设施。要求抽样极限误差范围不超过2.74%，试对该市居民户独立拥有厨卫设施的比例进行估计。

第一步，抽取样本，计算样本成数和标准差，并推算抽样平均误差。

$$p=\frac{675}{900}=75\%$$

$$\sigma_p=\sqrt{p(1-p)}=\sqrt{0.75\times0.25}=0.43$$

$$\mu_p=\sqrt{\frac{p(1-p)}{n}}=\sqrt{\frac{0.75\times0.25}{900}}=1.4\%$$

第二步，根据给定的误差范围，计算总体成数的上下限。

$$\text{下限}=p-\Delta_p=75\%-2.74\%=72.26\%$$

$$\text{上限}=p+\Delta_p=75\%+2.74\%=77.74\%$$

第三步，计算概率度，并查表估计出置信度。

$$t=\frac{\Delta_p}{\mu_p}=\frac{2.74\%}{1.4\%}=1.96$$

$$F(t)=0.95$$

我们可以有95%的概率保证程度，估计该市居民户拥有独立厨卫设施的比例在72.26%～77.74%。

任务3 非随机抽样

★任务描述

非随机抽样又称非概率抽样，是指不按照随机原则，而是按照调查人员的主观判断或仅按方便性抽取样本。非随机抽样与随机抽样的根本区别在于样本的抽取过程是否遵循随机原则。本分项任务将引领你去了解非随机抽样的特点及其常用的方式。

一、非随机抽样的特点

（一）抽样过程的主观性

非随机抽样在样本的抽取过程中不像随机抽样那样，事先知道总体中每个单位被抽中的概率有多大，然后按某种程序遵循随机原则抽取样本单位。非随机抽样的样本产生过程取决于调查者的主观判断，整个过程充满主观性。非随机抽样的这一特点直接关系到样本的代表性，在非随机抽样情况下，样本的代表性主要取决于调查者的认识能力和判断能力。

（二）误差的不可测性

非随机抽样是一种定量认识的方式，它是由样本对总体做出数量的估计，但是非随机抽样估计的精度，即抽样误差是不可计量的，这是非随机抽样与随机抽样的一个重要区别。

（三）要求已知总体情况的较多信息

在采用非随机抽样方式时，通常要求事先对总体情况有较多的了解或充分的预计，这样才能使非随机抽样的估计有较充分的可靠性。但在实践中，非随机抽样方式常常满足不了这一要求。

（四）操作简便易行

由于非随机抽样没有随机抽样在多项技术上的限定，因而操作简便易行，在多数情况下，抽样是在现场完成的，这使非随机抽样方式在市场调查中具有较广的运用范围。

二、非随机抽样的方式

非随机抽样的方式主要有任意抽样、判断抽样、配额抽样、滚雪球抽样。

（一）任意抽样

任意抽样也称偶遇抽样或便利抽样，是指调查人员以其工作便利性而随意选取样本的方法。如在街上做访问调查，看到谁就访问谁，不受任何限制，就是任意抽样。实行任意抽样的基本理论依据是认为总体中每一样本都是同质的，即具有相同的特性，在这样的前提下，调查哪一个都是没有影响的。而事实上，虽有的总体的样本是基本同质的，但绝大多数总体中的样本则是异质的，所以抽样结果偏差较大。

任意抽样的优点主要是方便灵活、成本低廉，适合经常性的市场调查。缺点是抽样误差很大，结果不够可靠，不适合进行抽样估计。

一般来说，任意抽样适用于非正式的探索性调查，在正式的市场调查中较少采用。

（二）判断抽样

判断抽样又称主观抽样、立意抽样，它是指市场调查人员依据自己的经验判断从总体中选择有典型代表性的样本的一种非随机抽样方法。例如，为了了解不同年龄女性的化妆品消费支出情况，专门选择 18 ~ 30 岁的女性进行调查。

采用判断抽样所得样本的代表性和调查结果的准确性，取决于调查者对调查对象的了解程度及其判断能力。所以，判断抽样要求调查者对调查对象有关特征有相当程度的了解。

判断抽样选取样本一般有两种方法。一种方法是选择多数型和平均型的样本为调查单位。多数型是将在调查总体中占多数的单位作为样本；平均型是将在调查总体中代表平均水平的单位作为样本。另一种方法是利用调查总体的全面统计资料，按照一定的主观标准来选取样本。

判断抽样法具有简便易行、符合调查目的和特殊需要，可以充分利用调查样本的已知资料，被调查者配合较好，资料回收率高等优点。但是，这种方法易因主观判断而产生抽样误差；同时，在判断抽样中，不知道各个调查单位被抽取的概率，因而无法计算抽样误差和可信程度。如果调查人员的经验丰富、知识面广、判断能力强，抽取的样本代表性就大，反之，则小。因此，要发挥判断抽样的积极作用，必须对总体的基本特征了解清楚，尽量选择多数型或平均型，使抽取的样本具有较高的代表性。

判断抽样多用于总体规模小，或调查时间、人力等条件有限而难以进行大规模随机抽样的情况。

（三）配额抽样

配额抽样也称定额抽样、计划抽样，它是依据调查总体中的某些属性特征，即控制特性，把总体划分为若干类，按一定比例在各类中分配样本单位数额，并按各类数额进行任意抽样或判断抽样。

配额抽样分为独立控制配额抽样和相互控制配额抽样两大类。

1. 独立控制配额抽样

独立控制配额抽样是根据调查总体的不同特性，对具有某种特性的调查样本分别规定单独分配数额，而不规定必须同时具有两种或两种以上特性的样本数额。因此，调查人员就有比较大的自由去选择总体中的样本。

例 某市进行化妆品消费需求调查，确定样本数180名，选择消费者年龄、性别和收入三个标准分类，把调查总体分为三个类型总体，再按分类控制特性将各类型总体分为若干个子类型，如表5-5所示。

表5-5 独立控制配额抽样分配表 单位：名

年龄		性别		收入	
18~29岁	30	男	90	高	36
30~40岁	50			中	90
41~55岁	60	女	90	低	54
56岁以上	40			合计	180
合计	180	合计	180		

从表5-5可以看出，虽然有年龄、性别、收入三种控制特性，但各特性是独立控制配额抽取样本数目的，不要求相互受到牵制，也不规定三种控制特性之间有任何关系。例如，在年龄组18~29岁的有30名，这30名中间男、女各多少，高收入、中收入及低收入又有多少，都没有规定样本抽取数目。这就是独立控制配额抽样的特点。

独立控制配额抽样具有简便易行、费用少等优点，但也有选择样本容易偏向某一类型而忽视其他类型的缺点。这个缺点可通过相互控制配额抽样来弥补。

2. 相互控制配额抽样

相互控制配额抽样是同时对具有两种或两种以上控制特性的每一样本数目都做出具体规定。仍按上例，如表5-6所示。表5-6是三种分类标准交叉关系的样本分配数额表，即对年龄、性别、收入这三种控制特性同时规定样本分配额。

表5-6 相互控制配额抽样分配表 单位：名

年龄	高		中		低		合计
	男	女	男	女	男	女	
18～29岁	3	3	4	4	8	8	30
30～40岁	5	5	7	7	13	13	50
41～55岁	7	7	9	9	14	14	60
56岁以上	3	3	7	7	10	10	40
小计	18	18	27	27	45	45	
合计	36		54		90		180

从表5-6可以看出，在相互控制配额抽样下，其样本配额比例是以各类单位在总体中所占比例为基础调整而定的，且调查面广，样本对总体的代表性较强。

3. 配额抽样法的优缺点及适用范围

配额抽样应用简便，能够较快地取得调查结果；所需调查费用比随机抽样低；所需调查时间少。不足之处是无法估计抽样误差，而且在抽样前要掌握一些第二手资料，如果这些资料不具备就无法抽样，如果这些资料不准确就会造成抽样误差。

配额抽样通常适用于小型的市场调查，因为配额抽样既易行又省钱，只要抽样设计科学，调查人员素质好，就会大大提高调查结果的可信度。

★相关链接

配额抽样与其他类型抽样辨析

配额抽样同分层抽样有相似的地方，都是事先对总体所有单位按其属性、特征分类，这些属性、特征称为“控制特性”。例如，在市场调查中按消费者的性别、年龄、收入、职业、文化程度等进行分类。然后，按各个控制特性分配样本数额。但它与分层抽样又有区别，分层抽样是按随机原则在层内抽选样本，而配额抽样则是由调查人员在配额内主观判断选定样本。

配额抽样与判断抽样也有区别。一是抽取样本的方式不同。配额抽样是分别在总体的各个群体中，各抽取若干样本；判断抽样则是从总体的某一个群体中挑选若干合乎条件的典型样本。二是抽样要求不同。配额抽样侧重“量”的分配；判断抽样则注重“质”的方面。三是抽样方法不同。配额抽样的抽样方法复杂且有一定精度要求；判断抽样的抽样方法则比较简单。

（四）滚雪球抽样

滚雪球抽样又称推荐抽样，具体做法是先设法找到一名符合条件的调查对象，在对其进行调查后，再请其推荐或介绍其他符合条件的人。由于具有某一特征的人相互之间或多或少都有一些往来，所以每名调查对象都可能再进一步推荐出另一些调查对象，调查人员据此来寻找其他满足条件的调查对象，对其进行调查后再进一步请其推荐更多的调查对象，一直到满足样本数量的要求为止。

例如，某研究部门在调查某市劳务市场中的保姆问题时，先访问了7名保姆，然后请她们再介绍其他保姆，逐步扩大到近百人。通过对这些保姆的调查，调查人员对保姆的来源地、从事工作的性质、经济收入等状况有了较全面的掌握。

滚雪球抽样的优点是可以增加接触总体中所需群体的可能性，便于有针对性地找到调查对象，而不至于“大海捞针”，且能大大降低调查费用，一般抽样误差也相对较低。缺点是要求样本单位之间必须有一定的关系，并且愿意保持和提供这种关系，否则，将会影响这种调查方法的进行和效果。

项目小结

抽样调查是按照一定程序，从总体中抽取一部分个体作为样本进行调查，并据以对总体做出估计和推断的一种调查方式。它具有科学性、准确性、经济性、时效性的特点。

抽样方法可分为随机抽样和非随机抽样两大类。随机抽样主要包括简单随机抽样、等距抽样、分层抽样、整群抽样；非随机抽样主要包括任意抽样、判断抽样、配额抽样、滚雪球抽样。

随机抽样调查会产生抽样误差。确定恰当的样本数目是控制随机抽样误差的有效手段。可以通过点估计和区间估计来推断总体。

课后自测

一、单选题

1. 随机抽样是按（　）抽取调查样本单位的。

A. 经济性原则　B. 方便性原则　C. 随机性原则　D. 适用性原则

2. 抽样调查的目的在于（　）。

A. 了解总体的基本情况　B. 用样本指标推断总体指标

C. 对样本进行全面调查　D. 了解样本的基本情况

3. 当总体各单位间差异较小时宜采用（　）。

A. 分层抽样　B. 简单随机抽样　C. 整群抽样　D. 等距抽样

4. 在样本框中每隔一定距离抽选一个受访者，这种抽样方式称为（　）。

A. 简单随机抽样　B. 分层抽样　C. 整群抽样　D. 等距抽样

5. 一个样本中所包含的个体数目多少是指（　）。

A. 样本　B. 总体　C. 样本容量　D. 抽样

二、多选题

1. 影响抽样误差的因素主要有（　）。

A. 被调查总体某一特征的离散程度　B. 样本的数目

C. 样本抽选的方法　D. 抽样调查的组织方式

E. 调查组织结构的完善程度

2. 随机抽样的类型有（　）。

A. 简单随机抽样　B. 分层抽样　C. 整群抽样　D. 判断抽样

E. 任意抽样

3. 非随机抽样方法主要包括（　　）。

A. 任意抽样　　B. 判断抽样　　C. 配额抽样　　D. 分层抽样

E. 整群抽样

4. 影响抽样数目的因素有（　　）。

A. 总体方差的大小　　B. 允许误差的大小

C. 调查结果要求的精确度　　D. 抽样的方法

E. 抽样的组织形式

三、名词解释

抽样调查	随机抽样	非随机抽样	抽样误差
样本容量	简单抽样	分层抽样	等距抽样
整群抽样	任意抽样	判断抽样	配额抽样
滚雪球抽样			

四、简答题

1. 什么是抽样调查？它有何特点？
2. 什么是抽样误差？其大小受哪些因素影响？
3. 随机抽样调查的组织形式有哪些？
4. 简述分层抽样的优点、缺点及适用范围。
5. 确定样本容量时需要考虑的因素有哪些？

五、计算题

1. 某地共有居民 30 000 户，按经济收入高低进行分类，其中高收入居民为 6 000 户，占 20%；中等收入居民为 15 000 户，占 50%；低收入居民有 9 000 户，占 30%。现要从中抽出 1 000 户进行购买力调查，试采用等比例分层抽样确定各层应抽取的样本数。

2. 某公司在将新产品提供给消费者进行试用后进行了回访，在 400 位试用者中，有 280 位表示喜欢并有可能购买该产品，试以 95.45%（$t=2$）的概率推断新产品被接受的可能范围。

3. 某高校准备采用简单随机抽样调查大学生每月消费支出情况。已知大学生平均每人月消费支出的标准差为 30 元。

问题：(1) 如果抽取 400 人进行调查，计算抽样误差。

(2) 如果要求 95%（$t=1.96$）的概率保证程度推断总体，且允许误差为 3 元，计算调查的样本容量。

拓展提高

案例 5-1

百货店的调查

杰罗姆的客户是中等或中等以上收入的群体，商店以经营质量上乘、耐穿而不太时尚的服装著称。该商店同时也出售流行的化妆品；像所有声誉良好的百货店一样，该商店有各种各样的商品，从瓷器、珠宝到软体家具与陈列品等。该商店还曾一度销售过主要的家用电器，但是由于竞争太激烈，商店最后决定从该市场撤出。

在过去的 12 个月，该商店经历了服装销售量的缓慢下滑。管理层感到也许是由于该店所提供的服装不新潮，于是，决定进行市场调查，以确定是否应在男士、女士、儿童服装部多储备一些服装。该商店计划到消费者家中进行访谈调查，调查将持续一个半小时左右。杰罗姆计划向调查对象展示所能增加的许多潜在产品，包括服装设计师的服装样板及相关信息。调查成本是管理层关心的问题，因此，管理层特别关注应该进行的调查数量，因为这将显著影响调查的整体成本。

资料来源：[英] 托尼·普罗科特. 市场调查精要 [M]. 吴冠之，译. 北京：机械工业出版社，2004.

讨论：

1. 杰罗姆如何着手进行市场调查？
2. 该商店可以采用哪种抽样方法？

案例 5-2

新产品的顾客意见调查

伊利公司是一家食品生产企业，在 2000 年以其享誉中国北方数省的冰激凌“苦咖啡”打入上海冷饮食品市场。为获得更加准确的市场信息，伊利公司想开展一次市场调查活动，调查对象是上海冷饮食品经销商。但是，伊利公司手头只有少数几家上海经销商的名单，于是想采用滚雪球抽样来确定所有的访问对象。

第一步：伊利上海分公司选择上海的老客户——家利超市公司作为第一个访问对象。访问员张小姐与李先生在按调查提纲的规定要求提问完所有问题后，起身向家利超市公司市场部徐经理致谢。张小姐向徐经理问道：“徐经理，我们对上海的情况不熟悉，不知您是否可以向我们介绍几家与贵公司相似的上海冷饮经销商的情况？”于是热心的徐经理请两位客人再次坐下，介绍他熟悉的几家冷饮经销商的情况。两位访问员十分仔细地听着。

第二步：张小姐请徐经理将自己介绍给其熟悉的几家上海冷饮经销商的有关管理人员。“徐经理，太感谢了，很冒昧地提出这样的要求，您是否能把我们介绍给您在这几家公司的朋友？”“当然没问题。”于是，徐经理拿起了办公桌上的电话，打通了华联、联华几家超市公司的朋友的电话：“我是小徐啊，我有两位朋友想去你那儿，了解有关冷饮的销售情况，你看有空吗？有空！好，请他们马上就来？好的，谢谢，有空我请你吃饭。再见。”

第三步：张小组与李先生又马不停蹄地赶往华联与联华，在收集了有关资料后又请这两家超市公司的受访者为自己介绍新的访问对象。

这样，伊利公司的调查样本单位数以几何级数迅速增加。

资料来源：陆军. 市场调查 [M]. 北京：电子工业出版社，2003.

讨论：

1. 伊利公司为什么采用滚雪球抽样来确定访问对象？
2. 你觉得在滚雪球抽样中应注意哪些问题？
3. 滚雪球抽样有什么优点和缺点？

项目训练

实训项目：利用本章所学抽样方式中的任意一种，对所在学院学生进行月消费水平的抽样调查。

实训组织：学生分组，编写一份抽样设计方案并制作成 PPT 课件，进行课堂交流。

实训要求：

1. 能依据调查目的科学地设计出完整的抽样调查方案；
2. 能依据所选抽样方式确定样本容量、计算抽样误差；
3. 能结合具体调查进行总体的推断。

实训成果：抽样调查设计方案及实训报告。

实训考核：要求每组同学进行抽样方案的设计，全班讨论交流，同学与教师打分。首先，小组内部评出每个成员的个人成绩档次（优秀、良好、中等、及格、不及格），如表5-7所示；然后，教师综合评出各小组成绩，如表5-8所示，在此基础上给出个人最终成绩；最后，教师进行点评。

个人最终成绩=20%×（表5-7中的成绩）+80%×（表5-8中的成绩）

附：效果评价表

表5-7　小组成员个人成绩评价表

小组成员个人成绩 小组成员姓名	优秀	良好	中等	及格	不及格
教师评价					

注：考评满分为100分，60分以下为不及格，60～70分为及格，71～80分为中等，81～90分为良好，90分以上为优秀。

表5-8　各小组调查案例收集分析评价表

评价内容	分值/分	评分/分
抽样误差大小判断	20	
抽样方案可行性	25	
抽样调查实施情况	20	
抽样推断实训总结	35	
合计	100	

学习收获

项目 6

整理和分析市场调查资料

★知识目标

1. 了解市场调查资料整理的概念、原则及方法
2. 掌握市场调查资料整理、分析的方法

★技能目标

1. 能够对调查资料进行整理
2. 能够对调查资料进行定性和定量分析

★情境设置

场景一　杜邦公司创办于1802年，是世界上著名的大企业之一。经过200多年的发展，杜邦公司经营的产品包括化纤、医药、石油、汽车、工业化学制品、油漆、炸药、印制设备等，近年来又涉足电子行业，其销售产品达1 800种之多。杜邦公司年研究开发经费达10亿美元以上，每年研制出1 000多种新奇化合物——相当于每天有2～3种新产品问世。杜邦公司每个月至少会从新研制的众多产品中选出一种使之商业化。

杜邦公司200多年长盛不衰的一个重要原因就是围绕市场开发产品，并且在世界上最早设立了“市场环境瞭望哨”——经济研究室。成立于1935年的杜邦公司经济研究室，由受过专门培训的经济学家组成，以研究全国性和世界性的经济发展现状、结构特点及发展趋势为重点，注重调查、分析、预测与本公司产品有关的经济、政治、科技、文化等动向。除了向总公司领导及有关业务部门作专题报告及口头报告外，经济研究室还每月整理出版两份刊物：一份发给公司的主要供应厂商和客户，报道有关信息；另一份是内部发行，根据内部经营全貌分析存在的问题，提出解决措施，研究短期和长期的战略规划、市场需求量，登载同竞争对手之间的比较性资料。另外，每季度还会整理出版一期《经济展望》，供总公司领导机构和各部门经理在进行经营决策时参考。正是由于他们重视对调查资料的整理、分析和利用，杜邦公司200多年长盛不衰。

场景二　Sunrise购物中心是一家拥有百余家分店的购物中心。最近，管理人员发现，需要

更多地了解顾客的满意程度。艾米是Sunrise购物中心的市场调查负责人，现在她车子的后备厢中堆满了1 000多份调查问卷。她仔细看了许多问卷，很多问题的回答五花八门。艾米起初试图凭直觉对每个问题的一般答案进行了解，后来她又想比较顾客的年龄、收入和来Sunrise购物中心的次数，以便更好地找出这些人群的不同特征。虽然她想将这些调查问卷进行分类和手工计算，但她知道，自己没有时间做。一个人整理这些调查问卷并记录下正确数据得花上一两周的时间。

她应该怎样才能把这些调查问卷变为一张只包含必需信息的摘要表呢？最笨的办法是阅读所有的问卷，记下笔记，并从中得出结论，显然不应采用这种不正规且效率低的方法，而应遵循一定的程序进行整理与分析。

★案例导入

关于互联网用户对网上信息的关注程度的调查

——中国传媒大学调查研究统计所

中国传媒大学调查研究统计所（SSI）2006年受某商业机构委托，要建立一套数学模拟系统以监测互联网用户对网上信息的关注程度。为此，首先需要确定网民的哪些网上行为最能反映其对网上信息的关注程度。由于国内外几乎很少有相关文献论及这一问题，国内外对这一问题的研究也存在一定的文化差异，因此SSI决定运用深度访谈的方法了解网民使用互联网的行为习惯及心理特征。

在完成深度访谈之后，SSI针对每一篇访谈录音稿进行了如下数据整理和分析工作：

（1）阅读访谈录音稿，熟悉文本并回顾访谈情境；

（2）将录音稿分成若干板块，首先将网民对各种信息的关注程度分为高、中、低三类，然后将同一类信息有关的文字段落归为同一板块；

（3）仔细阅读每一板块，提取反映网民行为和心理特征的关键信息并进行编码；

（4）讨论并形成初步的编码表；

（5）基于新的访谈录音稿更新编码表；

（6）基于主要分析结果及最终的编码表进行头脑风暴会议，讨论并确定整体框架；

（7）图示分析结果，并形成分析报告。

通过以上分析，SSI发现网民对网上信息的关注程度与其网上活动的互动程度有紧密的联系，在此基础上设计了网民对网上信息关注程度的理论模型，为后期的定量研究奠定了基础。

资料来源：http：//www. 9299. net/read/71k3gj0l492lh4jgg58jg0116i175l0k7ij119h4. html.

讨论：1. 本案例是如何进行资料整理的？

2. 资料整理应遵循什么原则？

任务1 市场调查资料整理

★任务描述

市场调查收集的数据难免出现虚假、差错、冗余等现象，若简单地对这些数据进行分析，可能会导致错误的结论；而调查资料反映的是众多样本的个体特征，各个被调查者对同一问题的回答千差万别，但这些回答存在必然的内在联系，如果不加以归类整理并综合思考，就不能找到现象背后规律性的东西，所以必须对收集的信息资料进行去粗取精、去伪存真的整理，并在此基础上进行分析。

一、市场调查资料整理的含义

市场调查资料整理是根据市场分析研究的需要，对市场调查获得的大量原始资料进行审核、分组、汇总、列表，或对第二手资料进行再加工的工作过程，其任务是使市场调查资料综合化、系列化、层次化，为揭示和描述调查现象的特征、问题和原因提供初步加工的信息，为进一步的分析研究准备数据资料。

市场调查所收集的反映个体量的原始资料是分散的，不能直接利用。例如，一项有关消费者空调购买行为的调查，通过面谈访问获得了2 000份问卷，如果不审核这些问卷的填答是否合格，也不对从这些问卷中得到的原始数据进行加工处理，调查者将无法从总体上认识调查对象的数量和特征，无法得出调查结论和解释调查结果。因此，市场调查资料整理是从信息获取过渡到分析研究的承上启下的重要环节。

二、市场调查资料整理的原则和程序

（一）市场调查资料整理的原则

市场调查资料整理的实质是对市场调查获得的信息资源进行初步加工和开发，要使加工开发出的信息具有价值，应遵循以下原则：

1. 目的性原则

市场调查资料的整理要服从市场调查的目的和要求，针对市场调查需要解决的问题，即用户管理决策的信息需求，有针对性地进行。

2. 核查性原则

为确保数据处理质量，进行市场调查资料整理时应注意事前、事中和事后都必须对数据质量进行核查，以求发现问题，查找差错，确保数据的准确性和可靠性，为进一步的分析研究提供高质量的信息。

3. 系统化原则

市场调查资料的整理，不能停留在调查问卷或调查表数据的简单加工汇总上，应进行多方向、多层次的加工开发，以及调查项目之间的交叉开发，使加工开发后的信息序列化，能最大限度地满足分析研究的需要。

4. 时效性原则

市场调查资料的整理是数据处理的过程需要耗费一定的时间，如果不提高加工整理的效率，数据的时效性就会受到影响。因此，应利用计算机自动汇总技术、数据库技术等对数据进行及时的加工处理，及时传输和反馈。

（二）市场调查资料整理的程序

1. 设计整理方案

设计整理方案是指根据市场调查的目的和收集到的各项资料的特点，对本次整理工作的各个方面进行具体计划，主要包括调查资料选择什么标志进行分组、如何分组，调查资料汇总的统计指标及指标体系、表现形式如何确定等。

2. 审核订正调查资料

审核订正调查资料主要是指审核调查问卷或调查表的完备性、完整性和填答的准确性，以便发现问题进行纠正、补充或删除，防止有问题的问卷或调查表进入整理的流程。或者对第二手资料的可靠性、准确性、时效性、可比性等进行评估，以决定取舍。

3. 分组处理

原始资料或第二手资料审核无误后，即可进行分组处理。分组是根据研究的需要，按一定的标志或标准将总体区分为若干组（类）的一种数据加工处理方法。其用于划分现象的不同类型，揭示总体的内部结构和分布特征，显示现象之间的依存关系。

4. 统计汇总

统计汇总是指在分组处理的基础上，利用手工汇总或计算机汇总技术计算出各组单位数、总体单位数、各组指标、总体综合指标等。其中，手工汇总主要采用划记法、折叠法、卡片法、问卷分类法等；计算机汇总一般包括编程、编码、数据录入、逻辑检查、汇总制表等工作程序，它具有速度快、精度高和便于存储数据等特点，特别适合大批量的数据处理。

5. 数据陈示

市场调查资料整理的最终结果需要借助一定的形式表现出来，以供调查人员和用户阅读、使用和分析研究。数据陈示的形式主要有统计图、数据库、数据报告等。

三、市场调查资料整理的方法

市场调查资料整理的主要方法是统计分组、汇总和编制统计表或统计图。

（一）统计分组

1. 统计分组的含义

统计分组是指根据市场调查的目的和要求，按照一定标志，将所调查的事物或现象分为不同的类型或组的一种资料整理的方法。

★相关链接

统计分组的原则

（1）必须坚持组内市场调查资料的同质性和组间市场调查资料的差别性，这是市场调查资料分组的一个基本原则。

（2）必须符合完备性原则，即所谓的“穷举性”。

（3）必须遵守互斥性原则，即总体任一单位都只能归属于一组，而不能同时属于两个或两个以上的组。

2. 统计分组的类型

（1）根据分组标志的数量多少，统计分组分为简单分组和复合分组。

①简单分组。简单分组是指对所调查的现象只以一个标志进行的单一分组，如表 6-1 所示。

表 6-1　某班同学性别构成表

性别	人数/人	比重/%
男	27	54
女	23	46
合计	50	100

②复合分组。复合分组是指对所调查的现象以两个或两个以上标志结合起来进行的分组，如表 6-2 所示。

表 6-2　被调查者性别与文化程度分布　　单位：人

文化程度＼性别	男	女	合计
小学以下	6	4	10
初中	210	176	386
高中	297	321	618
专科	248	265	513
本科	226	177	403
硕士、博士	48	22	70
合计	1 035	965	2 000

（2）根据所使用分组标志的性质不同，统计分组分为品质标志分组和数量标志分组。

①品质标志分组。其分组标志的具体形式是用文字来表现的，用来说明总体和部分的品质的特征，如表 6-3 所示。

表 6-3　某工厂产品按等级分组表

产品等级	产量/件	比重/%
特级产品	4 000	56
一级品	1 300	18
二级品	1 400	19
三级品	500	7
合计	7 200	100

②数量标志分组。其分组标志的具体形式是用数量来表现的，用来说明总体和部分的数量的特征。数量标志分组可分为单项式分组和组距式分组两种形式。

a. 单项式分组。单项式分组是指每组只用一个标志值表示的分组，适用于变量值不多、变动幅度不大的离散型变量，如表 6-4 所示。

表 6-4　某工厂按工人日产量分组表

日产量/件	工人人数/人	比重/%
25	10	6
26	20	10
27	30	17
28	50	28
29	40	22
30	30	17
合计	180	100

b. 组距式分组。组距式分组是指每组用一组标志值表示的分组，适用于连续变量及变量值较多、变动幅度较大的离散型变量，如表 6-5 所示。

表 6-5　某企业职工工资分布情况表

月工资水平/元	职工人数/人	比重/%
1 000 ~ 2 000	17	11. 2
2 000 ~ 3 000	40	26. 3
3 000 ~ 4 000	70	46. 1
4 000 以上	25	16. 4
合计	152	100

（二）汇总

1. 汇总的概念

汇总是指根据市场调查的目的和任务，将调查资料中的各种分散的数据汇集起来，以集中反映调查单位的总体状况及内部数量结构。

2. 汇总的方法

（1）计算机汇总。计算机汇总通常要经过以下五个步骤。

①编程。选用或开发合适的数据处理软件。

②编码。事前编码（预编码）：问卷设计时给问项答案编制的代码。事后编码：给开放性问题的答案整理编码。

③数据录入。一般是由数据录入人员根据编码的规则将数据从调查问卷上直接录入计算机数据录入软件系统中，系统会自动进行记录和存储。

④逻辑检查。运用事先设计的计算机逻辑错误检查程序进行检查，以防止录入逻辑错误的产生。

⑤汇总制表。利用设定的计算机汇总与制表程序自动生成各种分组表。

（2）手工汇总。手工汇总的常用方法有以下几种：

①问卷分类法。将全部问卷按照问项设计的顺序和分组处理的要求进行分类，分别清点有关问卷的份数，就可得到各个问题答案的选答次数。

②折叠法。将格式相同的多张调查表按同一行或列折叠后对齐，然后汇总，将结果填入

汇总表。

③画记法，以点、线（“正”字等）的形式计数，主要适用于单位数目不多的计数，用以计算出各组及总体的次数，但不适用于汇总标志数值。

④卡片法，利用特制的摘录卡片作为分组记数的工具进行汇总，比较适合调查资料多、分组细的情况。

（三）编制统计表或统计图

1. 统计表

（1）统计表的含义。统计表是以纵横交叉的线条绘制成的表格来陈示数据资料的一种形式。用统计表陈示数据资料有两大优点：一是能有条理地、系统地排列数据，使人们阅读时一目了然，印象深刻；二是能合理地、科学地组织数据，便于人们阅读时对照比较。

（2）统计表的构成。统计表如图 6-1 所示。

①统计表从形式上看，由总标题、横行标题、纵栏标题和指标数值四个部分构成。

总标题：统计表的名称，概括统计表的内容，写在表的上端中部。

横行标题：横行的名称，即各组的名称，写在表的左方。

纵栏标题：纵栏的名称，即指标或变量的名称，写在表的上方。

指标数值：列在横行标题和纵栏标题交叉对应处。

②统计表从内容上看，由主词和宾词两大部分构成。

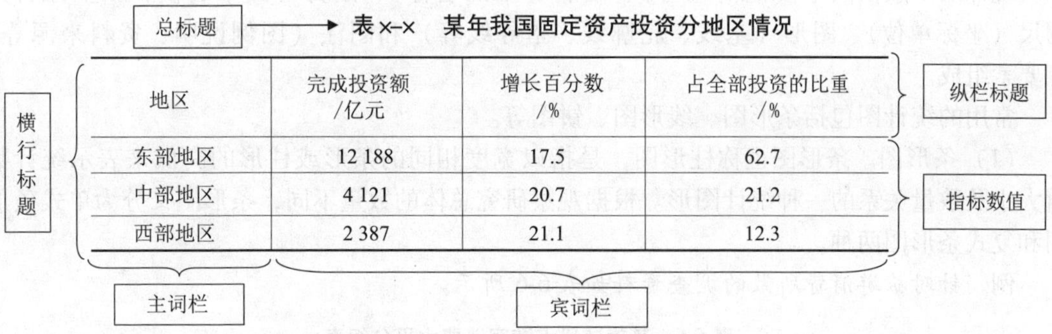

地区	完成投资额/亿元	增长百分数/%	占全部投资的比重/%
东部地区	12 188	17.5	62.7
中部地区	4 121	20.7	21.2
西部地区	2 387	21.1	12.3

图 6-1　统计表

主词是统计表所要说明的总体的各个构成部分或组别的名称，列在横行标题的位置。

宾词是统计表所要说明的统计指标或变量的名称和数值，宾词中的指标名称列在纵栏标题的位置。

有时为了编排的合理和使用的方便，主词和宾词的位置可以互换。

（3）统计表的编制原则。统计表的编制应遵循科学、实用、简明、美观的原则，具体要注意以下几方面：

①统计表的总标题和纵横标题应能准确、简明扼要地反映统计资料的内容，总标题还应标明资料所属的时间和空间。

②应根据统计表的内容，全面考虑统计表的布局，合理安排主词栏和宾词栏，避免出现统计表过长、过短、过宽、过窄的现象，使统计表大小适度、比例恰当、醒目美观。

③统计表中的指标数值有计量单位的，必须标注清楚。计量单位都相同时，写在表的右

上角；横行的计量单位相同时，写在横行标题后列计量单位栏；纵栏的计量单位相同时，写在纵栏标题下方或右方。

④统计表中的横线要清晰，顶线和底线要粗些，各部分的分界线宜粗些，其他线条要细些，表的左右一般不画封口线。

⑤当表的栏数较多时，要统一编写序号，主词和计量单位等栏用（甲）（乙）（丙）等文字标明；宾词各栏用（1）（2）（3）等数字编号。各栏之间若有计算关系，可以用数字符号表示，如（4）=（2）×（3）。

⑥填写统计数字和文字时，书写要工整、清晰，当数字与其左、右或上、下的数字相同时，仍要填写完整，不能填“同左”“同右”或“同上”“同下”等文字。

⑦表中数字应该填写整齐、对准数位，当数字为0或因数值小可忽略不计时，要写上0；当缺乏某项资料时，用符号“…”表示；不应有数字时用符号“—”表示。

⑧必要时，统计表应加注说明或解释。

2. 统计图

统计图是统计资料的另一种常用的表现形式。用各种图形反映统计资料，从视觉角度来说，具有简洁具体、形象生动和直观易懂的特点，能给人明确深刻的印象，一般能取得较好的效果。当然，统计图只是描述和揭示统计数据特征的有效方法之一，它并不能代替统计分析。

统计图一般由图号（图的序号）、图名（图的名称）、图目（图中的横、纵坐标名）、图尺（坐标单位）、图形（基线、轮廓线、指导线等）和图注（图例说明、资料来源等）等要素组成。

常用的统计图包括条形图、线形图、饼图等。

（1）条形图。条形图也称柱形图，是指以宽度相同的条形或柱形的高低来表示统计数值大小及数量关系的一种统计图形。根据观察研究总体的数量不同，条形图又分为单式条形图和复式条形图两种。

例 针对旅游消费所做的调查资料如表6-6所示。

表6-6 某旅游景点游客消费水平分组表

消费金额/万元	人数/人
<1	25
1~2	21
2~3	32
3~4	23
4~5	20
5~6	29
6~7	27
7~8	9
8~9	28
9~10	2

根据表6-6绘制单式条形图，如图6-2所示。

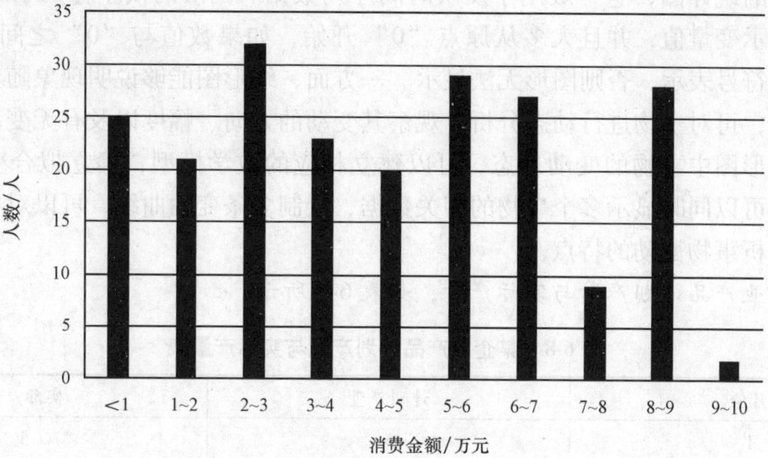

图6-2　单式条形图

例　某企业一年内下属各分公司季度销售收入资料，如表6-7所示。

表6-7　某企业一年内下属各分公司季度销售收入统计表　　单位：万元

季度＼分公司	甲公司	乙公司	丙公司	丁公司
第一季度	600	700	900	300
第二季度	850	900	1 500	250
第三季度	750	700	700	290
第四季度	700	700	1 100	700
合计	2 900	3 000	4 200	1 540

根据表6-7绘制复式条形图，如图6-3所示。

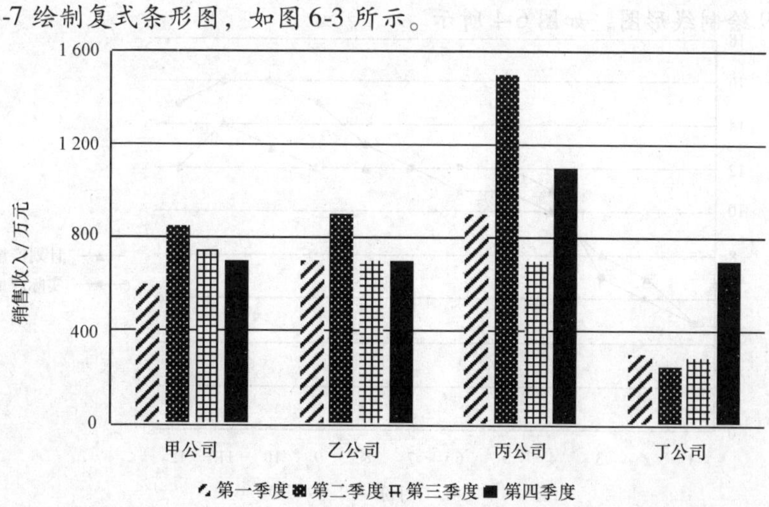

图6-3　复式条形图

(2) 线形图。线形图是在平面直角坐标上标注各数据点并连接成折线，以表明数量变化规律及特点的统计图，它一般用于反映时间序列数据。图形的横坐标列示时间的先后次序，纵坐标列示变量值，并且大多从原点"0"开始，如果数值与"0"之间的差距太大，则要采用折断符号表示，否则图形无法显示。一方面，线形图能够说明现象随着时间变化发生变动的趋势，可对事物进行动态分析，观察其变动的方向、幅度以及有无变动周期；另一方面，根据线形图中事物的变动形态，可以建立相应的数学模型，确立拟合变动曲线。此外，线形图还可以同时显示多个事物的相关数据，绘制多条变动曲线，可以对相关数据进行相互比较，分析事物变动的特点。

例 某企业产品计划产量与实际产量，如表6-8所示。

表6-8 某企业产品计划产量与实际产量表 单位：万吨

月份	计划产量	实际产量
1	5	5
2	7	6
3	8	7
4	10	11
5	11	12
6	11	12
7	12	12
8	12	13
9	12	15
10	13	16
11	14	16
12	12	15

根据表6-9绘制线形图，如图6-4所示。

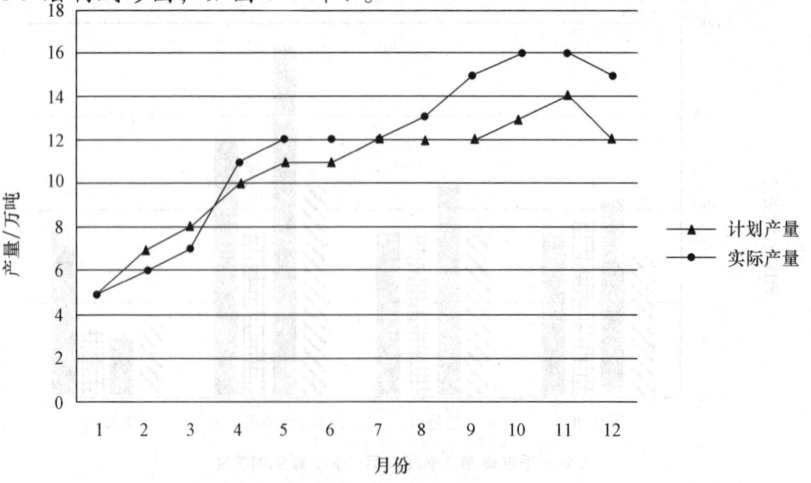

图6-4 线形图

(3) 饼图。饼图又称圆形图，它是用圆内扇形的面积表示数值大小的图形，一般适用于描述总体各部分的比例，以整个圆的面积代表总体数据，形象地说明各部分在总体中所占的份额。

例 某企业一年用于各种广告的费用支出如表6-9所示。

表6-9 某企业一年广告费用支出表

广告类型	金额/万元	比重/%
电视广告	120	42.11
报纸广告	30	10.53
户外广告	50	17.54
广播广告	20	7.02
其他广告	65	22.80
合计	285	100.00

根据表6-9绘制饼图，如图6-5所示。

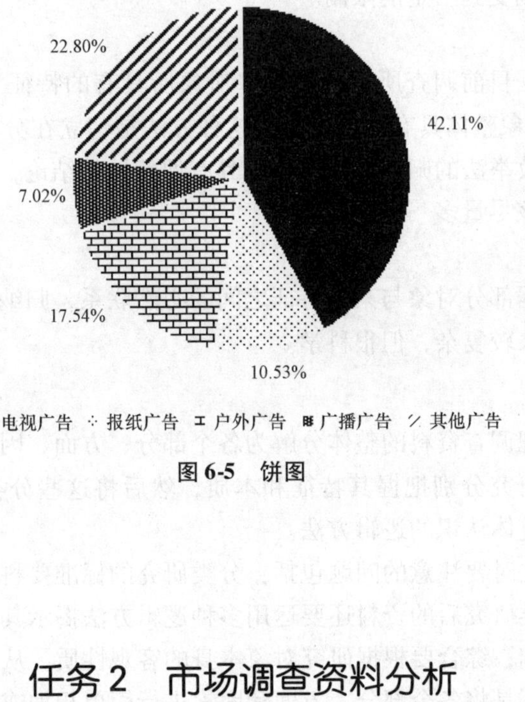

图6-5 饼图

任务2 市场调查资料分析

★任务描述

调查资料是用来反映客观事物发展规律的，然而这些规律并不会直接表现在调查资料中，因此需要对调查资料进行定量和定性分析，只有这样才能达到调查研究的目的。

市场调查资料分析，是指根据市场调查的目的，运用多种分析方法对市场调查收集整理的各种资料进行对比研究，通过综合、提炼、归纳、概括得出调查结论，进行对策研究的过程。

市场调查资料分析包括定性分析和定量分析，通常需要将两种形式结合起来应用。

一、定性分析

定性分析是指市场调查人员运用知识、经验、逻辑判断和推理能力对不能量化的现象进行分析、判断，从而达到对事物本质和发展规律的认识。

常用的定性分析方法有三种：归纳分析法、演绎分析法、对比分析法。

（一）归纳分析法

归纳分析法是市场调查分析中运用最广泛的一种方法，它是从某类事物的全部对象或部分对象的个别属性特征来概括出该类事物的共同属性特征的一种分析方法，其具体应用有以下三种。

1. 完全归纳法

完全归纳法是根据调查的每个对象的某种特征属性，概括出全部对象整体所拥有的本质属性。应用完全归纳法要求分析者准确掌握调查的全部对象的具体数量，而且还要调查每个对象，了解它们是否具有所调查的特征。但在实际应用中，往往很难满足这些条件，因此，完全归纳法的使用范围受到一定的限制。

2. 简单枚举法

简单枚举法是根据目前调查所掌握的某些对象所具有的特征（而且没有个别不同的情况），来归纳出全部对象整体具有该种特征。这种方法是建立在分析者经验的基础上的，操作简单易行。但简单枚举法的归纳可能会得出具有偶然性的结论，要提高结论的可靠性，则分析考察的对象就应该尽量多一些。

3. 科学归纳法

科学归纳法是根据部分对象与某种特征之间的必然联系，归纳出全部对象都拥有某种特征。这种方法应用起来较复杂，但很科学。

（二）演绎分析法

演绎分析法就是把调查资料的整体分解为各个部分、方面、因素，形成分类资料，并通过对这些分类资料的研究分别把握其特征和本质，然后将这些分类研究得到的认识联结起来，形成对调查资料整体认识的逻辑方法。

在运用演绎分析法时要注意的问题包括：分类研究的标准要科学；分类研究应该是多角度、多层次的；对分类研究后的资料还要运用多种逻辑方法揭示其本质，形成理性认识；综合要以分类研究为基础；综合要根据研究对象本身的客观性质，从内在的相互关系中把握其本质和整体特征，而不是将各个部分、方面和因素进行简单相加或形式上的堆砌。

（三）比较分析法

比较分析法是把两个或两类事物的调查资料相对比，从而确定它们之间的相同点和不同点的逻辑方法。

市场调查的事物不是孤立存在的，而是和其他事物存在着或多或少的联系，并且相互影响，而对比分析有助于找出调查事物的本质属性和非本质属性。

运用比较分析法时，要注意如下问题：对比可以在同类事物或现象之间进行，也可以在异类事物或现象之间进行；应注意这两类事物或现象之间的可比性；应该从多层次进行对比等。

二、定量分析

定量分析是指从事物的数量特征方面入手，运用一定的数据处理技术进行数量分析，从而挖掘出数量中所包含的事物本身的特性及规律性的分析方法。调查资料的定量分析方法包括描述性统计分析和解析性统计分析。

（一）描述性统计分析

描述性统计分析是市场调查资料分析中最常用的定量分析方法，主要用于描述和评价调查现象的数量特征和规律，如规模、水平、结构、集中趋势、离散程度、发展速度、发展趋势等。描述性统计分析的方法很多，下面介绍几种基本的描述性统计分析方法。

1. 频数分布分析

频数分布分析主要是通过分组，计算各组出现的次数、百分比及累计百分比等，用来了解调查对象各变量的结构情况。

2. 相对分析

相对分析主要利用两个相联系的统计指标进行对比，求得相对数，即相对指标，用来清楚地反映现象内部结构和现象之间的数量联系程度，它是对调查资料进行的更为深入的分析和说明。市场调查分析中常用的相对指标有结构相对指标、比较相对指标、比例相对指标、强度相对指标、动态相对指标和计划完成程度相对指标等。

3. 集中趋势分析

集中趋势分析主要利用各种平均指标来表明调查总体各单位在一定时间、地点和条件下某一数量标志的一般水平或代表性水平，它反映总体综合数量特征。利用集中趋势分析，可以了解所调查的总体分布的集中趋势，还可以对同类现象在不同单位、地区之间进行比较研究，同时，可以用来分析现象之间的依存关系。市场调查分析中常用的平均指标有算术平均数、调和平均数、几何平均数、众数和中位数。

4. 离散趋势分析

离散趋势分析主要利用各种变异指标来表明调查总体各单位标志值之间差异程度的大小，可以用来判断各种社会经济现象的均衡性及稳定性，如在工业产品质量检验中，可用于表明产品质量的稳定性。优质产品要求质量可靠，差异程度越小越好。市场调查分析中常用的变异指标有全距、平均差、标准差和离散系数。

（二）解析性统计分析

解析性统计分析是在描述性统计分析的基础上，用于揭示事物内部隐藏的本质和规律，从而对事物变化的原因及未来发展趋势做出判断的一种高级定量分析方法。其具体分析方法包括统计推断、时间序列分析、回归分析与相关分析等（有关内容在本书项目 7 中进行阐述）。时间序列分析指标汇总见表 6-10。

表 6-10　时间序列分析指标汇总

指标	计算公式	主要作用
发展水平	通常用 a_0，a_1，a_2，…，a_{n-1}，a_n 表示	反映现象在一定时期或时点上所达到的规模或水平

续表

指标		计算公式	主要作用
增长量	逐期增长量	报告期水平 - 前一期水平	反映报告期比基期增加（减少）的绝对数量
	累计增长量	报告期水平 - 固定基期水平	
发展速度	环比发展速度	$\frac{报告期水平\ a_i}{前一期水平\ a_{i-1}}$	表明报告期水平已发展到基期水平的百分之几或若干倍
	定基发展速度	$\frac{报告期水平\ a_i}{某一固定基期水平\ a_0}$	
增长速度	环比增长速度	环比发展速度 - 1（100%）	表明报告期水平比基期水平增长（降低）了百分之几或若干倍
	定基增长速度	定基发展速度 - 1（100%）	
增长 1% 的绝对值		$\frac{前一期水平\ a_{i-1}}{100}$	表明每增长 1% 包含的绝对量
平均增长量		$\bar{\Delta} = \frac{\sum(a_i - a_{i-1})}{n} = \frac{a_n - a_0}{N-1}$	反映现象的平均增长水平
平均发展水平	时期数列	$\bar{a} = \frac{\sum a}{n}$	反映现象在一段较长时期内发展的一般水平，便于同类现象在不同发展阶段进行比较分析
	间隔相等的连续时点数列	$\bar{a} = \frac{\sum a}{n}$	
	间隔不相等的连续时点数列	$\bar{a} = \frac{\sum af}{\sum f}$	
	间隔相等的间断时点数列	$\bar{a} = \frac{\frac{a_1}{2} + a_2 + a_3 + \cdots + a_{n-1} + \frac{a_n}{2}}{n-1}$	
	间隔不相等的间断时点数列	$\bar{a} = \frac{\frac{a_1+a_2}{2}f_1 + \frac{a_2+a_3}{2}f_2 + \cdots + \frac{a_{n-1}+a_n}{2}f_{n-1}}{\Sigma f}$	
	静态相对（平均）数动态数列	$\bar{c} = \frac{\bar{a}}{\bar{b}}$	
	动态平均数动态数列	$\bar{a} = \frac{\sum a}{n}$ 或 $\bar{a} = \frac{\sum af}{\sum f}$	
平均发展速度	侧重考察最末一期的水平	$\bar{x} = \sqrt[n]{\frac{a_n}{a_0}} = \sqrt[n]{\prod x} = \sqrt[n]{R}$	反映现象在一个较长时期内逐期平均发展变化的速度
	侧重考察整个过程的总和	$\bar{x} + \bar{x}^2 + \bar{x}^3 + \cdots + \bar{x}^n = \frac{\sum a_i}{a_0}$	
平均增长速度		平均发展速度 - 1（100%）	反映现象在一个较长时期内逐期平均增长变化的速度

任务3　数据分析软件SPSS的应用

★任务描述

SPSS软件是全球公认的最优秀的统计分析软件之一，是问卷调查数据处理与分析的极好的工具，在社会科学与自然科学领域都得到了很好的应用，特别是近些年来，SPSS软件在经济、工业、管理、医疗卫生、体育、心理、教育等领域得到了广泛的应用。本任务以SPSS Statistics 22为例，简单介绍其应用。

一、SPSS简介

SPSS与SAS、BMDP、SYSTAT、Minatab、Statistica、Stata、TSP等软件都具有较强的统计分析功能，SPSS（Statistical Product and Service Solutions）即统计产品与解决方案软件。SPSS for Windows是一个组合式软件包，它集数据整理、分析功能于一身。其具体的功能包括汇总数据、创造合适的统计表格和图表、检验变量之间的关系、执行基于给定数据的假设检验、构造合适的模型。现代计算机的运行速度很快，使得研究人员能够采用各种科学的方法检验出变量之间的关系。但要想正确使用SPSS，仅学习其应用技巧是不够的，在市场调查与预测分析中，还要运用管理学、市场营销学、经济学、统计学等学科的知识，去发现数据背后的"真相"。

二、利用SPSS输入数据

SPSS for Windows的安装和运行的具体方法可以参考SPSS相关书籍。安装完成后，启动SPSS for Windows显示其主界面，主界面上有11个菜单栏，如图6-6所示。

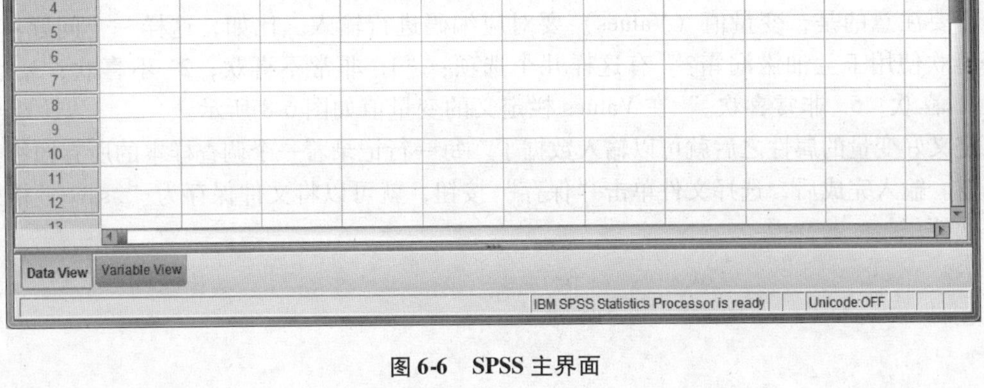

图6-6　SPSS主界面

在主界面的左下角有两个按钮：①Data View（数据窗口）；②Variable View（变量窗口）。

在利用SPSS输入数据之前，要先定义变量。单击主界面的“Variable View”按钮，将进入变量定义窗口，如图6-7所示，这样，就可以对问卷所得来的所有问题及回答进行定义。其中：①Name：变量名，一般用的是问卷中提问项目的关键词。②Type：变量类型，一般用的是Numeric（数值型）。其列出的8种可选的基本变量类型分别为数值型（Numeric）、逗号型（Comma）、句点型（Dot）、科学计数型（Scientific Notation）、日期格式型（Date）、美元型（Dollar）、定制货币型（Custom Currency）和字符串型（String）。③Width：变量的总宽度。④Decimals：小数位数，一般设置为0。⑤Lable：变量标签。⑥Values：变量的值（与编码相对应，即对回答项目每类都分配一个数字，单选题、多选题一般事前编码，开放性问题一般事后编码）。⑦Missing：缺省值。⑧Columns：列宽。⑨Align：对齐方式。⑩Measure：量表测量。

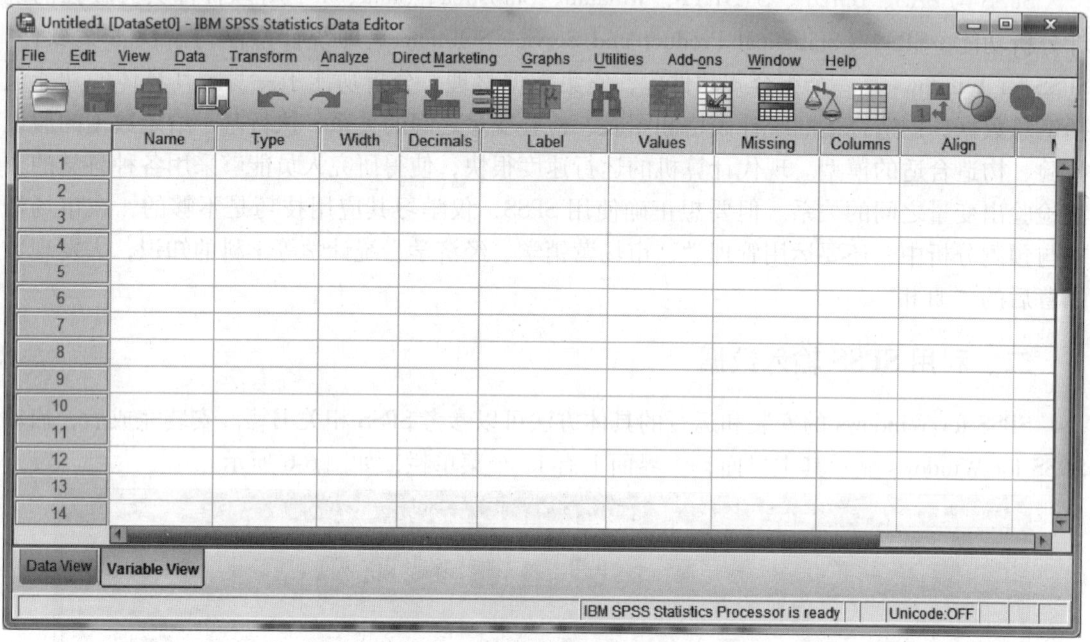

图6-7 SPSS变量定义窗口

需要注意的是，变量值（Values）要对应编码进行输入。比如，这样一个问题：“你是否喜欢使用玉兰油滋润霜?”有这样几个选项：“1. 非常不喜欢；2. 不喜欢；3. 无所谓；4. 喜欢；5. 非常喜欢。”在Values栏定义的变量值如图6-8所示。

定义好变量的属性之后就可以输入数据了。每一行记录着一个调查样本的所有回答情况的资料。输入完成后，选择文件单击“保存”按钮，就可以将文件保存为“. save”格式的数据文件。

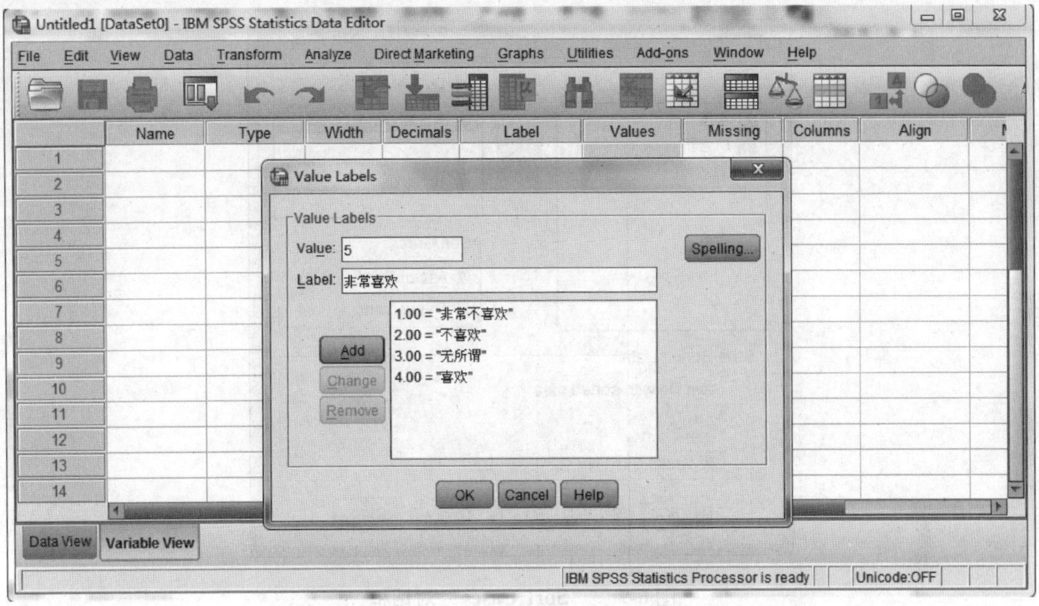

图6-8　SPSS定义变量的Values属性视图

三、利用SPSS读取外部文件

在很多时候可能要输入的是其他格式的数据，如经常会采用Excel格式、文本格式等输入数据。要使这些数据方便地导入SPSS，可以有多种方式。在数据量不大的情况下，最简便的方法是复制+粘贴。如果数据量较大，可以直接导入Excel数据：执行File→Open→Data命令，将文件类型改成“Excel（*.xls）”，找到要打开的文件名打开，在随后的对话框中选择要打开的数据表，根据需要再给定数据区域。

需要注意的是，要仔细检查导入的数据有没有丢失和错误。

四、利用SPSS对数据进行整理

（一）利用SPSS对数据进行排序、筛选

1. 排序

例　某企业的销售额和广告投入数据如表6-11所示。

表6-11　某企业的销售额和广告投入数据表

季度 i	销售额 Y/10万元	广告费 x/万元	季度 i	销售额 Y/10万元	广告费 x/万元
1	28	25	4	53	38
2	31	28	5	61	47
3	50	34	6	70	62

如果要对数据按销售额进行排序，则执行Data→Sort Cases命令，进入“Sort Cases”对话框，选中对话框左边矩形框中的“销售额”，单击中间的箭头按钮，把这个变量移至右边的矩形框中，再选择排序方式（升序或降序），单击“OK”按钮就可以了。如图6-9所示。

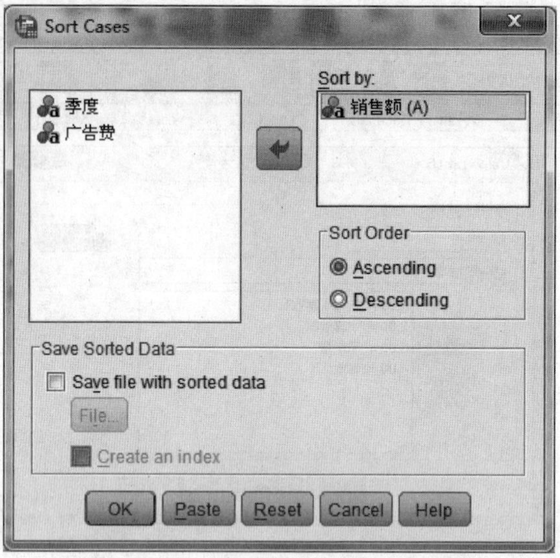

图 6-9　“Sort Cases”对话框

2. 筛选

仍以上述数据为例，假如要筛选出销售额在 50 万元以上的季度进行分析，执行 Data→Select Cases 命令，弹出“Select Cases”对话框，如图 6-10 所示。

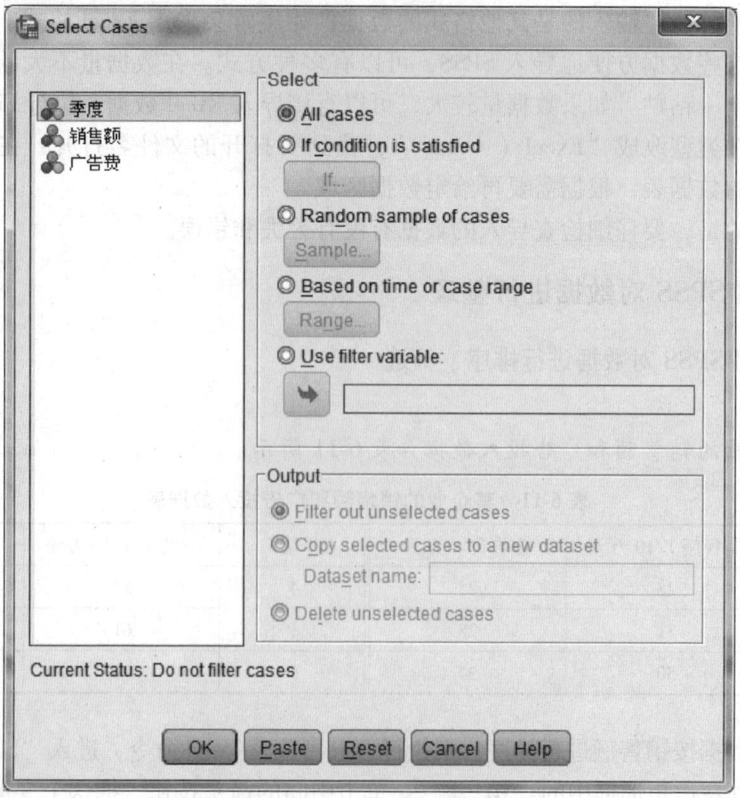

图 6-10　“Select Cases”对话框

选择“If condition is satisfied”单选按钮，然后单击其下方的按钮，弹出“Select Cases：If”对话框，如图6-11所示。

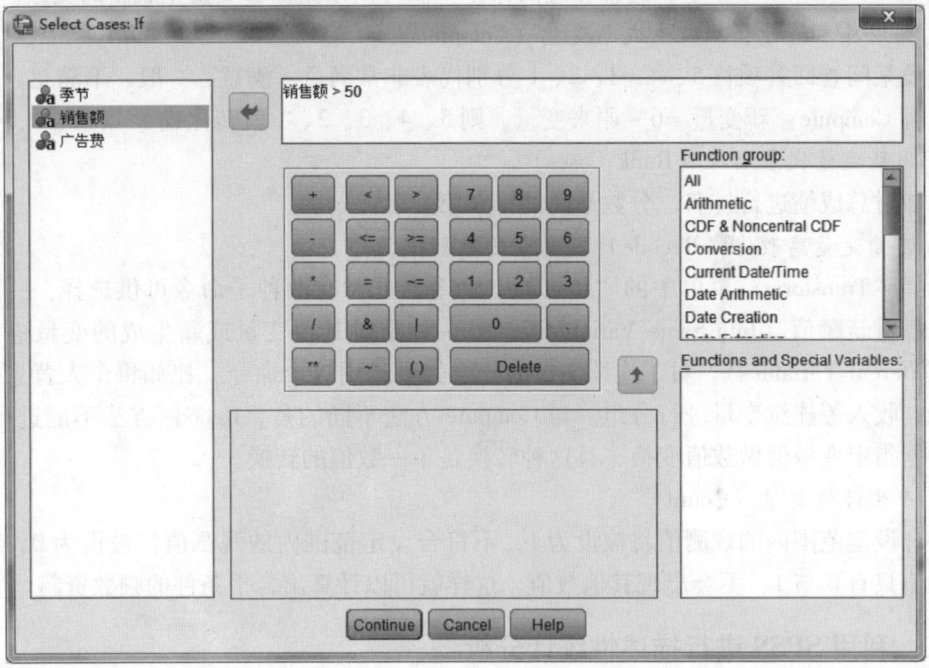

图6-11　“Select Cases：If”对话框

在该对话框中的条件表达式文本框中输入“销售额>50”，单击“Continue”按钮，回到“Select Cases”对话框，在“Select Cases”对话框中单击“OK”按钮。筛选的结果如图6-12所示，未被选中的观测行号被打上反斜杠。这样，在随后的分析中就只会对筛选出的变量进行分析。

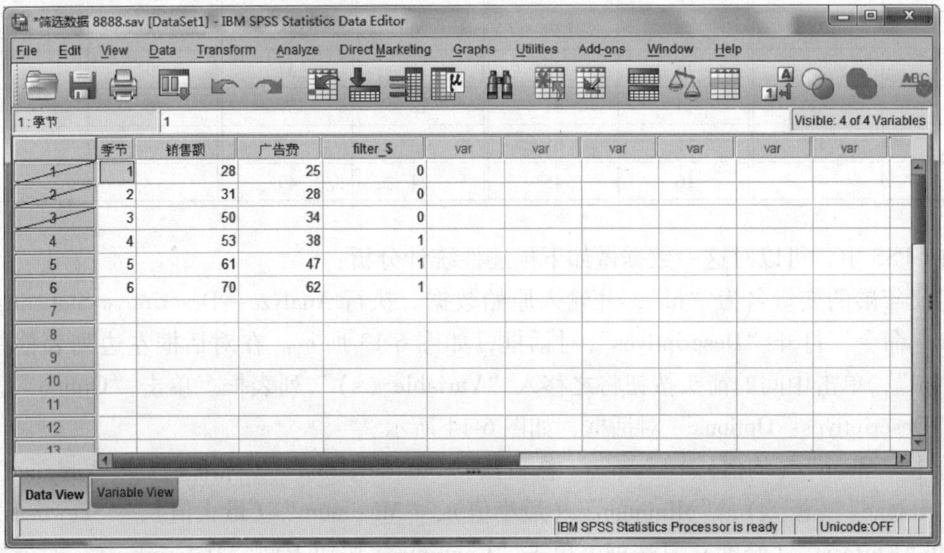

图6-12　筛选结果

（二）利用 SPSS 生成新的变量

在“Transform”菜单下，选择相应的命令，便可以根据已有变量生成新的变量。

1. 利用算术符号和函数生成新变量（Compute）

假设某问卷回答项目 5、4、3、2、1 分别代表非常满意、满意、一般、不满意、很不满意。运行 Compute：新变量 =6 - 原来变量，则 5、4、3、2、1 就转化成了 1、2、3、4、5。

2. 用新变量代表名次（Rank Cases）

比如对总成绩进行排名，分数最高的排在第一名。

3. 连续变量离散化（Recode）或变量的重新赋值

选择“Transform”菜单中的“Recode”命令，此时有两种子命令可供选择：一种是对变量自身重新赋值（Into Same Variables）；另一种是对其他变量或新生成的变量进行赋值（Into Different Variables）。对于连续变量的分组就是运用这个命令。比如将个人背景信息中的年龄、收入等连续变量进行分组。与 Compute 方法不同的是，Recode 方法不能进行运算，只能根据指定变量值做数值变换，且这种转换是单一数值的转换。

4. 产生计数变量（Count）

符合设定范围内的观测值将被设为 1，不符合设定范围内的观测值将被设为 0，新变量的可能值只有 0 与 1，不会出现其他数值。这样就可以计算出合乎条件的频数资料。

五、利用 SPSS 进行描述性统计分析

例 现有某企业 30 个职工的年龄如表 6-12 所示。

表 6-12 某企业职工年龄数据表

工号	年龄	工号	年龄	工号	年龄	工号	年龄
1	48	9	42	17	51	25	53
2	49	10	35	18	43	26	50
3	54	11	56	19	50	27	36
4	41	12	59	20	35	28	42
5	38	13	59	21	37	29	33
6	41	14	41	22	37	30	44
7	42	15	55	23	39		
8	41	16	45	24	49		

在 SPSS 中，可以对这一数据做如下描述性统计分析：

定义年龄的变量名为“nl”，并输入原始数据。执行 Analyze→Descriptive Statistics→Descriptives 命令，打开“Descriptives”对话框，如图 6-13 所示。在对话框左边列表框中选定变量“nl”，单击中间的箭头按钮将之移入“Variable（s）”列表框。单击“Options”按钮，打开“Descriptives：Options”对话框，如图 6-14 所示。

选中“Mean”（均值）、“Sum”（总和）、“Std. deviation”（标准差）、“Variance”（方差）、“Range”（极差）、“Minimum”（最小值）、“Maximum”（最大值）、“Skewness”（偏度）和“Kurtosis”（峰度）复选框，单击“Continue”按钮返回“Descriptives”对话框，再单击“OK”按钮即可得到各种统计量的计算结果，如表 6-13 所示。

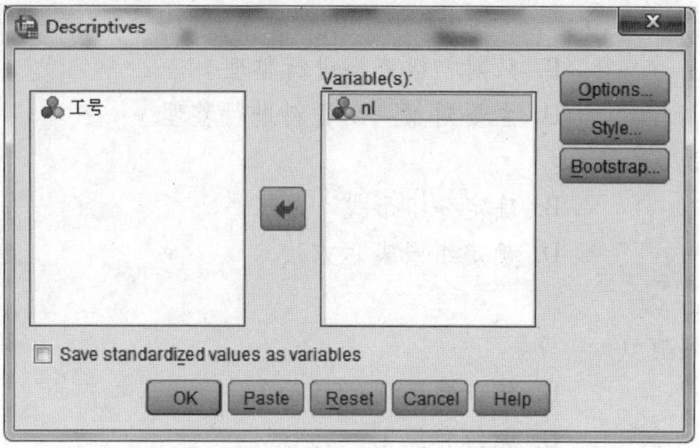

图 6-13　“Descriptives”对话框

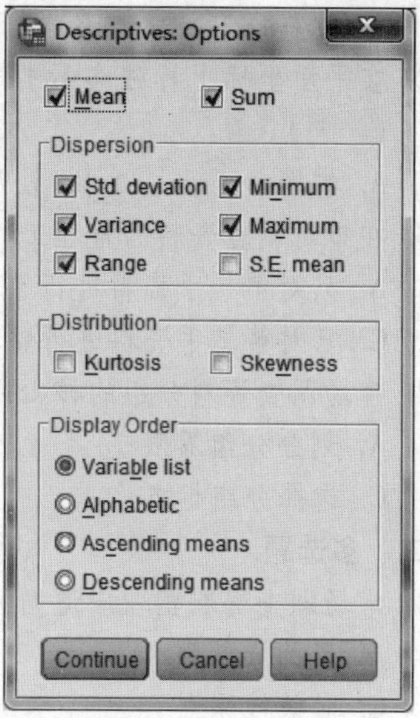

图 6-14　“Descriptives：Options”对话框

表 6-13　统计描述

内容	数字	范围	最小值	最大值	合计	平均值	标准偏差	方差	信度		峰度	
	统计	统计	统计	统计	统计	统计	统计	统计	统计	标准错误	统计	标准错误
nl 有效 N （成列）	30 30	26	33	59	1 345	44. 83	7 470	55. 799	0. 364	0. 427	0. 909	0. 833

项目小结

市场调查活动中，市场调查资料的整理和分析是一个非常重要的环节，也是一项比较复杂的工作。这项工作的基本原理是通过对收集到的原始数据的整理，使其在一定程度上显现出一定的含义，并通过分析研究，在揭示不同数据间关系的基础上，得出某些市场研究结论或推断。市场调查资料整理和分析的方法主要有定性分析法和定量分析法，在日常工作中运用较多的是定量分析法。在学习两种方法时，应该认识到定性分析法可以揭示出事物发展的方向和趋势，得出对新事物的有关认识，却不能说明事物发展的深度与广度，也无法得到事物在数量上的认识。定量分析法则正好弥补了定性分析法的不足，二者相互补充，同等重要。

市场调查资料的整理和分析应遵循一定的原则，只有在既定程序的基础上，选择适当方法，围绕市场调查的目的制定整理分析方案，认真加以组织实施，才能得出比较客观的调查结论。

课后自测

一、单选题

1. 统计表是用于（　　）统计数据的基本工具。

A. 收集　B. 显示　C. 输出　D. 录入

2. 在平面坐标上标注各数据点并连接成折线，表现数量变化规律及特点的统计图是（　）。

A. 饼图　B. 柱形图　C. 线形图　D. 直方图

3. 在市场调查资料的整理工作中，（　）。

A. 只对第一手资料进行整理　B. 只对初级资料进行整理

C. 只对第二手资料进行整理　D. 主要对第一手资料进行整理

4. 市场调查资料分组的核心问题是（　）。

A. 划分分组界限　B. 确定分组形式

C. 选择分组标志　D. 确定组限表示方法

二、多选题

1. 市场调查资料整理应遵循的原则有（　）。

A. 目的性原则　B. 核查性原则

C. 时效性原则　D. 系统化原则

E. 经济性原则

2. 要将数据资料准确地表达出来，就要研究数据的陈示形式。数据的陈示形式一般有（　）。

A. 统计表　B. 数据汇总

C. 统计图　D. 统计指标

E. 相关图

3. 统计图具有具体、直观、形象、生动等特点，使人一目了然，具有较强的说服力和吸引力。常用的统计图有（　）。

A. 条形图　B. 趋势图

C. 线形图　D. 饼图

E. 柱形图

4. 从外形上看，统计表包括（　）。

A. 总标题　B. 横行标题　C. 纵栏标题

D. 具体数值　E. 表外附加

5. 常用的定性分析方法主要有（　）。

A. 演绎分析法　B. 归纳分析法

C. 对应分析法　D. 相关分析法

E. 比较分析法

三、名词解释

统计分组　定性分析　定量分析　完全归纳法

简单枚举法　科学归纳法　演绎分析法　比较分析法

四、简答题

1. 市场调查资料整理的程序有哪些？

2. 市场调查资料整理应遵循哪些原则？

3. 定性分析与定量分析为什么要结合运用？怎样结合？

4. 为更好地表现调查数据，就需要精心编制统计表，编制时应该注意什么？

5. 市场调查资料分析有何意义？应遵循哪些原则？

拓展提高

案例 6-1

某市家用汽车消费情况调查分析案例

随着居民生活水平的提高，私车消费人群的职业层次正在从中高层管理人员和私营企业主向中层管理人员和一般职员转移，汽车正从少数人拥有的奢侈品转变为能够被更多普通家庭所接受的交通工具。了解该市家用汽车消费者的构成、消费者购买汽车关注的因素、消费者对汽车市场的满意程度等对汽车产业的发展具有重要意义。

本次调查活动中共发放问卷400份，回收有效问卷368份，整理分析如下。

一、消费者构成分析

1. 有车用户家庭月收入分析（见表6-14）

表6-14 有车用户家庭月收入

家庭收入	比重/%	累计/%
2 000 元以下	28.26	28.26
2 000 ~ 3 000 元	33.70	61.96
3 000 ~ 4 000 元	10.87	72.83
4 000 ~ 5 000 元	18.48	91.31
5 000 元以上	8.69	100.00

2. 有车用户家庭结构分析（见表6-15）

表6-15 有车用户家庭结构

家庭结构	比重/%	累计/%
夫妻	36.96	36.96
与子女同住	34.78	71.74
与父母同住	8.70	80.44
单身	17.39	97.83
其他	2.17	100.00

Dink 家庭（Double Income No Kid），即夫妻二人无小孩的家庭，占有车家庭的比重大，为36.96%。其家庭收入较高，负担较轻，支付能力较强，文化层次高，观念前卫，因此Dink 家庭成为有车族中最为重要的家庭结构模式。核心家庭，即与子女同住的家庭，比重为34.78%。核心家庭是当前社会中最普遍的家庭结构模式，因此比重较高不足为奇。联合家庭，即与父母同住的家庭，仅有8.70%。单身族占17.39%，这部分人收入高，且时尚前卫，在有车用户中占有一定比重。另外已婚用户比重达到了81.5%，而未婚用户仅占18.5%。

3. 有车用户职业分析

调查显示有29%的消费者在企业工作，20%的消费者是公务员，另外还有自由职业者

18%、事业单位工作人员12%、机关工作人员9%、教师3%、退休干部1%、其他8%。目前企业单位的从业人员，包括私营业主、高级主管、白领阶层仍是最主要的汽车使用者。而自由职业者由于收入较高及其工作性质，也在有车族中占据了较高比重。

4. 有车用户年龄及驾龄分析

在调查的消费者中，年龄大多在30~40岁或30岁以下，所占比重分别为43%和28%，也有23%的消费者年龄在40~50岁，仅有6%的消费者年龄在50岁以上。可见，现在有车一族年轻化的趋势越来越明显，这是因为大多数年轻人没有太重的家庭负担，正处于购买力和消费需求同样旺盛的时期，而越来越低的购车门槛，也给了他们足够的购车理由。

该市有车用户的驾龄平均为5.294年，而在本次接受调查的消费者中，有61.94%的用户驾龄在3年以上。由此可见，本次调查的有车用户驾龄普遍较长，因而对汽车也比较熟悉，对汽车相关信息的掌握也相对全面，这就使得我们对有车用户青睐的品牌的调查有了较高的可信度，而他们在汽车使用方面的经验，也能够为今后该市家用汽车市场营销策略的制定提供一定的帮助。

二、消费者购买汽车时关注的因素分析

调查显示，消费者在购车时最关注的因素首先还是汽车的价格和性能，所占比例分别达到了19%和16%，因此，性价比越高的汽车越能受到消费者的青睐。其次在消费者对汽车的关注因素中排在前列的还有油耗、品牌和售后服务，所占比重分别为14%、13%和13%，由此可见，汽车自身的品质与经销商所提供的售后服务保证是同等重要的。因此，在对消费者最终选购汽车起主导作用的因素中，油耗经济性好、性价比高、售后服务好这三项占据了前三位，所占比重分别为22%、21%和15%。

消费者在购车前获取信息的渠道主要有哪些呢？通过汽车报刊获取信息的消费者占总数的27%，还有23%的消费者是通过电视、广播获取信息的，此外，上网查询和广告等也是消费者获取信息的重要渠道。由此可见，在传媒业越来越发达的今天，任何媒介都能够加以利用，成为推动营销的帮手。

在大型汽车市场、品牌专卖店、综合销售点和其他销售点这几种汽车销售点中，目前消费者最信赖的还是品牌专卖店，选择在品牌专卖店购买汽车的消费者比重高达74%，相信这与品牌专卖店舒适的购车环境、良好的信誉、有保障的售后服务分不开的。而目前消费者在支付方式上大多还是选择一次付清，也有33%的消费者选择分期付款，但选择向银行贷款买车的消费者仅为7%，这一方面反映出大部分消费者的购车计划是在对自身收入合理估算后的可行选择，另一方面也说明了目前我国信贷业的不发达与不完善。

三、用户使用情况特点分析

本次调查中男性用户的购车品牌排名前三位的分别是捷达、宝来、本田，所占比例分别为37%、14%和11%；女性用户的购车品牌排名前三位的分别是宝来、本田、捷达，所占比例分别为44%、13%和13%。由此可见，该市家用汽车市场上消费者使用的品牌的前三位是捷达、宝来和本田，所占比重分别是33%、20%和11%。而消费者所认为的该市家用汽车市场上数量最多的汽车品牌前四位分别是捷达、宝来、本田和丰田，这与实际情况也较为相符。由此可见，目前最受有车一族青睐的无疑是经济车型。

本次调查从购车用途来看，仅有1%的消费者是为了家用方便，98%的消费者买车是为了上下班方便或作为商业用途。

从对车主购买保险情况的调查来看，有81%的人给车购买了商业保险，以减少用车风险，但也有4%的消费者认为给车投保没有必要。

目前，油价不断上涨的问题，已成为有车一族十分关心的问题，对他们也产生了一定影响，有46%的消费者已经考虑更换小排量、低油耗的车，还有18%的消费者选择减少用车频率，但也有36%的消费者认为基本没有影响。可见，未来的几年内，低油耗的车型仍会成为消费者青睐的对象。此外，交通设施不足、塞车现象严重和停车难问题占据日常行车困扰的榜首，这表明我国交通设施建设仍需进一步加强。

四、用户满意度分析

目前该市家用汽车消费者使用最多的三种品牌分别是捷达、宝来、本田，这三种品牌的汽车到底具有哪些优势呢？通过比较发现：捷达车用户最满意的地方在于车的性能和燃油经济性，所占比重分别是53%和30%，捷达车的动力性能和品牌知名度也是比较令他们满意的因素；宝来车的用户最满意的地方在于车的舒适性、品牌知名度和燃油经济性，所占比重分别是34%、24%和24%，该车的动力性能和整体性能也较出色；而本田车最令用户满意的地方除了舒适性、品牌知名度、整体性能外，还有车的外观，这几项所占比重分别是30%、20%、20%和20%。由此可以看出，消费者较为满意的车型除了要经济、舒适外，还必须具有较高的品牌知名度。

在上面的分析中，曾提到售后服务也是消费者选车时较为关注的因素之一，那么对消费者使用最多的几款车型来说，其售后服务情况如何呢？通过比较，捷达车的用户中有13%的人非常满意，44%的人表示较为满意；宝来车有6%的用户表示非常满意，50%的人表示较为满意，还有44%的人认为一般；本田车的用户中有30%的人非常满意，40%的人表示较为满意。总体来说，这几种品牌汽车的售后服务都令用户比较满意。而在售后服务过程中，用户最为看中的服务指标就是技术等级，占到43%，接下来依次是收费标准、返修率和服务态度，分别占22%、20%和15%，这反映了在大多数用户心目中质量和价格仍是衡量服务好坏的根本标准。

近几年来关于汽车的投诉比例在逐年上升，其中汽车质量、安全隐患及维修保障等问题突出。在解决纠纷的过程中，有28%的消费者认为最令他们头痛的是缺乏硬性的检测标准，27%的消费者认为是找不到相关的投诉机构，22%的消费者认为检测程序太复杂，还有15%的消费者认为检测费用过高，另外8%的消费者则认为还存在其他方面的问题。这表明我国政府职能机构还需要进一步改进工作，相关程序需要进一步简化，相关检测设施需要进一步完善，以更好地为大众服务。在遇到问题需要解决时，消费者最希望得到哪些维护消费者权益的援助呢？46%的消费者希望能设立相关部门以方便检查质量问题，28%的消费者希望能够专设机构判定是非，18%的消费者则希望媒体能对问题车辆进行曝光，还有7%的消费者希望能有专业的律师提供法律咨询。这一方面反映了我国公民维权意识的提高，也反映相关职能部门的服务不到位。

资料来源：https：//wenku. baidu. com/view/ffcec4cd69eae009591bec48. html.

讨论：

1. 根据表6-14有车用户家庭月收入情况，可以得出哪些结论？
2. 根据案例中有车用户职业分析情况，绘制各职业所占比例的饼图。
3. 通过对本次调查结果的分析，就反映出的问题和现象提出改进建议。

案例 6-2

老百姓大药房石家庄店调查问卷分析

针对销量提升较慢、客单价不高、客流量徘徊不前、“振幅”较小等情况，老百姓大药房石家庄店自发组织了一次较为全面的门店消费者调查：

时间：2010 年 10 月 25 日—2010 年 10 月 31 日

地点：老百姓大药房石家庄店

调查方式：现场发收问卷

问卷数量：发出问卷 1 015 份，收回有效问卷 1 015 份

1. 您是通过何种途径知道老百姓大药房的？

①电视（212　15.93%）　②报纸（339　25.47%）

③电台（64　4.8%）　④户外广告（189　14.2%）

⑤药房的宣传资料（219　16.45%）

⑥别人告知（308　23.14%）

2. 您来老百姓大药房是否方便？利用何种交通工具？

①方便（578　38.98%）　②不太方便（135　8.96%）

③不方便（54　3.59%）　④公共汽车（68　4.52%）

⑤出租车（23　1.2%）　⑥自行车（416　27.62%）

⑦摩托车（21　1.39%）　⑧私家车（20　1.33%）

⑨步行（182　12.84%）

3. 您家住石家庄哪个区？

①桥西区（101　9.96%）　②桥东区（450　44.38%）

③裕华区（93　9.17%）　④新华区（105　10.36%）

⑤长安区（265　26.13%）

4. 您来老百姓大药房消费几次了？

① 1 次（131　13.95%）　② 2 次（116　12.35%）

③ 3 ~ 5 次（189　20.13%）　④ 6 次以上（503　53.58%）

5. 您认为老百姓大药房商品价格比石家庄其他大药房价格：

①普遍低（534　55.05%）　②部分低（345　35.24%）

③相差不多（70　7.15%）　④普遍高（6　0.61%）

⑤部分高（15　1.53%）

6. 您感觉老百姓大药房服务：

①好（726　79.69%）　②一般（177　19.43%）

③差（8　0.88%）

主要表现在：

④接待不热情（49　21.88%）　⑤介绍不详细（43　19.20%）

⑥对产品位置不熟悉（68　30.36%）　⑦不礼貌（3　1.34%）

⑧无问候语（21　9.38%）　⑨无人引导（33　14.73%）

⑩敷衍了事（7　3.13%）

7. 在老百姓大药房能否买到所需的药品？

①能（368　37.51%）　②基本上能（593　60.45%）

③不能（20　2.04%）

8. 您认为我们还需补充哪类药品才能满足您的需求？

①抗感冒类（244　28.31%）　②心脑血管类（240　27.84%）

③滋补类（140　16.24%）　④肝胆类（80　9.28%）

⑤其他________（158　18.33%）

9. 您常购买哪类药品？

①抗感冒类（607　46.62%）　②心脑血管类（322　24.73%）

③滋补类（176　13.52%）　④肝胆类（60　4.61%）

⑤其他________（137　10.52%）

10. 您觉得老百姓大药房的商品价格是否适合您？您希望哪类药品比重大一些？

①是（516　55.9%）　②部分合适（401　43.45%）

③不合适（6　0.65%）

比重：④多一些知名厂家品牌药（169　43.78%）

⑤多一些普通厂家品牌但适合普通消费者的（217　56.22%）

11. 您在老百姓大药房是否碰到过药品质量问题？

①有（84　9.94%）　②没有（716　90.06%）

12. 您除了自己来老百姓大药房消费还经常给别人代购商品吗？

①是（365　40.74%）　②没有（233　26%）

③偶尔（298　33.26%）

13. 您觉得老百姓大药房卖场商品摆设是否科学合理？

①合理（652　75.2%）　②需要调节（198　22.84%）

③不合理（17　1.96%）

14. 您认为老百姓大药房的广告宣传应该在哪些方面加强？

①电视新闻（206　14.74%）②电视广告（286　20.46%）

③报纸新闻（160　11.44%）④报纸广告（137　9.8%）

⑤户外广告（127　9.1%）　⑥药房各种活动（332　23.95%）

⑦各种媒体活动参与（150　10.73%）

15. 您对老百姓大药房的促销活动是否感兴趣？您认为应该多做什么样的活动？频率该如何设置？

①感兴趣（503　28.16%）　②好，应该多做（250　14%）

③无所谓，可有可无（71 3.98%）　④买赠促销（195　10.92%）

⑤抽奖活动（102　5.71%）　⑥歌舞表演，知识抢答（85　4.76%）

⑦厂商产品推介（58　3.25%）　⑧其他________（8　0.45%）

频率：⑨半月一次（192　10.72%）

⑩每月一次（268　15.01%）　⑪2个月一次（54　3.02%）

16. 您是否有过到医院看病到药房买药的经历？

①经常（301　42.39%）　②有，但不经常（359　50.56%）

③没有（50　7.04%）

17. 您认为老百姓大药房的处方药品种是否齐全？品种最齐全的药房是：

①齐全（135　20.21%）　　②较齐全（370　55.39%）

③不齐全（54　8.08%）　　④不太清楚（109　16.32%）

18. 您在消费时碰到过服务很周到的服务员吗？请您投一票：

资料来源：http：//www. docin. com/p－1558230567. html.

讨论：

1. 根据问卷调查表，对每一个问卷题目进行分析。

2. 根据问卷调查表，对整份问卷调查结果进行综合分析。

项目训练

调查问卷样本：某市居民对市区公共场所的满意度调查

公园满意度：86%满意，12%一般，2%不满意；主干道满意度：76%满意，14%一般，10%不满意；商业区满意度：73%满意，15%一般，12%不满意；菜市场满意度：46%满意，30%一般，24%不满意；小巷街道满意度：58%满意，22%一般，20%不满意；居民小区满意度：73%满意，20%一般，7%不满意；城市绿化满意度：84%满意，10%一般，6%不满意；餐饮场所满意度：53%满意，25%一般，22%不满意。

实训项目：调查数据处理。

实训组织：通过给定问卷调查结果，对问卷中的数据进行编辑、编码、转换和录入，并绘制相关统计表和统计图。

实训要求：严格按调查数据处理流程进行操作。

实训成果：提交统计表和统计图。

实训考核：是否按调查数据处理流程操作，统计表和统计图是否按要求绘制。按照小组成员的操作给出个人分数，如表6-16所示。

附：效果评价表

表6-16　小组成员个人成绩评价表

小组成员个人成绩 / 小组成员姓名	优秀	良好	中等	及格	不及格
教师评价					

注：考评满分为100分，60分以下为不及格，60～70分为及格，71～80分为中等，81～90分为良好，90分以上为优秀。

学习收获

项目 7

市场预测

★知识目标

1. 了解市场预测的基本原理
2. 掌握常用的定性预测法及定量预测法
3. 明确各类市场预测法的特点及其在实践中的运用

★技能目标

能运用各种市场预测方法进行简单的市场预测

★情境设置

场景一 北京某市场推广咨询公司在2010年11月4—5日两天采用等距抽样的方法对北京市8个城区312户家庭借助CATA（计算机辅助的电话访问）系统进行了一次市场调查。调查结果发现，消费者在冬夏两季的饮料消费选择上存在明显差别。夏季，消费者选择的饮料类型百分比如下：碳酸饮料61.5%、茶饮料14.7%、果汁饮料10.3%、水饮料8.3%、乳酸饮料5.1%。冬季，消费者选择的饮料类型百分比如下：碳酸饮料21.8%、茶饮料16.0%、果汁饮料39.7%、水饮料4.5%、乳酸饮料10.3%。调查还发现，46%的消费者夏天喝得最多的品牌占夏季全部饮料消费的91%～100%，而39%的消费者冬天喝得最多的品牌占冬季全部饮料消费的91%～100%。夏天选择可口可乐的消费者有71%在冬季会选择其他品牌的饮料。冬季饮料消费量只占夏季的30%。只有4%的消费者回答冬季绝对不会饮用各种饮料。

这组数据对我们了解消费者季节性的饮料消费有什么帮助，能够得出什么结论？这些结论对饮料生产企业有什么用处？

场景二 森达集团是一家知名的大型皮鞋制造企业，有高效的物流配送中心，分布在全国的50多个办事处和分公司是其职能的延伸，配送中心按照订单和对市场预测来安排生产。

一方面，当各地办事处和分公司的订单传来时，配送中心立即安排生产并及时反馈；另一方面，根据企业内部销售人员和经销商的预测意见来安排生产，确保产品尤其是畅销品有合理的库存以保证及时供应。请问公司这样做合适吗？

★案例导入

中空保温玻璃的销售预测

某玻璃厂研制出一种中空保温玻璃，但不知这种玻璃的市场前景如何，什么时候投入市场为好，价格怎样确定。为此，该厂特地邀请了相关研究所的研究员、大学教授、行业协会理事、政府官员、建筑企业老总等进行了深入探讨，采用德尔菲法对上述问题做了预测。

该厂首先向各位专家、领导介绍了中空保温玻璃的性能指标及有关情况，并向各位发出了邀请，说明了准备采用德尔菲法对上述问题进行预测。得到各位专家、领导同意后，该厂随即发去了预测意见征询表，很快就收到了回复。他们在回复中各抒己见，看法差异较大。经过整理后，该厂又向各专家、领导发去了第二轮预测意见征询表，并附上第一轮的整理结果，不久又收到他们的回复，这一次他们的意见相对集中了，大家都认为这种玻璃可节省能源，与社会发展要求相适应，市场前景看好。在投放市场的时机选择上，多数人认为现在就可以开始，但生产量不要太大，以观察市场反应。在定价方面，分歧依然较大，主张高价策略、主张中价策略和主张低价策略的都有。该厂对他们的意见又做了整理，再次发去了预测意见征询表。这一轮征询结果中，他们对这种玻璃的市场前景和投放时机的看法高度一致，而对于定价，多数人主张采取中价策略，这样既能获得较高的利润，又不会导致太多的企业迅速进入该市场，该厂可以在较长的时间内保持稳定的价格，免于陷入激烈的竞争。

该厂采纳了专家、领导们的建议。中空保温玻璃为该厂带来了丰厚的利润。该厂在这一领域一直保持明显的市场优势。

资料来源：王玉波，刘丽华，张俊．市场调查与预测——情境教程［M］．南京：南京大学出版社，2012.

讨论：

1. 本案例运用了什么预测方法？该方法有哪些特点？
2. 市场预测有哪些原则？

任务1 市场预测的原理

★任务描述

随着我国市场经济不断完善和发展，特别是在科学技术日新月异、消费需求千变万化、市场竞争日益激烈的今天，市场预测已成为企业生存和发展的重要法宝。本分项任务将引领你了解市场预测的有关内容。

一、市场预测的概念及特征

（一）市场预测的概念

市场预测是指在市场调查的基础上，运用预测理论与方法，对决策者关心的变量的变化趋势和未来可能水平做出估计与测算，为决策者提供依据的过程。市场预测是为决策提供信息服务的重要手段，是正确决策的基础。

★相关链接

市场预测的基本要素

要搞好市场预测，必须把握市场预测的四个基本要素。

信息，是指对预测对象进行深入调查得到的第一手资料和第二手资料，它是预测市场未来情况的事实依据，是预测的基础。

方法，是指利用有关信息和数据资料，分析预测对象与影响因素之间的关系，得到未来发展变化结果时所采用的各种手段，它不仅包括定量分析方法，也包括各种定性分析方法。

分析，是根据有关理论所进行的思维研究活动，主要包括两项内容：一是在理论上要分析预测结果是否符合经济理论和统计分析的条件；二是在实际上要对预测的误差进行分析，并对预测结果的可靠性进行评价。

判断，即做出取与舍的决定。无论是预测资料的选择、预测方法的确定，还是预测结果的实施，都要进行必要的判断。判断是市场预测中最重要的因素，它决定整个预测的成败。

市场预测与市场调查的关系在于，市场调查是人们对市场的过去和现在的认识，市场预测是人们对市场的未来的认识；市场调查是市场预测的基础，市场预测又是企业决策的前提，有效的市场调查和市场预测能帮助经营者制定适应市场的行动方案，使自己在市场竞争中处于主动地位。

（二）市场预测的特征

1. 服务性

服务性是指市场预测是为企业决策服务的。从程序上讲，预测在先，决策则是根据预测结果做出的。市场预测对企业生产经营环节及其外部环境的未来发展提供变动趋势、变动方向、变动程度等方面的定性和定量的估计；而企业决策则以预测结果为基础，通过分析比较，趋利避害，选取最优方案。因此，预测是决策的先导，是决策科学化的前提。没有准确、科学的预测，要取得企业决策的成功是不可能的。而企业决策是企业经营管理的关键。决策失误，必然导致企业经营管理混乱，经营失败，亏损倒闭；决策正确，可以使企业管理有方，经营成功，提高企业的经济效益。所以，在实际工作中，要充分认识到预测的服务性，把企业预测与企业决策有机地结合起来，才能收到经营管理的良好效果。

2. 描述性

在预测过程中，无论是建立定量预测的数学模型，还是建立定性预测的逻辑思维模型，都是预测程序中必不可少的重要步骤，是人们对客观事物认识的一种描述。这种描述，一方面反映了预测具有科学性，不是主观随意的猜测；另一方面，反映了预测具有近似性，这种描述肯定会有误差。因为这种描述是根据过去和现在的已知因素，对事物未来的发展变化情况做出的推测和描述，而未来的情况并不是过去和现在的简单重复，各种影响企业生产经营的因素和外部环境在不断变化，所以，这种描述会在一定程度上与将来发生的实际情况有某些偏差。描述不可能完全准确，不可能与实际情况绝对一致，肯定会有误差。即使对预测结果的描述是建立在严格逻辑论证和科学实验基础上，被证明是正确的，未来也不会按照某一趋势永远发展下去，事物总是要经历发生、发展、消亡等过程。而在事物重大转折阶段，往往会出现向上或向下误差范围的趋势变化。不少预测专家称事物重大转折阶段为转折点。如果对转折点的描述失误，将会造成重大损失、挫折，甚至失败，或者将失去获得巨大成功的良好时机。因此，对预测结果的描述的难度，就在于如何处理好误差范围和转折点问题，使预测更好、更准确地反映客观规律。对预测结果的描述，要求准确，允许存在误差。当然，要尽力降低误差程度，提高预测精度，使预测成为决策的可靠依据。

3. 局限性

市场预测是人们对事物的未来发展做出的判断。而人们对未来的认识总有一定的局限性。这是因为事物发展变化受许多因素的影响，客观规律也只能在事物发展过程中逐步地明显化和逐步地被人们所认识。人们对未来的预测，往往受到经验、知识、时间、条件、认识、工具等多方面的限制，预测误差在所难免，这使得预测的应用范围和预测深度受到不同程度的影响。

二、市场预测的基本原理及基本原则

（一）市场预测的基本原理

1. 连续性原理

任何事物的发展在时间上都具有连续性，表现为特有的过去、现在和未来这样一个过程。没有一种事物的发展与其过去的行为没有联系，过去的行为不仅影响到现在，还会影响到未来。因此，可以从事物的历史和现状推演出事物的未来。市场的发展也有一个过程，在时间上也表现为一定的连续性。尽管市场瞬息万变，但这种发展变化在长期的过程中也存在一些规律性（如竞争规律、价值规律等），可以被人们所认识。连续性原理是时间序列分析法的主要依据。

2. 类推原理

许多事物相互之间在结构、模式、性质、发展趋势等方面客观存在着相似之处。根据这种相似性，人们可以在已知某一事物的发展变化情况的基础上，通过类推的方法推演出相似事物未来可能的发展趋势。例如，彩色电视机的发展与黑白电视机的发展就有某些类似之处，可以利用黑白电视机的发展规律类推彩色电视机的发展规律。类推原理在领先指标法中得到了很好的运用。

3. 相关性原理

任何事物都不可能孤立存在，都是与周围的各种事物相互制约、相互促进的；一个事物的发展变化，必然影响到其他相关事物的发展变化。比如，一个国家在一定时期内采用某种特定的经济政策，势必对市场发展产生某种影响，这时的经济政策是因，市场变化情况是果。过一段时间，国家根据市场发展变化的新情况，制定新的经济政策来刺激市场，或是稳定市场、限制市场，甚至改变市场发展方向等，这时市场变化情况成为因，经济政策又变为果。当然，一因多果或一果多因的现象也经常出现，但有其因就必有其果，这是规律。因此，从某一事物的变化规律推演与之相关的其他事物的发展变化趋势是合理的，也是可能的。投入产出分析法就是对因果原理的最好运用。

4. 概率推测原理

任何事物的发展都有一个被认识的过程。人们在充分认识事物之前，只知道其中有些因素是确定的，有些因素是不确定的，即存在着偶然性因素。市场的发展过程中也存在必然性和偶然性，而且在偶然性中隐藏着必然性。通过对市场发展偶然性的分析，揭示其内部隐藏着的必然性，可以凭此推测市场发展的未来。从偶然性中发现必然性是通过概率论和数理统计方法，求出随机事件出现各种状态的概率，然后根据概率去预测对象的未来状态。

（二）市场预测的基本原则

1. 客观性原则

市场预测是根据市场调查得到的客观资料，对市场进行客观的研究分析与估计。

2. 全面性原则

影响市场活动的因素，除经济活动本身外，还有政治的、社会的、科学技术的因素。这些因素的作用使市场呈现纷繁复杂的局面。预测人员应具有广博的经验和知识，能从各个角度归纳和概括市场的变化，避免出现以偏概全的现象。当然，全面性也是相对的，无边无际的市场预测既不可能也无必要。

3. 及时性原则

信息无处不在、无时不有，任何信息对经营者来说，既是机会又是风险。为了帮助企业经营者不失时机地做出决策，要求市场预测快速提供必要的信息。过时的信息是毫无价值的。信息越及时，不能预测的因素就越少，预测的误差就越小。

4. 科学性原则

预测所采用的资料，须经过去粗取精、去伪存真的筛选过程，以反映预测对象的客观规律。运用资料时，应遵循近期资料影响大、远期资料影响小的规则。预测模型也应精心挑选，必要时还要先进行试验，找出最能代表事物本质的模型，以减少预测误差。

5. 持续性原则

市场的变化是连续不断的，不可能停留在某一时点上。相应地，市场预测要不间断地持续进行。在实际工作中，一旦市场预测有了初步结果，就应当将预测结果与实际情况相比较，及时纠正预测误差，使市场预测保持较高的动态准确性。

6. 经济性原则

市场预测是一项复杂的研究性工作，在预测过程中要消耗大量的人力、物力、财力和时间等要素。按照经济性原则，就是要求在保证达到预测目的的前提下，合理地确定样本容量、选用科学的预测方法，以较少的投入获取最佳的预测结果。

三、市场预测的类型

（一）按市场预测的性质不同分类

按市场预测的性质不同，市场预测可分为定性预测与定量预测。

1. 定性预测

定性预测也称主观预测或判断预测，是依靠预测者个人的实践经验和主观判断经验，通过对市场现象进行分析研究来判断未来市场的发展趋势和状态的市场预测方法。

2. 定量预测

定量预测也称统计预测、客观预测，是指根据历史和现实的统计数据和市场信息，运用统计方法和数学模型，对市场未来发展的规模、水平、速度和比例关系进行分析测定的市场预测方法。

在市场预测过程中，为了全面地考虑问题，常常将两种方法配合使用，互为补充，通过质的分析与量的分析的结合，提高市场预测的准确性。

（二）按市场预测的范围不同分类

按市场预测的范围不同，市场预测可分为宏观市场预测和微观市场预测。

1. 宏观市场预测

宏观市场预测是指以整个国民经济或部门、地区的市场活动为范围进行的各种预测，主要目标是预测市场供求关系的变化和总体市场的运行态势。如对主要商品类别未来供应总量、需求总量和平衡状况的预测；对社会物价总水平变动及其对人民生活水平影响的预测等。

2. 微观市场预测

微观市场预测是指从事生产、流通、服务等不同产业领域的企业，对其经营的各种产品或劳务市场的发展趋势做出估计和判断，为生产经营决策提供支持。如工业企业对所生产产品的产量、市场需求量、市场占有率及经济效益的前景的预测；对某种商品价格升降的预测等。

（三）按市场预测时间的长短分类

按市场预测时间的长短不同，市场预测可分为短期市场预测、中期市场预测和长期市场预测。

1. 短期市场预测

短期市场预测是指对1年以内（包括1年）的市场发展变化的预测。如预测下一月份冷饮的销售量。短期市场预测是为企业日常生产经营决策服务的，企业通过短期市场预测有助于及时了解市场动态，掌握市场行情变化的有利时机，提高经营管理水平。

2. 中期市场预测

中期市场预测指对1年以上5年以下的市场发展前景的预测。中期市场预测常用于市场潜力、价格变化、商品供求变动趋势、国家政策措施等的预测，为企业制定中期发展战略决策提供依据。

3. 长期市场预测

长期市场预测是指对5年以上市场发展前景的预测。它是市场预测中时间最长的一类。由于不确定因素多，且时间越长不可控的因素越多，其难于全面把握和预计各种可能的变化因素，所以长期市场预测的精确度比中期市场预测和短期市场预测低。长期市场预测通常用于对市场商品生产和销售的发展方向、产品的有关技术发展趋势、生产要素供应变化趋势、消费趋势等做出总体预测和战略预测。

四、市场预测的内容及步骤

（一）市场预测的内容

市场预测探讨的是市场发展的未来状况。因为市场状况的发展变化会受到多方面因素的影响，并且是这些因素共同作用的结果，所以市场预测的内容是相当广泛的，一般来讲，主要有以下几个方面：

1. 市场潜在需求量预测

市场潜在需求量是指在未来的一定时期内，某地区购买者在市场上具有货币支付能力的需求。市场潜在需求量的实现，意味着社会再生产过程的最终实现。因此，市场潜在需求量预测是各级各类预测的基础，无论是对宏观领域的市场预测，还是对微观企业的人、财、物、产、供、销等方面的预测，都发挥着积极的作用。同时，它还是国民经济综合平衡研究的重要内容。

市场潜在需求量预测，应首先弄清楚市场需求者是谁。市场需求者根据需求商品的用途不同，可分为生产者和消费者两类。这两类需求者不仅在所需商品性质上有明显的不同，而且他们在购买过程、购买次数与购买数量等方面都存在着很大的不同。因此，在进行市场潜在需求量预测时，应在明确预测目的的基础上，充分考虑预测对象的性质与特点。

2. 市场潜在供应量预测

市场潜在供应量预测，实际上就是对社会生产及其变化趋势的预测。社会发展是形成市场供应量、实现市场需求的物质基础，它对社会分配和消费起着决定性的作用。市场的供应量与需求量能否在数量与结构上达到平衡，归根结底取决于社会生产的发展，取决于国民生产总值的增长及其分配比例关系的变化，生产部门只有生产出适销对路的产品，才能实现供应量与需求量之间的平衡。对社会生产及其变化趋势的预测，要根据预测的目的，合理地确定预测的范围，根据预测对象的特点，多角度进行预测。

3. 消费需求变化预测

随着我国市场经济的不断深入，城乡居民的物质文化生活水平得到较大的提高，消费需求也在相应地发生变化。引起消费需求变化的原因是多方面的，主要体现为居民购买力的大幅度提高，消费者消费心理及消费观念的变化等。因此，在对消费需求变化的预测中，应充分考虑各个因素对它的影响以及每一因素对它的影响程度。

4. 市场占有率预测

市场占有率是指某行业或企业所生产或销售的产品数量在该类产品总生产量或总销售量中所占的份额。目前在市场上没有或很少见到一个企业独占某种商品的生产与销售权，竞争就成为一种必然现象。企业注重对市场占有率的预测，能够促进企业经营管理水平的提高，通过对市场占有率的分析，充分估计自己产品的优势与劣势，促使企业不断地改革创新，采用先进的生产技术或先进的促销手段，提高产品的质量和营销水平。企业管理水平得到根本好转，就会带动整个社会生产力的提高，实现国民经济又好又快地发展。

除了以上几种市场预测内容之外，还有市场环境预测、市场竞争格局预测、企业经营状况预测、产品销售预测等。

（二）市场预测的步骤

市场预测的过程是以历史和现实的数据和资料为依据，运用选择的预测方法，对特定的市场预测目标的未来发展变化进行分析的过程，具有复杂性、综合性和推断性等特点。为了使市场预测工作顺利进行，提高预测工作效率和预测结果的可靠性，必须遵循一定的程序，采用科学、严谨的工作步骤。一般来讲，预测要按以下程序进行：

1. 明确预测目标

预测目标是指通过预测要了解什么问题、解决什么问题、达到什么目的。预测目标是整个预测工作的首要一步，它反映较长时期内市场发展变化应达到的水平和程度。只有明确预测目标，才能根据其选择合适有效的预测方法。没有预测目标，预测工作将会陷入盲目性。预测目标既关系到当前的经济活动，又关系到预测的其他步骤，因此预测目标应尽量具体、详尽，不能含混、抽象。

预测目标包括以下内容：预测的对象、预测的目的、预测的时间范围、预测的空间范围等。这些通常要经过对预测目标的分析来确定。

2. 收集与分析历史与现实的数据资料

市场预测依据的就是市场调查中的数据资料。资料的收集一定要注意广泛性、适用性和可靠性。资料收集得不全面、不系统，将严重影响预测质量。但也不是说资料越多越好，漫无目的地收集资料，一是浪费时间、人力和资金，二是资料过多，又无系统性和适用性，反而给预测工作带来麻烦，增大预测误差，降低预测质量。

市场预测所需要的资料有纵、横之分。纵的资料是指经济现象的历史统计数据，如历年的生产、销售、消费、库存等各种资料，这是分析经济现象的发展趋势和季度变动所必需的资料。横的资料是指某一特定的时间内对同一预测对象有所影响的各种因素的统计资料，如价格变动和广告宣传对市场需求的影响等。利用这些横的资料，可以从它们与预测对象之间的依存关系中，进行因果关系预测。因此，要分析各种市场因素间的相互依存关系，判断预测期内这种依存关系的变化动向、各因素的发展趋势及当前市场需求和消费心理的变化动向，从而对未来市场商品供求关系的发展变化趋势做出总体判断。

3. 选择预测方法，拟定预测模型，进行预测

在预测时，应根据预测目标和占有的信息资料，选择适当的预测方法和模型进行预测。预测方法不同，预测结果也就不一样。

预测方法很多，既有定性预测方法，又有定量预测方法，应根据预测的具体要求选择预测方法。如果只要求预测发展趋势，则可选择定性预测方法；如果要求预测出具体数据，就必须运用定量预测方法。在实际预测活动中，要求将定性预测方法同定量预测方法相结合，以定性分析为依据，以定量分析为手段；在定性分析中尽可能量化，在定量分析中贯穿质的分析。

预测方法和预测模型的选择，还要考虑预测费用的多少和对预测精度的要求。按照选定的预测方法所得出的预测结果，一定要尽量接近客观事物的实际情况。有时还可以把几种预测方法结合起来使用，互相验证和综合分析预测结果。

一般来讲，对于定量预测，可以建立数学模型；对于定性预测，可以建立逻辑思维模型。然后选择适当的预测方法进行预测模型的计算和估计。

4. 分析和调整预测结果

无论预测者采用什么预测模型，无论怎样精心设计和准备，市场预测仍然只是一种估计和推测，必然与市场的实际状况存在偏差。这是因为预测方法和预测模型不可能将影响预测对象的所有因素都考虑在内，而且预测对象和影响预测对象的因素会随着时间、地点、条件的变化而变化。因此预测者应当将这些问题都考虑在内，分析出预测与实际状况可能产生的误差、误差的大小及原因，提出较准确、较完善的预测结果。

5. 编写预测报告

预测报告是市场预测结果的反映，也是向委托者提供的“产品”。预测报告与调查报告的格式相当，预测报告的表述，应尽可能利用统计图表及数据，做到形象直观、准确可靠。实际上预测与调查是难以割裂的，在开展市场调查活动中它们往往是一体的，预测报告与调查报告也是一体的。

任务2 定性预测法

★任务描述

定性预测法是指依靠预测人员丰富的经验和知识及其综合分析判断能力，运用已掌握的历史资料和现实资料，对预测对象的未来发展前景做出估计和推测的一种预测方法。定性预测法在市场预测中有广泛的运用，特别是在市场预测对象的影响因素难以分清主次，或其主要因素难以用数学表达式模拟的情况下。定性预测法的具体形式很多，本分项任务将引领你了解和掌握集合意见法、专家会议法、德尔菲法等。

一、集合意见法

（一）集合意见法的概念

集合意见法是指依靠预测群体的经验、智慧，通过思考分析、综合判断，把各位预测者对预测对象的未来发展趋势的预测方案和意见进行汇总，然后进行数学平均处理并根据实际工作中的情况进行修正，最终取得预测结果的方法。这种方法适合短期市场预测。

（二）集合意见法的步骤

1. 提出预测项目和预测要求，并尽可能提供有关资料

预测组织者根据企业经营管理的要求，向参加预测的有关人员提出预测项目和预测期限的要求，并尽可能提供有关背景资料。

2. 凭个人经验和分析判断能力，提出各自的预测方案

有关人员根据预测要求及掌握的背景资料，凭个人经验和分析判断能力，提出各自的预测方案。在此过程中，预测人员应进行必要的定性分析和定量分析。

定性分析主要分析历史上生产销售资料，目前市场状态，产品适销对路的情况，商品货源、流通渠道的情况及变化，消费心理变化，顾客流动态势等。

定量分析主要确定未来市场需求的几种可能状态（如市场销路好或市场销路差），估计

各种可能状态出现的主观概率，以及每种可能状态下的具体销售值。

3. 预测组织者计算有关人员预测方案的期望值

预测方案期望值等于各种可能状态主观概率与状态值乘积之和。

4. 将参与预测的有关人员分类，计算各类人员的综合期望值

将参与预测的有关人员分类，如厂长（经理）类、管理职能科室类、业务人员类等，计算各类人员的综合期望值，其一般是采用平均数、加权平均数或中位数统计法。

5. 确定最后的预测值

预测组织者将各类人员的综合期望值通过加权平均法等计算出最后的预测值。

例　某机械厂为了预测明年的产品销售额，要求经理和业务科、计划科、财务科及营销人员做出年度销售预测。

运用集合意见法预测的具体步骤为：

（1）各位经理、科室人员和营销人员分别提出各自的预测方案意见，如表7-1～表7-3所示。

表7-1　经理预测方案

经理	销售估计值						期望值/万元	权数
	销售好/万元	概率	销售一般/万元	概率	销售差/万元	概率		
甲	500	0.3	420	0.5	380	0.2	436	0.6
乙	550	0.4	480	0.4	360	0.2	484	0.4

表7-2　科室人员预测方案

科室人员	销售估计值						期望值/万元	权数
	销售好/万元	概率	销售一般/万元	概率	销售差/万元	概率		
业务科人员	600	0.5	400	0.2	360	0.3	488	0.3
计划科人员	540	0.4	480	0.3	340	0.3	462	0.3
财务科人员	580	0.3	440	0.3	320	0.4	434	0.4

表7-3　营销人员预测方案

营销人员	销售估计值						期望值/万元	权数
	销售好/万元	概率	销售一般/万元	概率	销售差/万元	概率		
甲	480	0.3	400	0.5	300	0.2	404	0.4
乙	520	0.3	440	0.4	360	0.3	440	0.3
丙	540	0.2	420	0.5	380	0.3	432	0.3

在前面的表格中，未来的市场销售前景有三种可能性：销售好、销售一般、销售差，每一种可能性发生的机会，称为概率。如销售好的概率为0.3，即指“销售好”发生的可能性有30%。销售好、销售一般、销售差三种可能性的概率之和等于1。

对于表中的权数，不同人员由于在企业中的地位不同、权威性不同，其预测意见的影响力也不同，如经理甲是正经理，经理乙是副经理，显然经理甲的权威性大于经理乙的权威性，因此，经理甲的权数应大于经理乙的权数。经理甲的权数为0.6，经理乙的权数为0.4，

也可以是0.7和0.3，具体权数由预测人员主观确定。其他人员的权数确定也一样，凡是权威性越大的人员，其权数也越大。

（2）计算各预测人员的方案期望值。方案期望值等于各种可能状态的销售值与对应的概率乘积。

如经理甲的方案期望值

$$500\times 0.3+420\times 0.5+380\times 0.2=436\text{（万元）}$$

业务科人员的方案期望值

$$600\times 0.5+400\times 0.2+360\times 0.3=488\text{（万元）}$$

营销人员甲的方案期望值

$$480\times 0.3+400\times 0.5+300\times 0.2=404\text{（万元）}$$

其他人员的方案期望值都依次计算，并填入表中。

（3）计算各类人员的综合预测值。即分别求出经理类、科室人员类、营销人员类的综合预测值。

综合预测值公式为

$$\tilde{x}=\frac{\sum \bar{X}_i W_i}{\sum W_i}$$

式中　$\tilde{x}$——某类人员综合预测值；

$\bar{X}_i$——某类各人员的方案期望值；

W_i——某类各人员的方案期望值权数。

经理类综合预测值为

$$\frac{436\times 0.6+484\times 0.4}{0.6+0.4}=455\text{（万元）}$$

科室人员类综合预测值为

$$\frac{488\times 0.3+462\times 0.3+434\times 0.4}{0.3+0.3+0.4}=459\text{（万元）}$$

营销人员类综合预测值为

$$\frac{404\times 0.4+440\times 0.3+432\times 0.3}{0.4+0.3+0.3}=423\text{（万元）}$$

（4）确定最后预测值。即对三类人员的综合预测值采用加权平均法再加以综合。由于三类人员综合预测值的重要程度不同，所以应当给予三类人员综合预测值不同的权数。现假定经理类权数为4，科室人员类权数为3，营销人员类权数为2。（权数可以是小数，也可以是正整数）

最后预测值为

$$\frac{455\times 4+459\times 3+423\times 2}{4+3+2}=\frac{1\,820+1\,377+846}{9}=449\text{（万元）}$$

从预测的结果来看，综合预测值低于经理类和科室人员类的预测值，高于营销人员类的预测值，这说明集合意见法本身是个人的主观判断，上面三类人员的预测也是分别从各自的角度进行的，难免出现过于保守或过于乐观的情况。这就要求在最终确定预测值之前，对综合预测值进行必要的调整，通过召开会议交流看法，互相弥补认识上的不足，从而克服主观上的局限性，在充分讨论和综合各方意见的基础上，由预测组织者确定最终的预测值。

二、专家会议法

（一）专家会议法的概念

专家会议法，就是邀请有关方面的专家，通过会议的形式，对企业生产经营或某个产品及其发展前景进行分析。在专家们分析判断的基础上，综合专家们的意见，对该企业生产经营或产品的市场需求及变动趋势作出预测。

（二）专家会议法的步骤

1. 选择专家

专家会议法预测能否取得成功，在很大程度上取决于专家的选择。专家的选择应依据以下要求进行。

（1）专家要有丰富的经验和广博的知识。专家一般应具有较高学历，有丰富的与预测课题相关的工作经验，有一定的市场调查和市场预测方面的知识和经验，思维敏锐，语言表达能力强。

（2）专家要有代表性。应选择各个方面的专家，如市场营销专家、管理专家、财务专家、生产技术专家等，不能局限于一个部门。

2. 召集专家会议

（1）做好会议的准备工作。其包括确定会议的主题、确定合适的主持人、选好会议的场所和时间、确定会议的次数、准备会议的记录分析工具。

主持人对于会议的成功与否起着非常重要的作用，其应具有丰富的调查经验，掌握与讨论内容相关的知识，并能左右或引导会议的进程和方向。

（2）邀请专家参加会议。邀请出席会议的专家人数不宜太多，一般8 ~12 人最佳，要尽量包括各个方面的专家，要求其能独立思考，不受某个权威意见所左右。

（3）控制好会议的进程。会议主持人提出预测题目，要求大家充分发表意见，提出各种各样的方案。主持人不要谈自己的设想、看法或方案，以免影响与会专家的思路。同时，要做好会议的记录工作。可以由主持人边提问边记录，也可以由助手进行记录，还可以通过录音、录像的方法记录。

（4）在会议结束后，主持人再对各种方案进行比较、评价、归类，最后确定预测方案。

另外，为了使专家会议法更有成效，会前应进行一定的调查研究，提供相关的资料，如市场动态资料，不同厂家所生产的同类产品的质量、性能、成本、价格的对比资料，以及同类产品的历史销售资料等。同时，会前还需要做一些组织准备工作。组织准备工作包括如何选择专家、如何让专家充分发表意见。在专家会议上，会议主持人应让与会者畅所欲言，各抒己见，自由讨论；召集会议者不要发表可能影响会议的倾向性观点，只广泛听取意见。在充分讨论的基础上，综合各专家的意见，形成有关市场未来变化发展趋势或某一产品未来需求前景的预测结果。

3. 选择专家会议法的形式

专家会议法根据会议的程序和专家交换意见的要求分为下列三种具体的形式。

（1）非交锋式会议。在这种方法中，参与的专家都可以独立地、任意地发表意见，不需要发言稿，以便充分发挥灵感，但不争论、不批评他人意见。这种非交锋式会议也称为头脑风暴法。

（2）交锋式会议。就是与会专家都可以围绕预测的问题，各抒己见，直接争论，经过会议达成共识，得出一个较为一致的预测结论。

（3）混合式会议。又称为质疑头脑风暴法，是交锋式会议与非交锋式会议的混合使用。即第一阶段实施头脑风暴法；第二阶段对前一阶段提出的各种想法意见进行质疑，在质疑中争论、批评，也可以提出新的设想，不断地交换意见，互相启发，最后取得一致的预测结果。

4. 综合专家意见，确定预测结论

在充分讨论的基础上，会议主持人综合专家的意见，对各种意见或方案进行比较、评价、归类、综合，整理出有关企业预测对象的分析材料，再结合市场行情及其发展变化趋势，确定最后的结论。

★相关链接

专家会议法的优缺点

专家会议法的优点：它将一些专家集合成一个小组，由主持人对他们同时进行访谈，这会比对个人的访谈产生更多更全面的信息和观点；与会专家能自由发表意见，各种观点能互相启发、借鉴，有利于集思广益，有利于预测意见得到修改、补充和完善。同时，专家会议法节省时间，节省费用，应用灵活方便。

专家会议法也存在缺点：会议上与会人员的意见易被个别权威专家的意见所左右；有些与会人员的个性和心理状态使其不愿发表与众不同的意见，或出于自尊心不愿当场修改已发表的意见。因此，会议最后的综合意见，可能并不完全反映与会专家的全部正确意见。但是，在难以进行量化分析的情况下，专家会议法仍不失为一种很有价值的预测方法。

三、德尔菲法

（一）德尔菲法的概念

德尔菲法又称专家小组法，这种方法主要是按规定的程序，采用函询的方式，由专家小组背对背地作出分析判断，来代替面对面的会议，使专家充分发表不同意见，然后经过客观分析和几次征询及反馈，使各种不同意见趋向一致，从而得出比较符合市场发展规律的预测结果。

（二）德尔菲法的步骤

1. 确定预测题目，选定专家小组

确定预测题目即明确预测的目的和对象，选定专家小组则是决定向谁做有关调查。这两点是有机地联系在一起的，即被选定的专家必须是对确定的预测对象具有丰富知识的人，既包括理论方面的专家，也包括具有丰富实际工作经验的专家，这样组成的专家小组，才能对预测对象提出可信的预测值。专家小组人数一般为 10～20 人。

2. 制定意见征询表，准备有关材料

预测组织者要将预测对象的调查项目，按次序排列绘制成意见征询表，同时还应将填写要求、说明一并设计好，使专家能够按统一要求得出预测值。

制定意见征询表时应当注意以下几个要点：征询的问题要简单明确，使人容易回答；问题数量不宜过多；问题要尽量接近专家熟悉的领域，以便充分利用专家的经验；意见征询表中还要提供较详细的背景材料，供专家进行判断时参考。

3. 采用匿名方式进行多轮函询

第一轮：预测组织者要将预测题目、征询表和背景材料，邮寄给每位专家，要求专家一一作答，提出个人的初步预测结果。

第二轮：预测组织者将汇总整理的第一轮意见、预测组织者的要求和补充的背景材料，反馈给各位专家，进行第二轮征询意见。

专家们在接到第二轮资料后，可以了解其他专家的意见，并由此作出新的预测判断。他既可以修改自己原来的意见，也可以仍然坚持原来的意见，并将第二轮预测意见按期寄给预测组织者。

第三轮：预测组织者将汇总整理的第二轮意见、补充材料和预测组织者的要求，反馈给各位专家，进行第三轮征询意见。要求每位专家根据收到的资料，再发表第三轮预测意见。专家们将第三轮意见（修改的或不修改的）再次按期寄回。这样，经过几次反馈后，各位专家对预测问题的意见会逐步趋于一致。

4. 运用数学统计分析法对专家最后一轮预测意见加以处理，得出最后的预测结论

用德尔菲法征询专家意见一般要求在三轮以上，只有经过多次征询，专家们的看法才能更加成熟、全面，并使预测意见趋于集中。用数学统计分析方法处理专家们的预测数据，得出最终预测值，一般采用平均数法和中位数法。

（1）平均数法，就是用专家所有预测值的平均数作为综合的预测值。公式为

$$Y = \frac{\sum X_i}{n}$$

式中　X_i——各位专家的预测值；

n——专家人数。

（2）中位数法，是用所有预测值的中位数作为最终的预测值。

具体做法是：将最后一轮专家的预测值从小到大排列，碰到重复的数值舍去，那么中位数所处的位置的数据，就是最终的预测值。

例　某企业市场环境发生了变化，对产品明年的销售量难以确定，因而聘请10位专家，用德尔菲法进行预测。具体数据如表7-4所示。

表7-4　专家预测意见统计表　　单位：万台

专家 意见征询	1	2	3	4	5	6	7	8	9	10
第一轮	70	80	75	52	75	45	50	60	54	63
第二轮	70	75	73	55	65	47	54	65	60	63
第三轮	70	73	70	62	72	55	58	60	63	65

从表7-4中不难看出，在发表第二轮预测意见时，大部分专家都修改了自己的第一轮预测意见（只有编号为1和编号为10的专家坚持自己第一轮的预测意见）。专家们发表第三轮预测意见也是如此。经过三轮征询后，专家们预测值的差距在逐步缩小，在第一轮征询中，专家的最大预测值80与最小预测值45相差35（万台）；在第二轮征询中，专家的最大预测值75与最小预测值47相差为28（万台）；在第三轮征询中，专家的最大预测值73与最小预测值55仅相差18（万台）。

若用平均数法确定最终预测值

$$Y=\frac{\sum X_i}{n}=\frac{70+73+70+62+72+55+58+60+63+65}{10}=\frac{648}{10}=64.8\text{（万台）}$$

即预测产品明年的销售量为64.8万台。

若用中位数法确定最终预测值，首先，将表7-4中专家第三轮预测值从小到大排列：

55、58、60、62、63、65、70、72、73（有两个70，舍去1个）。其次，确定中位数所在的位置

$$\frac{n+1}{2}=\frac{9+1}{2}=5$$

第5个数值为中位数，即预测产品明年的销售量为63万台。

★相关链接

德尔菲法的特点

德尔菲是古希腊地名。相传太阳神阿波罗（Apollo）在德尔菲杀死了一条巨蟒，成了德尔菲主人。阿波罗不仅年轻英俊，而且对未来有很高的预见能力。在德尔菲有座阿波罗神殿，是一个预卜未来的神谕之地，于是人们就借用此名，作为这种方法的名称。

德尔菲法最早出现于20世纪50年代末，是当时美国为了预测“在其遭受原子弹轰炸后，可能出现的结果”而发明的一种方法。1964年美国兰德（RAND）公司的赫尔默和戈登发表了《长远预测研究报告》，首次将德尔菲法用于技术预测中，后来德尔菲法便迅速地应用于其他领域的预测。此外，还用其进行评价、决策和规划工作。据《未来》杂志报道，从20世纪60年代末到70年代中期，专家会议法和德尔菲法在各类预测方法中所占比重由20.8%增加到24.2%。80年代以后，我国不少单位也采用德尔菲法进行预测、决策分析和编制规划工作。

德尔菲法本质上是一种反馈匿名函询法，它具有区别于其他专家预测方法的明显特点：

1. 匿名性

匿名是德尔菲法极其重要的特点，从事预测的专家不知道有哪些人参加了预测，他们是在完全匿名的情况下交流思想的。在整个预测过程中，参加的专家不直接见面，彼此不发生横向联系，而是采取书信方式，背靠背地分头发表意见。这种匿名形式可以创造一个平等自由的气氛，鼓励专家独立思考，消除顾虑和心理干扰，使个人意见得以充分

发表。

2. 多次有控制的反馈

小组成员的交流是通过回答组织者的问题来实现的。它一般要经过数轮反馈才能完成预测。通过反馈，专家们在背靠背的情况下，了解全体意见的倾向，以及持不同意见者的想法，有利于互相启发，集思广益，充分发挥专家们的智慧，提高预测的准确性和可靠性。

3. 小组的统计回答

多轮征询意见后，专家意见渐趋一致，再用统计方法加以集中整理，可以得出定量化的综合预测结果。

任务3 定量预测法——时间序列预测法

★任务描述

时间序列预测法是将预测对象的历史资料及数据，按时间顺序加以排列，构成数字系列，并根据其变化动向，预测未来的变化趋势。时间序列预测法属于定量预测法，它的具体形式主要有简单平均法、加权平均法、移动平均法、指数平滑法、趋势外推法和季节指数法等，这些方法在市场预测中占有重要地位。本分项任务将引领你认识简单平均法、加权平均法、移动平均法、指数平滑法、趋势外推法、季节指数法等预测方法。

一、时间序列预测法的概念及特点

（一）时间序列预测法的概念

时间序列预测法是将历史资料和数据，按时间顺序排列成一个系列，根据时间序列所反映的经济现象的发展过程、方向和趋势，运用一定的数学方法使其向外延伸，预计其未来发展变化趋势，来预测经济现象未来可能达到的水平。

为了做好时间序列预测，编制时间序列要注意满足以下两个条件：第一，时间序列中的数据必须连续，只有拥有了连续的数据，才能准确把握预测对象的发展规律；第二，为分析研究现象发展变化的规律性，保证时间序列各数值的可比性是十分重要的。所以在编制时间序列时，应尽量做到序列数值的总体范围、时间单位、指标的经济内容、指标的计算方法和计算单位一致。这样的时间序列才是有价值的，才能进行预测分析。

（二）时间序列预测法的特点

1. 时间序列预测法主要适用于近期和短期的预测

因为时间序列法是根据市场过去的变化趋势预测未来的发展，随着时间的推移，事物在发展中可能会有新的表现、新的特点，所以绝不能机械地按市场现象的过去和现在的规律向外延伸，必须把新特点和新表现充分考虑在预测值内，这样才能对市场现象做出既延伸其历史规律又符合现实表现的可靠的预测结果。因此，这就决定了时间序列预测法主要适用于近期和短期的预测，中期和长期的预测要考虑的因素太多，预测受到很大的局限。

2. 进行预测时应将不规则因素剔除

时间序列数据存在着不规则性，事件的发展可能受长期因素、季节因素、不规则因素等的影响，在预测时要善于区分，将不规则因素剔除。

3. 质的分析与量的分析相结合

预测对象的发展变化是受多种因素制约的，为了求得能反映市场未来发展变化的预测值，在运用时间序列预测法时，必须将量的分析法和质的分析法相结合，从质的方面充分研究各种因素对市场预测值的影响。

二、时间序列的变动规律及预测步骤

（一）时间序列的变动规律

现实中的时间序列的变化由于受到多种因素的影响，呈现出来的变动趋势不可能是完全一致的。一般情况下，时间序列的变动规律可以分为四类：长期趋势变动（T）、季节变动（S）、循环变动（C）、不规则变动（I）。

1. 长期趋势变动（T）

长期趋势变动是指由于长期基本规律的作用，现象在较长时间内稳定持续地按照一定方向变化，长期趋势的具体表现有基本增长趋向、基本下降趋向和平稳发展趋向，即从长期看时间序列中变量数值连续不断地增加、减少或平稳的趋向。

2. 季节变动（S）

季节变动是指经济变量随季节变化而变化的周期性变动。这种周期比较稳定，通常为一年。在这里，季节还可以广泛地描述为以小时、周、月或季度为单位的循环往复的变动形式。它与气候、假期或贸易习俗有关，可用作短期预测基准。如冷饮销售最高峰是在每年夏季，商品零售额达到最高峰往往是在每年的春节等。

3. 循环变动（C）

循环变动是指时间序列在较长的时间内（一年以上）呈现出涨落起伏。它与长期趋势不同，不是朝一个方向持续变动，而是呈涨落相间的波浪式起伏变动。如经济危机的变动周期为危机、复苏、高涨、萧条循环往复的周期变动。循环变动与季节变动也不一样，季节变动有固定的周期，周期效应可以预见；而循环变动一般没有固定周期，上次出现后，下次何时出现较难预料。此外，季节变动的周期较短，一般为一年，而循环变动周期较长，一般数年乃至数十年才完成一个周期。通过对循环变动的分析和测定，可以预测社会经济现象发展变化的转折点。

4. 不规则变动（I）

不规则变动又称随机变动，是指偶发事件导致时间序列中出现数值忽高忽低、时升时降的无规则可循的变动，如自然灾害、罢工、战争、动乱、政策调整等都会造成不规则变动。有时，它对经济现象影响较大。对于呈现不规则变动趋势的时间序列，很难用时间序列分析法预测。这种不规则变动，在预测中往往容易形成随机误差。如进出口公司的营业额，常常受交易国之间关系的影响，往往是关系好时，营业额呈现上升趋势；反之，则下降。由于这种情况是无法预计的，应将其从之前的数据中剔除，以便能确定正常的变化。

（二）时间序列预测法的步骤

1. 确定预测对象

根据市场研究预测目的确定预测对象。

2. 编制时间序列

根据预测对象的特点确定具体预测内容，进而收集、整理、加工反映预测内容的不同时间上的数据资料，编制时间序列。

3. 确定其数据变动趋势的类型

根据时间序列，确定其数据变动趋势的类型。

4. 选择预测方法

根据时间序列资料的类型，结合预测目的和要求以及序列数据的具体情况选择预测方法，并对序列趋势进行模拟和运算，得出反映其趋势变化规律的数学表达式。

5. 对预测对象未来发展变化进行质的分析

在此基础上，用数学模型进行外推引申预测。

6. 确定最后预测结果

对影响预测对象变动的各种因素进行深入分析，确定各影响因素对预测对象的影响值，并据以确定最后的预测结果。

三、时间序列预测法的应用

时间序列预测法可用于短期、中期和长期预测。根据对资料分析方法的不同，时间序列预测法可分为平均预测法、指数平滑法、趋势外推法和季节指数法等。

（一）平均预测法

平均预测法是以一定观察期内市场现象时间序列的平均数作为某个未来期的预测值的预测方法。它一般用于对没有明显的增减倾向，又具有随机波动性的市场现象的预测。在一定条件下，也可用于呈现变动趋势的市场现象的预测。常见的平均预测法有简单平均法、加权平均法、移动平均法等。

1. 简单平均法

简单平均法就是将观察期内预测目标时间序列值求和，取其平均值，并将其作为下期预测值。用公式表示为

$$X = \frac{\sum X_i}{n}$$

式中 X——观察期内预测目标的算术平均值，即下期的预测值；

X_i——预测目标在观察期内的实际值；

n——数据个数。

例 某电动摩托车厂 2013 年 1—12 月电动摩托车销售量分别为 60、50.4、55、49.6、75、76.9、72、68、54.5、44、43.8、47 万辆。利用简单平均法，预测 2014 年 1 月电动摩托车的销售量（分别按全年、下半年、第四季度三种情况预测）。

①根据全年的销售量进行预测，为

$$X = \frac{\sum X_i}{n}$$
$$= \frac{60+50.4+55+49.6+75+76.9+72+68+54.5+44+43.8+47}{12}$$
$$=58\ (万辆)$$

②根据下半年的销售量进行预测，为

$$X = \frac{\sum X_i}{n} = \frac{72+68+54.5+44+43.8+47}{6} = 54.9\ (万辆)$$

③根据第四季度的销售量进行预测，为

$$X = \frac{\sum X_i}{n} = \frac{44+43.8+47}{3} = 44.9\ (万辆)$$

由此可以看出，由于观察期长短不同，得到的预测值也不同。故观察期的长短选择对预测结果很重要。一般当时间序列数据的变化倾向较小时，观察期可以短些；当时间序列数据的变化倾向较大时，观察期应长些，这样预测值相对精确些。

简单平均法使用简便，花费较少，适用于短期预测或对预测结果的精度要求不高的情况。

2. 加权平均法

加权平均法是为观察期内每一个数据确定一个权数，并在此基础上，计算其加权平均数作为下一期的预测值。

加权平均法用公式表示为

$$X = \frac{\sum X_i W_i}{\sum W_i}$$

式中 X——预测目标在观察期内的加权算术平均数，即下期预测值；

X_i——在观察期内时间序列的各个数据；

W_i——与 X_i 相对应的权数。

使用加权平均法预测的关键就是确定权数。一般离预测值越近的数据对预测值影响越大，应确定较大的权数，离预测值较远的数据应确定较小的权数。

例 采用加权平均法，根据前例所列数据，利用2013年下半年数据预测2014年1月的销量。

解：设2014年1月的销量为 X，则

$$X = \frac{\sum X_i W_i}{\sum W_i}$$
$$= \frac{1\times72+2\times68+3\times54.5+4\times44+5\times43.8+6\times47}{1+2+3+4+5+6}$$
$$=49.9\ (万辆)$$

通过分析，可以预测2014年1月电动摩托车的销量为49.9万辆。

3. 移动平均法

移动平均法是将观察期内的数据由远及近按一定跨越期进行平均的一种预测方法，随着

观察期的“逐期推移”，观察期内的数据也随之向前移动，每向前移动一期，就去掉最前面一期数据，而新增原来观察期之后的数据，保证跨越期不变，然后逐个求出其算术平均值并将预测期最近的那一个平均数作为预测值。

常用的移动平均法有一次移动平均法和二次移动平均法。一次移动平均法又可分为简单移动平均法和加权移动平均法两种。下面仅对简单移动平均法和加权移动平均法做简单介绍。

（1）简单移动平均法。简单移动平均法指时间序列按一定的跨越期，移动计算观察数据的算术平均数，形成一组新的数据的预测方法。

简单移动平均法的基本公式表示为

$$M_t = \frac{X_{t-1} + X_{t-2} + \cdots + X_{t-n}}{n}$$

式中　M_t——第 $t-1$ 期到第 $t-n$ 期的平均数；

X_{t-1}，X_{t-2}，…，X_{t-n}——第 $t-1$ 期到 $t-n$ 期的实际值；

n——跨越区。

例　表7-5为某城市2014年各月份汽油的消耗量，并分别对跨越期3个月和5个月的情况进行预测。

表7-5　某城市2014年各月份汽油的消耗量及其平均值

月份	实际使用量 X_t/万升	3个月的移动平均值 M_t（$n=3$）	5个月的移动平均值 M_t（$n=5$）
1	120.0		
2	132.0		
3	142.0		
4	138.0	131.3	
5	146.0	137.3	
6	152.0	142.0	135.6
7	146.0	145.3	142.0
8	155.0	148.0	144.8
9	143.0	151.0	147.4
10	156.0	148.0	148.4
11	148.0	151.3	150.4
12	150.0	149.0	149.6

（2）加权移动平均法。加权移动平均法是对跨越期内不同重要程度的数据乘以不同的权数，将这些乘积之和除以各权数之和，求得加权平均数，并以此来预测下一期数据。用公式表示为

$$M_{t+1} = \frac{W_1 X_t + W_2 X_{t-1} + \cdots + W_n X_{t-n+1}}{W_1 + W_2 + \cdots + W_n}$$

式中　M_{t+1}——时间为 t 的加权移动平均数，即 X_{t+1} 的预测值；

X_t，X_{t-1}，…，X_{t-n+1}——观察期内时间序列的各个数据，即预测目标在观察期内的实际值；

W_1，W_2，…，W_n——与观察期内时间序列的各个数据相对应的权数。

例 利用表7-5的数据，令跨越期为3，权数分别为0.5、0.3、0.2，运用加权移动平均法预测该城市2014年1月份对汽油的需求量。

利用公式

$$M_{t+1}=\frac{W_1X_t+W_2X_{t-1}+\cdots+W_nX_{t-n+1}}{W_1+W_2+\cdots+W_n}$$

计算结果如表7-6所示。

表7-6 依据表7-5计算数据

月份	实际使用量 X_t/万升	加权平均值 M_{t+1}（$n=3$）	预测值
1	120.0		
2	132.0		
3	142.0		
4	138.0	142.0×0.5+132.0×0.3+120.0×0.2=134.6	134.6
5	146.0	138.0×0.5+142.0×0.3+132.0×0.2=138.0	138.0
6	152.0	146.0×0.5+138.0×0.3+142.0×0.2=142.8	142.8
7	146.0	152.0×0.5+146.0×0.3+138.0×0.2=147.4	147.4
8	155.0	146.0×0.5+152.0×0.3+146.0×0.2=147.8	147.8
9	143.0	155.0×0.5+146.0×0.3+152.0×0.2=151.7	151.7
10	156.0	143.0×0.5+155.0×0.3+146.0×0.2=147.2	147.2
11	148.0	156.0×0.5+143.0×0.3+155.0×0.2=151.9	151.9
12	150.0	148.0×0.5+156.0×0.3+143.0×0.2=149.4	149.4

（二）指数平滑法

指数平滑法是用预测目标历史数据的加权平均数作为预测值的一种预测方法，是加权平均法的一种特殊情形。用公式表示为

$$S_{t+1}=\alpha X_t+(1-\alpha)S_t$$

式中 S_{t+1}——$t+1$期预测目标时间序列的预测值；

X_t——t期预测目标的实际值；

S_t——t期预测目标的预测值，即t期的平滑值；

α——平滑系数（$0<\alpha<1$）。

公式表明，$t+1$期的预测值是t期实际值和预测值的加权平均数，t期实际值的权数为α，t期预测值的权数为$1-\alpha$，权数之和为1。

例 某电动车厂2005—2013年销售额如表7-7所示，利用指数平滑法预测2014年的销售额。

表7-7 某电动车厂2005—2013年销售额

年份	销售额/万元	平滑系数 $\alpha=0.1$	平滑系数 $\alpha=0.6$	平滑系数 $\alpha=0.9$
2005	4 000	4 566.67	4 566.67	4 566.67
2006	4 700	4 510.00	4 226.67	4 056.67

续表

年份	销售额/万元	平滑系数 $\alpha=0.1$	平滑系数 $\alpha=0.6$	平滑系数 $\alpha=0.9$
2007	5 000	4 529.00	4 510.67	4 635.67
2008	4 900	4 576.10	4 804.27	4 963.57
2009	5 200	4 608.49	4 861.71	4 906.36
2010	6 600	4 667.64	5 064.68	5 170.64
2011	6 200	4 860.88	5 985.87	6 457.06
2012	5 800	4 994.79	6 114.35	6 225.71
2013	6 000	5 075.31	5 925.74	5 842.57
2014	—	5 167.78	5 970.30	5 984.26

指数平滑法预测步骤如下所述：

第一，首先确定初始值 S_1，这是利用指数平滑法的重要一步。由指数平滑法公式可知，要计算 S_{t+1} 就需要知道 S_t，计算 S_t 就要知道 S_{t-1}，以此类推，要知道 S_2 就要知道 S_1，而 S_1 是没有办法计算出来的，只能估算，一般情况下，时间序列的数据越多，初始值距离预测期就越远，权数就越小，对预测值的影响也就越小。初始值可以用实际值来代替，即 $S_1=X_1$，然后按照上述递推规律，求出 S_{t+1}；若时间序列数据少，初始值对预测值的影响大，可以选择前几个数据的平均值作为初始值。如本例可以将 S_1 确定为前三期数据的平均值，即

$$S_1=\frac{X_1+X_2+X_3}{3}=\frac{4\,000+4\,700+5\,000}{3}=4\,566.67\text{（万元）}$$

第二，选择平滑系数 α。指数平滑法中平滑系数体现了对时间序列各数据的修匀能力，α 值大小与预测结果有着直接关系。通常 α 值可以依据时间序列的波动进行选择。如果时间序列有较大的随机波动或大幅的升降，应选择较小的平滑系数，以清除这种不规则变动对预测值的影响；如果时间序列有较小的随机变动或数据以固定比率上升、下降，应选用较大的平滑系数；如果时间序列变动呈水平趋势，预测值与 α 的取值关系不大，可以选择居中的 α 值。

本题中，分别取 $\alpha=0.1$，$\alpha=0.6$，$\alpha=0.9$，通过计算，可以比较它们对时间序列的修匀程度。

当 $\alpha=0.1$ 时，

$$S_1=\frac{4\,000+4\,700+5\,000}{3}=4\,566.67\text{（万元）}$$

$$S_2=0.1\times4\,000+(1-0.1)\times S_1=4\,510.00\text{（万元）}$$

……

2014 年销售额预测值 $=5\,167.78$（万元）

当 $\alpha=0.6$ 时，

$$S_1=\frac{4\,000+4\,700+5\,000}{3}=4\,566.67\text{（万元）}$$

$$S_2=0.6\times4\,000+(1-0.6)\times S_1=4\,226.67\text{（万元）}$$

……

2014 年销售额预测值 $=5\,970.30$（万元）

当 $\alpha=0.9$ 时，

$$S_1=\frac{4\ 000+4\ 700+5\ 000}{3}=4\ 566.67\ （万元）$$

$$S_2=0.9\times4\ 000+（1-0.9）\times S_1=4\ 056.67\ （万元）$$

……

2014 年销售额预测值 =5 984.26（万元）

第三，确定预测值。根据本例中α对时间序列的修匀程度，当 $\alpha=0.9$ 时，指数平滑值基本反映了时间序列各数据的情况，修匀程度小，应确定 $\alpha=0.9$ 时的平滑值作为预测值。另外，在使用指数平滑法进行预测时，若对预测精度的要求比较高，还需要对不同平滑系数下取得的平滑值进行误差分析。

（三）趋势外推法

趋势外推法，又称数学模型法，就是通过建立一定的数学模型，对时间序列给出恰当的趋势线，将其外推或延伸，用来预测未来可能达到的水平。趋势外推法又分为直线趋势外推法和曲线趋势外推法。本部分内容简单介绍直线趋势外推法。

直线趋势外推法就是假定预测目标随时间变化的规律近似为一条直线。通过拟合直线方程描述直线的上升或下降趋势来确定预测值。设直线方程为

$$y_t=a+bt$$

式中 y_t——预测值；

t——时间序列编号；

a，b——参数。

通过数学计算，确定 a、b 的值，求出直线方程。

首先根据最小二乘法可推断出两个标准方程：

$$\sum y=na+b\sum t$$

$$\sum ty=a\sum t+b\sum t^2$$

解得

$$b=\frac{n\sum ty-\sum t\sum y}{n\sum t^2-(\sum t)^2}$$

$$a=\frac{\sum y}{n}-b\frac{\sum t}{n}$$

t 是时间序列编号，为了简化计算，通常按 $\sum t=0$ 的原则编号。这样，原公式就简化为

$$b=\frac{\sum ty}{\sum t^2}$$

$$a=\frac{\sum y}{n}$$

式中 y——时间序列的实际值；

t——时间序列编号；

n——数据个数。

在计算时，为保证 $\sum t = 0$，通常不同资料的时间间隔是不同的。当 n 为奇数时，确定资料的中央一期为0，以中央一期为中点对称的其他各期之和也应为0，则时间序列的时间间隔为1；当 n 为偶数时，中央两期之和为0，以这两期为中点对称的其他各期之和也应为0，则资料的时间间隔为2。

例 一家航空公司2007—2013年的总收入情况如表7-8所示，试用直线趋势外推法预测2014年该公司的总收入。

表7-8 某航空公司2007—2013年的总收入

年份	总收入（y）/百万元	t	ty/百万元	t^2	y_t/百万元
2007	2 428	−3	−7 284	9	2 559.85
2008	2 951	−2	−5 902	4	2 904.1
2009	3 533	−1	−3 533	1	3 248.35
2010	3 618	0	0	0	3 592.6
2011	3 616	1	3 616	1	3 936.85
2012	4 264	2	8 528	4	4 281.1
2013	4 738	3	14 214	9	4 625.35
Σ	25 148	0	9 639	28	—

根据 $\sum t = 0$，计算出

$$a = \frac{\sum y}{n} = 3\,592.57$$

$$b = \frac{\sum ty}{\sum t^2} = 344.25$$

则直线趋势方程为

$$y_t = a + bt = 3\,592.57 + 344.25t$$

2014年该航空公司的预测总收入 $= 3\,592.57 + 344.25 \times 4 = 4\,969.57$（百万元）

（四）季节指数法

在市场活动中，某些经济变量的变化随季节的不同而呈现出周期性变化，在一定的时间间隔内出现相似的周期曲线。有些经济变量反映的季节变动较强，而另一些经济变量表现的季节变动相对较弱。因此，在进行市场预测时，应考虑到经济变量的季节性变化。季节指数法就是描述时间序列的季节变动规律，并以此为依据预测未来市场的商品供应量、需求量及价格变动趋势。

利用季节指数预测法的关键是计算时间序列的季节指数，下面介绍最常用的按月（季）平均法。

例 某家电销售部2011—2013年空调的销售量资料如表7-9所示。已知2014年1月份的销售量为300台，试预测2014年其他各月的销售量。

表 7-9 某家电销售部 2011—2013 年空调的销售量 计量单位：百台

项目	1月	2月	3月	4月	5月	6月	7月	8月	9月	10月	11月	12月	合计
2011 年/百台	5	4	10	22	40	108	94	85	62	20	5	6	461
2012 年/百台	4	5	11	23	51	110	96	80	57	15	4	4	460
2013 年/百台	3	3	6	16	32	100	92	81	58	13	3	2	409
同月合计/（年·百台$^{-1}$）	12	12	27	61	123	318	282	246	177	48	12	13	1 330
月平均数/（年·百台$^{-1}$）	4	4	9	20.3	41	106	94	82	59	16	4	4.3	37
季节指数/%	10.8	10.8	24.3	54.9	110.8	286.5	254.1	221.6	159.5	43.2	10.8	11.6	1 198.9

分析：具体预测如下所示：

①计算历年同月的平均值：

如：1 月份的平均值 $=\frac{5+4+3}{3}=4$（百台）。

同理，可计算出历年 2—12 月同月的平均值，计算结果见表 7-9。

②计算全年月平均值：

$$全期月平均值=\frac{4+4+9+\cdots+4.3}{12}=37\text{（百台）}$$

③计算各月季节指数：

$$季节指数=\frac{各年同月平均数}{全期月平均数}\times 100\%$$

如：1 月份季节指数 $=\frac{4}{37}\times 100\%=10.8\%$。

同理，可计算出其余各月季节指数，计算结果见表 7-9。

④计算调整后的各月季节指数：

$$调整后的各月季节指数=\frac{理论季节指数之和}{实际季节指数之和}\times 各月实际季节指数$$

如：1 月份调整后的季节指数 $=\frac{1\ 200}{1\ 198.9}\times 10.8\%=10.8\%$。

同理，可计算 2—12 月各月调整后的季节指数。

⑤计算各月预测值：

$$某月预测值=\frac{某月预测的季节指数}{某月实际的季节指数}\times 上月实际数$$

则

$$2014\text{ 年 }2\text{ 月份的预测值}=\frac{10.8\%}{10.8\%}\times 3=3\text{（百台）}$$

$$2014\text{ 年 }3\text{ 月份的预测值}=\frac{24.3\%}{10.8\%}\times 3=7\text{（百台）}$$

以此类推，可以求出 2014 年各月的预测值。

任务4 定量预测法——回归分析预测法

★任务描述

在市场预测中，虽然可以用时间序列预测法来测算市场供需关系的变动趋势，以此直接对未来进行预测，但这还不能说明全部问题。因为时间序列只描述了一种经济现象本身随时间变化而表现出的变化趋势，而在现实生活中，很多社会经济现象都不是孤立的、静止的，它们的发展变化受到与之相联系的其他社会经济现象的制约和影响。如果我们能够把握事物之间的联系，就可以对未来进行预测。本分项任务将引领你认识一种重要的定量预测方法——回归分析预测法。

一、回归分析预测法概述

（一）回归分析预测法的概念

回归分析预测法又称因果分析法，它是对具有相关关系的两个变量之间的数量变化进行数量测定，配合一定的数学模型（又称回归模型），根据自变量的数值对因变量的可能值进行估计或预测的一种统计方法。回归分析预测法是一种重要的市场预测方法，在对市场未来的发展状况和水平进行预测时，如果能将影响市场预测的主要因素找到，并且能够取得其数量资料，就可以采用回归分析预测法进行预测。它是一种具体的、行之有效的、实用价值很高的市场预测方法。

（二）经济变量的两种关系

在市场经济活动中，任何市场现象的产生和变化，总是由一定的原因引起，并对其他一些市场现象产生影响。换言之，各种市场活动总是存在于一定的相互联系之中。市场现象之间的相互关系可以分为两大类：一类是确定性关系，即函数关系；另一类是非确定性关系，即相关关系。

1. 函数关系

函数关系又称确定性关系，是指由某种确定的原因必然导致确定的结果的因果关系。这种确定性的关系可以用函数关系式来表示，即自变量的每一个确定的值，因变量总有一个唯一的确定的值与之对应。所以，在人们已经掌握了经济变量之间的函数关系后，已知一个变量就可以确定另一个变量。函数关系不会因时空的变化而改变。

例 企业商品的年销售利润、该商品销售收入和该商品年成本支出三个变量分别用 P、Y、G 表示，那么 $P=Y-G$，它们之间的数量变化关系是确定的。

2. 相关关系

相关关系又称非确定性关系，是指现象之间存在着非严格的、不确定性的依存关系。这种依存关系有两个显著的特点：一是现象之间确实存在数量上的客观内在关系。表现为一个变量发生数量上的变化，会影响另一个现象也相应地发生数量上的变化。例如，劳动生产率的提高会使成本降低。二是现象之间数量依存关系不是确定的，具有一定的随机性。表现在给定自变量一个数值，因变量会有若干个数值和它对应，并且因变量总是遵循一定规律围绕这些数值的平均数上下波动。其原因是影响因变量发生变化的因素不止一个。例如，某种日用商品的销售量与当地人口有关，人口越多，销售量就越大。但人口与销售量之间并无确定性的数值对应关系。

非确定性因果关系形态在市场现象中是大量存在的，是因果分析预测法的主要研究内容。

（三）回归预测法进行定量预测的基本条件

进行回归预测，一般是先对经济现象变量之间进行相关分析，以便确定是否要进行回归分析，只有在经济现象的数量变化高度相关时，即自变量与因变量关系程度非常密切，才可根据回归分析来建立回归方程式，利用已有的统计资料构建自变量因素与因变量因素的回归模型，进而根据自变量的变化来推断因变量的预测值。因此，运用回归预测法进行定量预测时，必须满足下列条件：

（1）预测对象与影响因素之间必须有因果关系存在，而且数据量不能太少；

（2）占有的数据资料经过研究分析，确能反映未来特定时间内经济变量之间的变化规律；

（3）自变量因素与因变量因素的相关程度越高，建立的回归模型就越有代表性；

（4）数据分布若呈线性趋势，可用线性回归模型预测；若呈非线性趋势，则可用非线性回归模型预测。

二、回归分析预测法的类型和基本步骤

（一）回归分析预测法的类型

回归分析预测法有多种类型。根据自变量的个数可分为一元回归分析预测法、二元回归分析预测法和多元回归分析预测法。在一元回归分析预测法中，自变量只有一个；二元回归分析预测法中，自变量有两个；而在多元回归分析预测法中，自变量有两个以上。一元回归由于只涉及一个自变量，因此建立回归方程时相对比较简单；而多元回归由于涉及的自变量较多，所以建立方程时要复杂许多，但是它考虑的因素比较全面，所以预测的准确度往往要高于前者。根据自变量和因变量之间是否存在线性关系，可分为线性回归预测法和非线性回归预测法。线性回归预测法中变量之间的关系表现为直线，非线性回归预测法中变量之间的关系主要表现为曲线。由于曲线关系的回归方程建立起来比较复杂，为了便于操作，在实践中经常采用线性关系的回归方程进行预测。本项目仅对一元线性回归分析预测法做介绍。

（二）回归分析预测法的基本步骤

1. 确定预测目标和影响因素

确定预测目标和相关的影响因素，是回归分析的基础。相关影响因素又称相关变量，相关变量的选择准确与否会直接影响回归预测结果的准确性。

通常情况下，市场预测的目标必定是因变量，研究者可根据具体研究目的来确定。

确定自变量，预测者既要对历史资料和现实调查资料进行分析，又要根据自己的理论水平、专业知识和实践经验进行科学性分析，必要时还可运用假设技术，先进行假设再进行检验，以确定主要的影响因素。

2. 进行相关分析

所谓相关分析，就是对变量间的相关关系进行分析和研究。这一过程主要包括两方面：一是确定变量间有无相关关系，即确定变量间是否存在不具有数值对应关系的非确定性依存关系。这是相关分析也是回归分析的前提。二是确定相关关系的密切程度，这是相关分析的主要目的和主要内容。相关关系的密切程度通常用相关系数来衡量。

相关系数的计算公式为

$$r = \frac{n\sum xy - \sum x \sum y}{\sqrt{n\sum x^2 - (\sum x)^2} \cdot \sqrt{n\sum y^2 - (\sum y)^2}}$$

式中 r——相关系数；

y——因变量的值；

x——自变量的值。

相关系数具有如下特征：

①相关系数取值范围为：$-1 \leqslant r \leqslant 1$。

②相关系数 $r>0$ 时，称为正线性相关，这时 y 有随 x 增加而线性增加的趋势；当 $r<0$ 时，称为负线性相关，这时 y 有随 x 增加而线性减少的趋势。

③相关系数 $|r|$ 越接近于1，表明 x 和 y 之间的相关关系越密切，使用回归方程式来进行预测也越可靠；相关系数 $|r|$ 越接近于0，表明 x 与 y 之间相关关系越不密切，使用回归方程进行预测就越不可靠。x 与 y 线性相关的密切程度由 $|r|$ 的大小说明。一般 $|r| \geqslant 0.7$ 为高度线性相关；$0.3<|r|<0.7$ 为中度线性相关；$|r| \leqslant 0.3$ 为低度线性相关。

3. 建立回归预测模型

建立回归预测模型就是建立回归方程，依据变量之间的相关关系，用恰当的数学表达式可以表示为

$$y = a + b_1 x_1 + b_2 x_2 + \cdots + b_n x_n$$

当线性回归只有一个自变量与一个因变量间的回归时，称为一元线性回归或简单线性回归、直线回归，可写为

$$y = a + bx$$

式中 y——因变量；

x——自变量；

a，b——参数，b 又称回归参数，它表示当 x 每增加一个单位时，y 的平均增加数量。

方程的参数通常使用最小平方法计算求得，然后代回方程用于预测。

4. 进行实际预测

运用通过检验的回归方程，需要将预测的自变量 x 代入方程并计算，即可取得所求的预测值。预测通常有两种情况，一种是点预测，就是所求的预测值为一个数值；另一种是区间预测，所求的预测值有一个数值范围。通常用正态分布的原理测算其估计标准误差，求得预测值的置信区间。

上述四个步骤，仅仅是回归分析预测法的基本步骤。在市场预测实际工作中，由于市场现象的复杂性，还必须结合预测者的经验和分析判断能力，对回归预测模型进行合理调整后再行运用，才能做出更为符合客观实际的预测值。这是因为任何一种预测模型，仅仅是将市

场现象比较明显的一般规律反映出来，而不能反映一些无法量化的因素和一些偶然因素的影响。这必然要求预测者根据市场的千变万化，对预测模型或根据预测模型所做出的预测值加以适当的调整。

三、一元线性回归分析预测法

一元线性回归分析预测法，是根据自变量 x 和因变量 y 的线性相关关系，建立 x 与 y 的线性相关关系式，运用统计回归分析法（最常用的是最小平方法）求解关系式中的参数，确定一元线性回归分析预测模型，在已知自变量的基础上对因变量进行预测。所以，x 与 y 的关系式习惯上称一元线性回归方程。一元线性回归方程的一般形式为

$$y = a + bx$$

式中 y——因变量；

x——自变量；

a，b——参数，b 又称回归参数，它表示当 x 每增加一个单位时，y 的平均增加数量。

a，b 的计算公式为

$$b = \frac{n\sum xy - \sum x \sum y}{n\sum x^2 - (\sum x)^2}$$

$$a = \frac{\sum y}{n} - b\frac{\sum x}{n}$$

下面通过案例说明一元线性回归分析预测法的应用。

例 根据经验，企业的商品销售额与广告费用支出之间具有相关关系。某企业2004—2013年的商品销售额和广告费支出如表7-10所示。该企业预计2014年的广告费支出为35万元，要求在95%的置信度下，通过分析所掌握的数据，预测下年商品的销售额。

表7-10 某企业商品销售额与广告费支出

年份	广告费 x_i/万元	商品销售额 y_i/百万元	xy	x^2	y^2
2004	4	7	28	16	49
2005	7	12	84	49	144
2006	9	17	153	81	289
2007	12	20	240	144	400
2008	14	23	322	196	529
2009	17	26	442	289	676
2010	20	29	580	400	841
2011	22	32	704	484	1 024
2012	25	35	875	625	1 225
2013	27	40	1 080	729	1 600
合计	157	241	4 508	3 013	6 777

具体分析步骤如下：

第一，进行相关分析。如果在坐标系内将广告费支出和商品销售额的数据标出，画出散

点图，可以发现其呈直线趋势。由此可以判定二者为一元线性关系。

第二，建立回归方程。回归方程为 $y=a+bx$，其中关键是求参数 a 与 b 的值。根据表7-10中的资料，利用最小平方法可以求出 a 与 b 的值。

$$b=\frac{n\sum xy-\sum x\sum y}{n\sum x^2-(\sum x)^2}=\frac{10\times 4\ 508-157\times 241}{10\times 3\ 013-(157)^2}=1.321$$

$$a=\frac{\sum y}{n}-\frac{b\sum x}{n}=\frac{241}{10}-1.321\times\frac{157}{10}=3.36$$

所求回归方程为 $y=3.36+1.321x$。

第三，进行检验，检验相关系数。

$$r=\frac{n\sum xy-\sum x\sum y}{\sqrt{n\sum x^2-(\sum x)^2}\cdot\sqrt{n\sum y^2-(\sum y)^2}}$$

$$=\frac{10\times 4\ 508-157\times 241}{\sqrt{10\times 3\ 013-(157)^2}\cdot\sqrt{10\times 6\ 777-(241)^2}}$$

$$=0.993\ 9$$

取得显著性水平 $\alpha=0.05$，参数为 $n-2=8$。查相关系数临界值表得：$r_0=r_{0.05(8)}=0.632\times 0.9939$，那么 $r>r_0$，说明广告费与商品销售额存在很强的正相关关系。

第四，进行预测。先进行点预测，2014年的广告费预计支出35万元。将其代入方程，有

$$y=3.36+1.321\times 35=49.595\ (\text{百万元})$$

即2014年的商品销售额可达到49.595百万元。再进行区间预测，利用公式 $s=\sqrt{\frac{\sum(y-y_i)^2}{n-2}}$ 计算标准误差，查 t 分布表，最后可得商品销售额的预测区间为 49.595 ± 3.731，即若以95%的置信度预测，当广告费支出为35万元时，商品的销售额在45.864百万~53.326百万元。

项目小结

本项目介绍了市场预测的概念、特征，市场预测的基本原理及原则，市场预测的类型、预测的内容及预测步骤，阐述了定性预测方法及定量预测方法的特点和适用范围，并通过大量的实例对各种预测方法的运用进行了具体的讲解。

通过学习必须了解，预测本身不是目的，它是为决策做支持性服务的，通过合理的预测技术，来降低决策失误概率，提高预测的准确性和精确度。预测的方法有两类，一类是定性预测，侧重于对事物性质的界定和描述，用于把握事物发展变化的方向；另一类是定量预测，主要方法是按照信息资料的时间序列进行预测。要考虑的因素有长期趋势变动因素、季节变动因素、循环变动因素和不规则变动因素。由于变动因素影响的不同，可以采用平均值预测法、季节指数法、趋势外推法等多种方法。

定性预测与定量预测各有其特点，在现实预测工作中通常会结合使用，在涉及总体性、长期性影响和复杂因素过多难以有效控制时，依据个人经验的定性预测更可行，且快速、成本费用低；而进行近期和短期预测时或影响因素清楚时，定量预测能提供更为精确的预测结

果，且能对结果进行误差计算和置信度控制。

课后自测

一、单选题

1. （　　）是根据市场现象的历史资料，运用科学的数学方法建立预测模型，使市场现象的数量向外延伸，预测市场现象未来的发展变化趋势，预计或估计市场现象未来表现的数量。

A. 回归分析预测法　　B. 时间序列预测法
C. 专家判断预测法　　D. 对比类推预测法

2. 以匿名的方式轮番函询专家的意见，最后由预测者进行综合分析，确定市场预测值的预测方法称（　　）。

A. 个人判断法　　B. 集体判断法
C. 德尔菲法　　D. 主观概论法

3. 专家会议法属于哪种预测法？（　　）

A. 定量预测法　　B. 个人经验判断法
C. 专家预测法　　D. 征兆指标预测法

4. 在影响市场现象变动的各因素中，（　　）泛指间隔数年就出现一次的市场现象变动规律。

A. 长期趋势变动　　B. 季节变动
C. 循环变动　　D. 不规则变动

5. 一般来说，加权平均预测法给予近期观察值以（　　）的权数。

A. 较大　　B. 不变　　C. 较小　　D. 1

二、多选题

1. 集合意见法的预测者可以是（　　）。

A. 企业经营与管理人员　　B. 企业内部业务人员
C. 目标市场的消费者　　D. 企业外部业务人员

2. 定量预测具有以下特点（　　）。

A. 预测方法简单，容易推广　　B. 预测结果是真实准确的
C. 必须有完整的历史资料　　D. 不可以与定性预测结合使用

3. 定性预测的不足是（　　）。

A. 不适合内容较多、较复杂情况　　B. 不适合远期预测
C. 不能控制预测结果的误差　　D. 不适合整体预测

4. 在影响市场现象变动的各因素中，长期趋势变动是其中一个。长期趋势变动的具体表现是（　　）。

A. 水平型变动　　B. 趋势型变动
C. 季节变动　　D. 循环变动

5. 定量预测包括（　　）。

A. 专家预测法　　B. 回归预测法

C. 时间序列预测法　　　　　　　　　　D. 主观概率预测法

三、名词解释

定性预测　　定量预测　　德尔菲法　　时间序列预测法　回归分析预测法

四、简答题

1. 市场预测应遵循什么原则?
2. 市场预测中定性预测的方法有哪些?
3. 集合意见法的操作程序是什么?
4. 专家会议法的形式是怎样的? 举例说明。
5. 定量预测法内容有哪些?

五、计算题

1. 某公司历年收入资料如表7-11所示，试分别用加权平均法和简单移动平均法预测2014年的收入。($N=3$)

表7-11　某公司2007—2013年销售收入　　单位：万元

年份	2007	2008	2009	2010	2011	2012	2013
收入	200	230	300	390	450	510	600

2. 某商品2005—2013年的销售额如表7-12所示，取$\alpha=0.5$，请用指数平滑法预测2014年的销售额。

表7-12　某商品2005—2013年销售额　　单位：万元

年份	2005	2006	2007	2008	2009	2010	2011	2012	2013
销售额	1 030	1 100	1 170	1 280	1 340	1 380	1 350	1 420	1 480

3. 某商场2006—2013年洗衣机销售资料如表7-13所示，试用最小平方法拟合直线方程预测2014年、2015年洗衣机的销售量。

表7-13　某商场2006—2013年洗衣机销售量　　单位：万台

年份	2006	2007	2008	2009	2010	2011	2012	2013
销售量	49	58	70	81	90	102	112	127

4. 某企业2008—2013年的销售额及资金需要量如表7-14所示，该企业的生产较稳定，若2014年企业计划销售额达到500万元，利用回归分析预测法预测企业2014年的资金需要量。

表7-14　某企业2008—2013年销售额和资金需要量　　单位：万元

年份	2008	2009	2010	2011	2012	2013
销售额 (x)	380	460	400	480	520	560
资金需要量 (y)	200	240	220	250	280	290

拓展提高

案例 7-1

2016 年中国植保无人机行业发展趋势预测

植保无人机是用于农林植物保护作业的无人驾驶飞机，其通过地面遥控或 GPS 飞控，来实现喷洒（撒）作业，可以喷洒（撒）水剂、种子、粉剂等。其最核心的零部件是动力系统、飞控系统、旋翼系统和喷洒（撒）系统。无人机植保与传统人工施药和地面机械施药相比，在效率、适用性、利用率、安全性、成本等方面具有诸多优势，将是未来主流植保方式。美国、日本等发达国家渗透率在 50% 以上，与国外相比，我国的无人机植保渗透率提升空间巨大，目前仅为 3%。

近年来，随着土地流转的加速、政府补贴的逐步到位，以及无人机相关技术的进步，无人机植保市场将迎来爆发。

自 1990 年日本的第一款植保无人机 Yamaha R50 问世以来，无人机植保在日本快速推广，2010 年无人机植保的渗透率就达到了 50%，进入稳定发展期。我们预估我国完成这一历程可能仅仅需要 10 年的时间。按照我国耕地面积 20. 27 亿亩①计算，我国的无人机植保渗透率仅为 3%。分别以 30%（保守）、50%（中性）和 70%（乐观）来预估我国无人机植保的稳定渗透率。根据我们的调查，一块地一年平均需要无人机植保 3 次（根据作物的种类和病虫害等情况而有所不同）。一架无人机单价约 20 万元，一年平均可作业 2 万亩次。根据包药与否等服务方式的不同，1 亩次作业服务收费 10 ~ 20 元，我们平均取 15 元/亩次折算。保守估计，仅考虑无人机新增需求和植保服务价格稳定，预计 10 年后植保无人机整机市场空间约 300 亿元、植保服务每年市场空间约 500 亿元。未来随着无人机的更新和植保配套服务的完善，这一市场将更加可观。

植保服务另一重大意义在于布局将来的农业信息一体化市场。农业信息化的前提是土地信息的获取，而无人机作为信息化产品，可以在提供植保服务的过程中，同步获取土地信息，非常适合作为农业信息化的媒介。我们认为基于“互联网 +”的农业信息一体化服务将是未来附加值更高的巨量市场。

随着国家对土地流转和土地集约工作的强力推进，以农场主为核心的农场经济会成为我国农业产业化的主体。粗略估计，目前，我国农场主按集约后的土地计算大约有 200 万户，涉及约 5 亿亩耕地，预计未来几年将达到 10 亿亩规模以上，农场主数量预计达到 1 000 万户。农业信息化可以实现因地制宜的精准信息服务，比如农事作业管理服务、育种制种服务、农业保险服务、金融服务、农机服务等。

讨论：运用本项目所学知识分析案例。

资料来源：http：//www. chyxx. com/industry/201603/392522. html.

案例 7-2

仟吉西饼是一家新式的蛋糕西点连锁店，主要开设在市区的繁华商业网点以及高档社区附近，经营品种包括咖啡、各式面包、蛋糕等，由于产品样式新颖、口感纯正，店面形象设

① 1 亩≈666. 7 平方米。

计简洁时尚，可以很方便地进行购买，非常受人们的欢迎。目前，仟吉西饼也面临越来越多的竞争对手和市场的变化。

资料来源：王玉波，刘丽华，张俊．市场调查与预测——情境教程［M］．南京：南京大学出版社，2012.

讨论：如果由你来负责对仟吉西饼未来 5 年进行发展规划，你会对其进行哪些方面的市场预测？

项目训练

市场预测分析

某计算机公司每月的广告费用与销售额的资料如表 7-15 所示，请学生以小组为单位，利用一元线性回归分析预测法等几种定量预测方法为企业下一期广告费投入进行销售额预测，假设广告费投入为 30 万元。

表 7-15　某计算机公司每月的广告费用与销售额的资料　　单位：万元

期数	1	2	3	4	5	6	7	8	9	10	11	12
广告费 X	20	30	40	25	40	20	50	35	25	40	30	50
销售额 Y	370	416	440	395	450	380	510	430	396	470	420	495

实训项目：运用平均数法、中位数法和一元线性回归分析预测法对该企业的下一期销售额进行预测。

实训组织：将学生分成几组，每组选定一种方法进行预测，最后由教师进行评定，并比较各种方法的差异及优缺点。

实训要求：试着运用其他方法，看能否解决此问题。

实训成果：教师应以启发、指导为主，主要由学生体会并得出最终结果。

实训考核：是否能够运用平均数法、中位数法和一元线性回归分析预测法等方法计算出该企业下一期销售额的预测值。按照小组成员的操作给出个人分数，如表 7-16 所示。

附：效果评价表

表 7-16　小组成员个人成绩评价表

小组成员个人成绩 / 小组成员姓名	优秀	良好	中等	及格	不及格
教师评价					

注：考评满分为 100 分，60 分以下为不及格，60 ~ 70 分为及格，71 ~ 80 分为中等，81 ~ 90 分为良好，90 分以上为优秀。

学习收获

项目 8

市场调查报告的撰写与汇报

★知识目标

1. 了解撰写市场调查报告的重要性
2. 掌握市场调查报告的撰写与格式
3. 明确市场调查报告撰写的基本要求

★技能目标

掌握市场调查报告撰写与汇报能力

★情境设置

2018 年，某房地产开发公司进驻某市进行房地产开发，为把握该市未来房地产发展方向，了解居民对房地产市场的需求，通过观察调查法、街头拦截访问法等对该市各楼盘情况以及居民的购买意向、购买动机等方面进行全面调查。项目组从审核整理回收的调查问卷中筛选出有效问卷，在编码录入以后进行了数据分析。最后项目组需要将调查分析的结果撰写成一份市场调查报告，并制作 PPT 进行演示汇报。

在正式撰写调查报告之前，项目组必须明确以下几个问题：第一，根据项目任务的情境确定市场调查的目的、方法和实施情况；第二，灵活运用调查报告写作技巧，撰写报告；第三，制作 PPT 汇报。

★案例导入

约翰得到的教训

在经过了充分的市场调查之后，调查人员往往希望将所收集的大量数据信息及分析结果尽可能详细地写在调查报告中，殊不知，这样会造成信息资料堆砌，使使用者掌握不住内容的重点，从而感到无所适从。

纽约地区的调查人员约翰·斯皮尔伯格（John Speilberg）受该地区最大的一家糖果制造商委托，进行了大约6个月的艰苦调查后，精心准备了一篇长达250页的市场调查报告（包括图表和统计数据）。在向公司3名最高决策者做口头汇报时，他信心百倍，自以为他的报告中有许多重大发现，包括若干可开发的新细分市场和若干产品理念方面的创新。

然而，在听了一个小时的充满事实、数据与图表的汇报后，糖果公司的总经理站起来说道："打住吧，伙伴！我听了一个多小时枯燥无聊的数字，完全给搞糊涂了，我想我并不需要一本比字典还厚得多的报告。明天早晨8点以前务必把一份5页纸的摘要放到我办公桌上。"说完就离开了房间。此时，约翰才知道由于自己没有处理好调查报告的篇幅，得到了职业生涯中一个失败的教训。

资料来源：杜明汉. 市场调查与预测——理论、实务、案例、实训［M］. 大连：东北财经大学出版社，2011.

讨论：

1. 一份市场调查报告应该包括哪些内容？
2. 一份市场调查报告应该具备哪些特点？

任务1　撰写市场调查报告

★任务描述

2017年，某省高校利用市场调查与分析课程的实训教学环节，由20名大学生组成调查项目小组，在该校的万名在校大学生中随机发放大学生消费问题调查问卷500份，对大学生的月消费水平、支出类别及金额、生活资金及来源、社会兼职及目的、家庭收入、自我评价等问题进行问卷调查。之后，项目小组审核整理回收的调查问卷，得到了480份有效问卷，在编码录入后进行了数据分析。最后，项目小组需要将调查及分析结果撰写成一份市场调查报告并提交。在正式撰写市场调查报告之前，调查人员要做哪些准备工作？报告由哪几部分组成？

一、撰写市场调查报告的准备工作

（一）明确市场调查的目的、方法和实施情况

明确市场调查的目的、方法和实施情况是撰写市场调查报告的基本准备工作。每一个市场调查报告都有明确的撰写目的和针对性，即反映情况、指出原因、提出建议，从而为企业的决策部门制定或调整某项决策提供服务。

除了明确市场调查目的外，一份完整的市场调查报告必须交代该市场调查所采用的方法，比如抽样、资料收集、统计整理是怎样进行的；还必须陈述该市场调查具体的实施情况，比如有效样本数量及分布、操作进程等。

例　本次大学生消费调查的目的是了解大学生的消费状况，采用问卷调查法，发放了500份问卷，回收有效问卷480份。

（二）落实写作材料

落实写作材料是撰写市场调查报告的基础和中心准备工作。一份市场调查报告是否具有较高的决策参考价值，很大程度上取决于其写作材料的数量及质量。

整理与调查有关的第一手资料和第二手资料，还必须对所取得的各种相关资料加以初步的鉴别、筛选、整理以及必要的补充，从质量上把好关，争取使撰写的材料具有客观性、针对性、全面性和时效性。

（三）整理统计分析数据

要认真研究数据的统计分析结果。可以先将全部结果整理成各种便于阅读比较的表格和图形。在整理这些数据的过程中，对调查报告中应重点论述的问题自然会逐步显现出来，形成思路。

对难以解释的数据，要结合其他方面的知识进行研究，必要时可针对有关问题找专家咨询或召开小范围的调查座谈会。

（四）确定调查报告类型及阅读对象

调查报告有多种类型，如一般性报告、专题性报告、研究性报告、说明性报告等。一般性报告就是对一般调查所写的报告，它要求内容简单明了，对调查方法、资料分析整理过程、资料目录等做简单说明，结论和建议可适当多一些。专题性报告是为特定目的进行调查后写的报告，它要求报告详细明确，中心突出，对调查任务中所提出的问题作出回答。为企业所做的调查，通常用的是一般性报告和说明性报告。

调查报告还必须明确阅读对象，阅读对象不同，他们的要求和所关心的问题的侧重点也不同。所以，在撰写报告前要根据具体的目的和要求确定报告的风格、内容和篇幅。

（五）构思调查报告

在动笔前须有一个构思过程，也就是凭借调查所收集到的资料，初步认识调查对象，经过判断推理，提炼出调查报告主题。在此基础上，确立观点，列出论点和论据，考虑文章的内容与结构层次，拟定提纲。构思的各个环节所要达到的基本目标分别如下：

（1）凭借调查所收集的资料，初步认识调查对象。经过对调查对象多侧面、多层次的深入研究把握调查对象的一般性规律。

（2）提炼调查报告主题。在认识调查对象的前提下确立调查报告的主题，即调查报告的主基调。主题的提炼是构思阶段异常重要的一环，其准确与否直接关系到最终报告的方向性。因此，主题的提炼应力求准确，在此基础上，还应该深刻、富有创见性。

（3）确立观点，列出论点和论据。在主题确立后，对收集到的大量资料，经过分析研究，逐渐消化、吸收，形成概念，再通过判断、推理，把感性认识提高到理性认识，然后列出论点、论据，得出结论。观点是调查者对分析对象所持有的看法和评价，是调查材料的客观性与调查者主观认识的统一体，是形成思路、组织材料的基本依据和出发点。要从实际调查的情况和数字出发，经过具体分析提炼出观点，并用简单、明确、易懂的语言阐述。

例　本次调查的项目小组形成的针对调查对象的调查报告的主要观点为：

①消费平均水平趋于合理，但个别呈现两极分化。

②消费整体趋于理性，存在消费结构不合理成分。

③独立意识相对较低，对家庭依赖度较高。

④自我价值实现意识强，投资支出占比大。

（4）拟定调查报告提纲。提纲是调查报告的骨架，可以帮助理清思路。调查报告提纲可以从层次上列出章节形式的条目提纲，或者列出各章节要表述的观点。一般先拟定提纲框架，把调查报告分为几大部分。然后在各部分中再充实，按次序或轻重，横向或纵向细化提纲。提纲越细，表明调查者的思路越清晰，同时也便于对调查报告进行调整。

例 本次调查项目调查报告提纲

前言：概述调查的意义与目的。

第一部分：陈述问卷调查的情况。内容包括问卷涵盖的问题、样本的获取方法及样本数量、有效问卷数等。

第二部分：调查数据的统计分析。说明数据处理的方法，分析数据的主要计算统计分析结果，涉及消费总额及结构比例分析、收入情况分析、通信与交友情况分析、社会兼职及收入分析、自我评价分析等。

第三部分：调查结果分析。就调查数据统计分析结果，结合访谈资料，分析大学生消费不合理现象，并进行成因分析。

第四部分：结论与建议。就分析结果提出引导大学生理性消费的建议，从家庭、社会、政府、学校四方面论述。

（六）选择材料

市场调查报告的材料可分为两种：一种是从调查中得来，但还未经整理、鉴别、筛选的材料，这是素材；另一种是通过整理、鉴别、筛选后写进文章的材料，这是题材。

市场调查报告材料的选择应十分严格，特别要注意以下几点。

（1）材料的真实性。对写进文章的材料，必须进行去粗取精、去伪存真的选择。

（2）数据的准确性和精确性。调查报告往往是从数据中得出观点，由数据来证实观点。数据有差错或不精确，必然影响到观点的正确性。

（3）材料要有个性。写进调查报告的材料，主要应当是在这一次调查中发现的对这个项目有价值的材料。如果材料缺乏个性，那么这篇调查报告也就失去了应有的价值。

二、明确市场调查报告的特点

市场调查报告是对市场的全面情况，或某一侧面、某一问题进行调查研究之后撰写出来的，是针对市场状况进行的调查、分析与研究，有着不同于其他报告的特点，具体表现在以下三个方面。

（一）针对性

针对性主要包括两个方面：①调查报告必须明确调查目的。任何调查报告都是目的性很强的，是为了解决某一问题，或是为了说明某一问题，因此撰写调查报告时必须做到目的明确、有的放矢，围绕主题展开论述。②调查报告必须明确阅读对象。阅读对象不同，他们的要求和所关心的问题的侧重点也不同。

（二）新颖性

市场调查报告应紧紧抓住市场活动的新动向、新问题，引用一些人们未知的通过调查研究得到的新发现，提出新观点，形成新结论。只有这样的调查报告才有实用价值，达到指导企业营销活动的目的。

（三）时效性

调查报告必须讲究时间效益，做到及时反馈，只有及时到达使用者手中，使决策跟上市场形势的发展变化，才能发挥调查报告的作用。

三、市场调查报告的撰写

市场调查报告包括开头、主体、结尾三大部分，如图 8-1 所示。

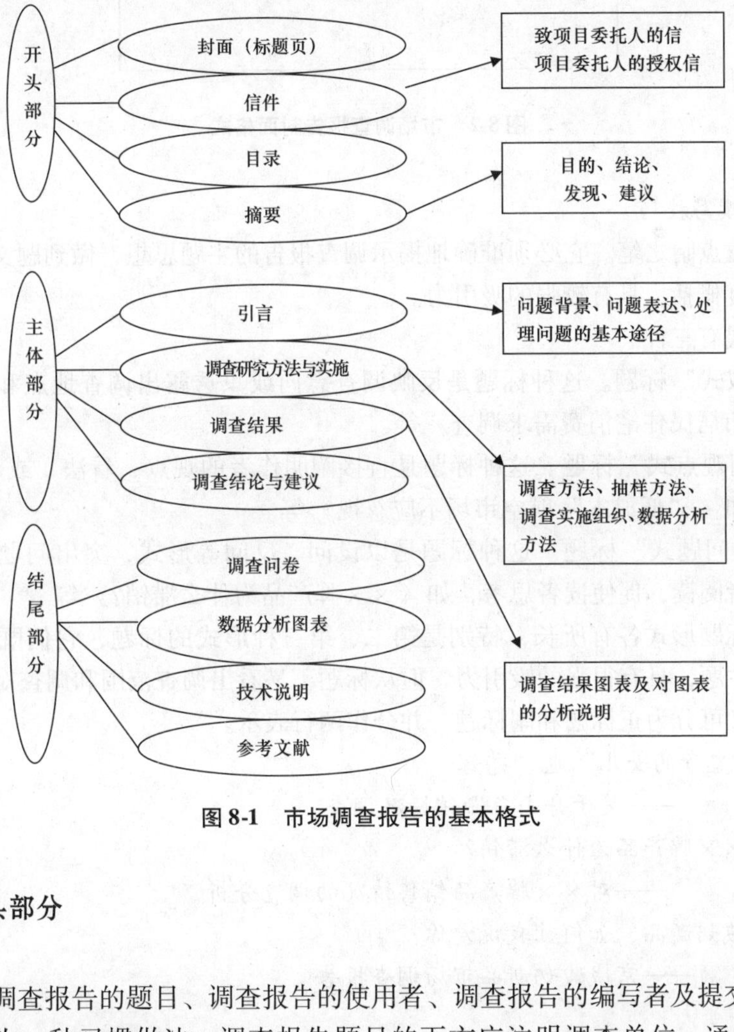

图 8-1　市场调查报告的基本格式

（一）开头部分

1. 封面

封面包括调查报告的题目、调查报告的使用者、调查报告的编写者及提交调查报告的日期等内容。作为一种习惯做法，调查报告题目的下方应注明调查单位、通信地址、电话、E-mail、报告提出日期，然后注明报告主送单位，如图 8-2 所示。

××市 2017 年房地产市场调查报告

调查单位__________________

通信地址__________________

电　　话__________________

E-mail__________________

报告提出日期__________________

报告主送单位__________________

图 8-2　市场调查报告封面格式

2. 标题的撰写技巧

标题是画龙点睛之笔。它必须准确地揭示调查报告的主题思想，做到题文相符。标题要简单明了，高度概括，具有较强的吸引力。

标题的形式有三种。

（1）“直叙式”标题。这种标题是反映调查意向或只透露出调查地点和调查项目的标题，如《××市居民住宅消费需求调查》等。

（2）“表明观点式”标题。这种标题是直接阐明作者的观点、看法，或对事物的判断、评价的标题，如《“低成本”航空市场不应忽视》等。

（3）“提出问题式”标题。这种标题是以设问、反问等形式，突出问题的焦点和尖锐性，以吸引读者阅读，促使读者思考，如《××牌产品为什么滞销?》等。

以上几种标题形式各有所长，特别是第二、第三种形式的标题，它们既表明作者的态度，又揭示了主题，具有很强的吸引力，但从标题不易看出调查范围和调查对象。因此，这种形式的标题又可分为正标题和副标题，并分作两行表示。

例　（1）“皇帝的女儿”也“愁嫁”

——关于舟山鱼滞销情况调查

（2）××牌产品为什么滞销?

——对××牌产品销售情况的调查分析

（3）酸奶新品，如何让我说爱你?

——京城酸奶新品市场调查报告

3. 委托信

委托信是调查客户在调查项目正式开始之前写给调查者或机构的，具体表明了客户对调查者的要求。

4. 目录

目录是整个调查报告的检索部分，便于读者了解调查报告的结构，有利于读者阅读某一部分内容。如果可能，目录应当力求详细。国外调查报告的惯例是将文字、表格和图形分别编写目录，这样如果读者不需要阅读某些文字，而只需检索某一张表格，也可以很轻松地找到想要阅读的内容。这种方法在国内的调查报告中也可以应用。

例 市场调查报告目录

5. 摘要

摘要就是为没有大量时间阅读整个调查报告的使用者（特别是高层管理人员）或者由于不具备太多的专业知识，只想尽快了解调查报告的主要结论以及进行怎样的市场操作的阅读者准备的。

调查报告摘要具体包括四个方面的内容。

（1）简要说明调查目的。

（2）介绍调查对象和调查内容，包括调查时间、调查地点、调查对象、调查范围、调查要点及所要解答的问题。

（3）简要介绍调查研究的方法。

（4）简要说明调查结论与建议。

一般来讲，调查报告的摘要撰写有以下要求：从内容来讲，要做到清楚、简洁和高度概括，其目的是让阅读者通过阅读摘要不但能了解本项目调查的全貌，同时对调查结论也有一个概括性的了解；从语言文字方面来讲，应该通俗、精练，尽量避免使用生僻的字词或过于专业性、技术性的术语。摘要一般在完成报告后撰写。

★案例

中国城市青年价值观念及生活形态调查报告摘要

当代中国城市青年生于改革开放之初，成长于社会转型时期。经济和文化的飞速发展在他们身上打下了极深的时代烙印。因此，这一代青年无论是在价值观念、行为方式还是消费方式上均发生了深刻的变化。

《父母必读》杂志与北京新生代市场监测机构联合对“当代中国城市青年价值观念及生活形态”进行了调查，并希望借此调查帮助社会各方面对当今的中国城市青年有更全面的了解。

此次调查采取实地问卷调查的方法进行，调查样本取自北京、上海、广州、深圳、成都、武汉、西安、沈阳等8个城市，共回收有效问卷940份。

通过研究发现，当代城市青年的价值观念及生活形态具有以下特点。

1. 价值观念趋于理性和务实

当代城市青年一个重要的变化就是从理想向现实的转变。他们比较注重个人利益和欲望满足，但在涉及集体利益与个体利益关系的问题上，集体取向的价值观仍得到多数青年的认同。对奉献与索取，多数人同意“奉献与索取应该是平等的”，表现出了一种在奉献与索取之间寻求兼顾的可能性的务实倾向。在人生幸福和理想方面，事业和家庭并重是多数城市青年的选择。在选择衡量个人价值标准时，能力和知识则成为主要标准。

2. 面对现实，希望与压力并存

当代城市青年是一个自信、不断追求个性与独立的群体。从总体来看，他们对现状比较满意，对未来预期乐观，充满信心和希望。同时，青年期是个体发展的重要时期，在这一时期往往面临许多来自内外部的压力。总的来看，当代城市青年的压力主要来自工作、经济方面。面对压力，他们已经具有一定的承受能力，多数人能够主动寻求社会支持，采取有效措施调节自己，缓解压力。

3. 交友真诚，视野开阔

当代城市青年拥有开放的心态。他们愿意与周围的人真诚相处，互相关心，互相帮助；他们与朋友的沟通方式具有这个时代的明显特征，电话沟通、手机短信和网络交流成为主要的沟通方式。同时，在信息急剧膨胀的时代，当代城市青年通过电视、网络和报纸等多元化的信息渠道来获取丰富的信息，不断关注变化中的世界。

4. 自主消费，时尚为先

当代城市青年具有独立的消费能力，每月平均的总支出为1 274元。由于多数人刚开始工作和社交，所以，在消费上以吃喝玩乐为主导，而在自我发展方面的开支几乎微不足道。在消费取向上，他们大多追求流行和时尚。同时，重视品牌和产品质量也是这批青年共同的消费特征。

5. 在传统与现代的婚姻家庭观念中寻找平衡点

当今城市青年的婚恋观念仍然保留中国人传统的特点，同时对于网恋、婚外情等非传统的婚姻观念，不少青年也能够接受。在择偶标准上，他们已打破传统的“门当户对”的观念，择偶时比较关注对方的人品以及两人是否相爱和投缘等因素。就结婚年龄而言，晚婚似乎已成为当今城市青年中的普遍现象，打算结婚的平均年龄在27～28岁。对于养育孩子，他们有自己的看法，认为应该给予孩子更多的理解和尊重。

资料来源：http：//www. docin. com/p－2099072910. html.

（二）主体部分

1. 引言

好的引言，既可使报告分析顺利展开，又能吸引读者。引言的形式一般有以下几种。

（1）开门见山，揭示主题。先交代调查的目的或动机，揭示主题。

例 我公司受北京××电视机厂的委托，对消费者进行一项有关电视机的市场调查，预测未来几年大众对电视机的需求量及需求的种类，使××电视机厂能根据市场需求及时调整其产量及种类，确定今后发展方向。

（2）结论先行，逐步论证。先将调查结论写出来，然后再逐步论证。

例 ××牌收款机是一种高档收款机，通过对××牌收款机在××市各商业部门的拥有、使用情况的调查，我们认为它在××市不具有市场竞争能力，原因主要有以下几个方面……

（3）交代情况，逐层分析。先介绍背景情况、调查数据，然后逐层分析，得出结论。也可先交代调查时间、地点、范围等情况，然后逐层分析。

例 本次对香皂的购买习惯和使用情况的调查，调查对象主要集中于中青年，其中青年（20～35岁）占55%，中年（36～50岁）占25%；老年（51岁以上）占20%；女性占70%，男性占30%……

（4）提出问题，引入正题。

例 从去年下半年开始，随着康师傅方便面的上市，各种方便面如统一、白象、今麦郎等品牌如雨后春笋般涌现，面对种类繁多的品牌的竞争，我们如何立于不败之地？带着这些问题，我们对北京市部分消费者和销售单位进行了调查。

例 从××××年×月开始，随着3G手机iPhone 4的上市，各种3G手机如××、××、××、××等品牌的手机如雨后春笋般涌现，面对种类繁多的3G手机，作为“上帝”的顾客该如何选择？厂家该如何在激烈的竞争中立于不败之地？带着这些问题，我们对×市部分消费者和销售单位进行了调查。

2. 调查方法

调查方法指出用什么方法对调查资料进行汇总、整理和统计分析。一般情况下，调查方法部分不需要太长，但应提供必要的信息，使阅读者了解调查数据是怎样收集的以及调查结论是怎样得出的。

例 这次微波食品的调查方式主要采用抽样调查的方式，调查方法采用拦截访问法与入户访问法。

例 关于Internet Shop市场调查的研究方法

本次调查主要在各校校园及学生寝室进行，以问卷调查的形式为主，采用配额抽样的调查方式。采用的调查方法是：进入学生寝室进行入户访问或留置调查问卷，在校园内进行拦截访问。

3. 调查结果

调查结果部分是调查报告的主要内容。在一份调查报告中，调查结果应以陈述形式进行表述，并配以图表，以进一步支持和加强对结果的解释，还要对图表中数据资料所隐含的趋势、关系或规律加以客观描述。

例 关于消费者“最喜欢吃哪种配料的方便面”的调查结果如图8-3所示。结果表明，偏好牛肉配料的消费者占比最高，达43.7%。由此可见，多数消费者对牛肉面情有独钟，这与餐厅面食消费中牛肉面一般较受欢迎的消费状况一致。虽然偏好清淡型的消费者占比不高，但是清淡口味的方便面花样却丰富得多，如添加排骨、海鲜或鸡肉等配料。调查数据显示，喜爱这三种配料的消费者占49.5%。这样看来，清淡口味的面也有一定的市场份额。

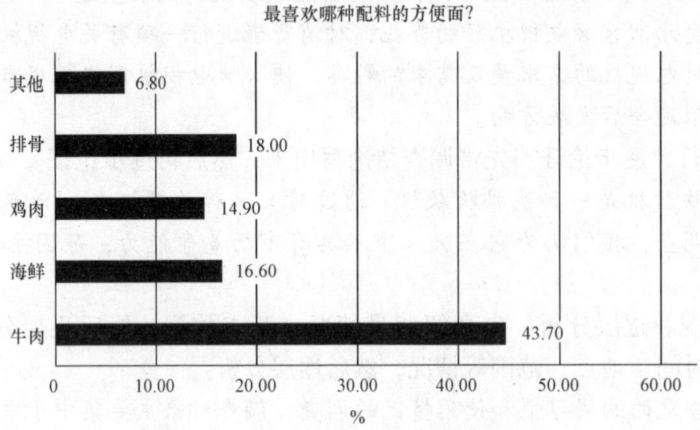

图8-3　消费者对不同配料方便面的喜好程度

【参考建议：在保持传统特色的基础上不断推出适合消费者口味的新品种，是一件值得探索和尝试的事情。】

例　对楼盘功能卖点方面的调查结果如图8-4所示。现在，随着生活水平的日益提高，通过购房改善居住条件的人也多了起来，他们购房不仅仅关注房屋本身的有形因素，同时也关注很多无形因素。调查显示，楼盘各种功能卖点所占的比重分别为：地理位置优越占10.97%；周边环境好占23.84%；物业管理好占13.35%；价格实惠占15.97%；户型设计优秀占12.75%；景观、户型朝向好占11.20%；小区配套设施完善占6.20%；建筑质量好占5.72%。

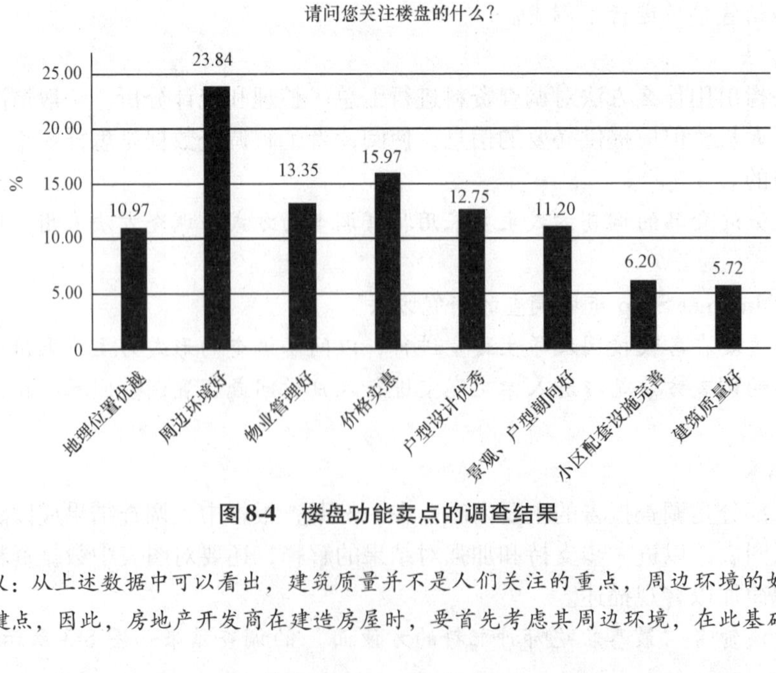

图8-4　楼盘功能卖点的调查结果

【参考建议：从上述数据中可以看出，建筑质量并不是人们关注的重点，周边环境的好坏成为人们购房时考虑的关键点，因此，房地产开发商在建造房屋时，要首先考虑其周边环境，在此基础上做好物业管

理以及户型、景观设计，使之物美价廉。】

例 关于贵州商学院“人才培养需强化的能力”的调查结果如图8-5所示。团队合作能力高居榜首，占到了68.75%；计算机技能（43.75%）和外语应用能力（56.25%）亟待加强；创新能力（43.75%）与实践动手能力（37.5%）还非常欠缺。其他各项能力也是各单位非常看重的，各单位对学生综合素质要求越来越高。

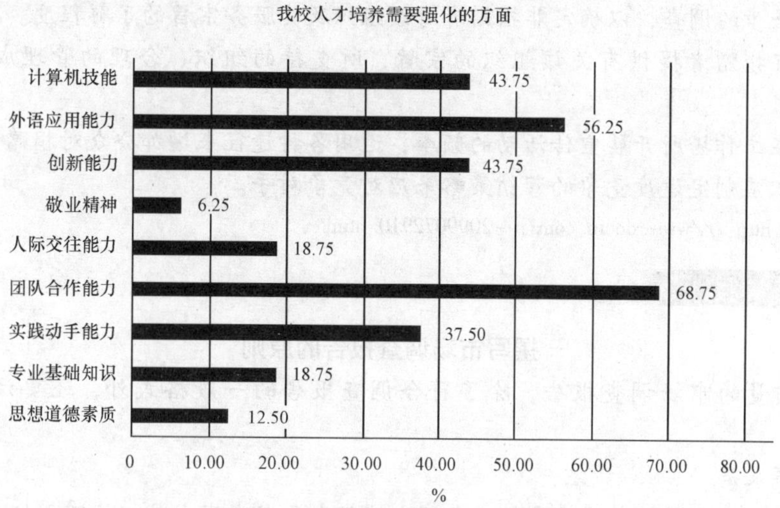

图8-5 人才培养需要强化的能力

【参考建议：根据贵州商学院学生生源特点（农村生源占绝大多数）可知，学生在能力上，特别是在人际交往能力、创新能力方面与企业需求有差距。而从上述数据可以看出，在对学生进行专业技能培养的同时，不能忽视对学生综合能力素质的培养，这为学校的教学改革指明了方向。】

4. 结论及建议

结论及建议是阅读者最关注的部分。应根据调查结果总结结论，并结合企业或客户情况提出其所面临的优势与困难，提出建议即解决方法。

结论及建议有以下几种表现形式。

（1）概括全文。综合说明调查报告的主要观点，深化文章的主题。

（2）形成结论。在对真实资料进行深入细致的科学分析的基础上得出报告结论。

（3）提出看法和建议。通过分析，形成对事物的看法，在此基础上，提出建议或可行性方案。

结论及建议的语言要简明扼要，使读者明确题旨，加深认识；参考报告中的信息对建议进行判断、评价，能够启发读者思考和联想。

结论及建议与正文部分的论述要紧密对应，不可以提出无证据的结论，也不要做没有结论性意见的论证。同时，这部分内容要具有可行性和可操作性，且有应用价值。

★案例

关于某慈善组织调查报告的结论及建议

结论：

1. 消极印象并不是影响捐赠与否的主要因素，积极印象也不一定会转化为捐赠行动。

2. 非捐赠者缺少关于组织的足够信息。

3. 对该组织及其所属机构缺乏了解。

4. 被调查者认为该组织在管理上花费了过多的捐赠资金。

5. 该组织面临对有限的捐赠资金的竞争。

建议：

1. 做进一步的调查，以确定非捐赠者对该组织及其服务宗旨的了解程度。

2. 向潜在捐赠者提供有关该组织的宗旨、所支持的组织、合理的管理成本等方面的信息。

3. 加大在工作场所开展宣传活动的频率，运用各种途径来增加公众对捐赠方法的了解。

4. 该组织应制定适度竞争的营销策略来应对竞争对手。

资料来源：http：//www. docin. com/p－2099072910. html.

★相关链接

撰写市场调查报告的原则

一份高质量的市场调查报告，除了符合调查报告的一般格式外，还要注意以下一些原则。

一、实事求是

市场调查是为了揭示事情的真相，在调查过程中要求实事求是，按照严格的程序进行科学的研究，克服个人偏见和主观影响。因此，作为市场调查结果的调查报告也必须真实、准确，要以实事求是的科学态度，准确而全面地总结和反映调查结果。这就要求市场调查报告所使用的信息资料必须符合客观实际，不能有任何虚假内容。同时，要注意信息资料的全面性，避免因结论和建议的片面性对决策造成误导。

二、重点突出

市场调查报告的内容编排应该密切结合调查宗旨，重点突出调查目标完成和实现的情况。一份高质量的调查报告既要具备全面性、系统性，又要具备针对性和适用性，因此，在撰写调查报告时必须对信息资料进行严格分类和筛选，剔除一切无关资料。

三、篇幅适当

调查报告的价值需要以质量和有效性度量，而非篇幅的长短。因此，在撰写调查报告时，应根据调查目的和调查报告内容的需要确定篇幅的长短。市场调查阶段积累的大量信息资料虽然弥足珍贵，但如果全部纳入调查报告必然会使调查报告的内容冗长繁杂，阅读者难以领会重点，甚至产生反感。因此，调查报告篇幅的长短，内容的取舍、详略都应该根据需要确定。

四、解释充分

调查的目的在于利用丰富的调查信息资料说明市场现象所蕴含的特征、规律和趋势，这些信息资料所蕴含的市场特征、规律和趋势并非每个人都能领会的，需要调查人员运用专业知识和科学理论进行解释。一份高质量的调查报告应该充分利用统计图表、统计数据等各种形式的表现方法来说明和显示，让阅读者更容易接受和认同。

五、便于阅读

为了提高可读性，调查报告应做到版面设计合理、语言简洁。同时，任何调查报告的阅读和使用都有其特定的对象，因此要结合不同对象的工作性质、文化程度等因素来确定调查报告的写作风格。

（三）结尾部分

市场调查报告的结尾部分由附录组成。

附录是指调查报告正文包含不了或没有提及，但与正文相关、必须附加说明的部分，它是对报告正文的补充或更详尽的说明，以备读者参考。附录的目的是列入尽可能多的有关资料，这些资料可用来论证、说明或进一步阐述已经包括在报告正文内的资料。每个附录都应有编号。

附录中包括所有技术性较强和细节性的材料，供那些关心调查技术方面的主管人员或专家阅读。通常附录中包括以下内容。

（1）调查方案。

（2）调查问卷。

（3）抽样方案。

（4）统计分析和计算的细节。

（5）一些技术问题的讨论。

（6）数据汇总表。

（7）原始资料背景材料。

（8）必要的技术工作报告。

（9）参考文献。

任务2　市场调查报告的口头报告

★任务描述

绝大多数市场调查项目在准备和递交书面报告之前或之后都要作口头报告，它可以简化为与使用者进行的一次简短会议，也可以正式向董事会作一次汇报。不管如何安排，有效的口头报告均应以听众为中心，充分了解听众的身份、兴趣爱好、教育背景和时间等，精心安排口头报告的内容。可以借助投影仪等，尽可能“直观”地向听众进行传达，以求取得良好的效果。

一、口头报告的准备

口头报告是一种直接沟通方式，它更能突出强调市场调查的结论，使相关人员对市场调查的主题意义、论证过程有一个清晰的认识。口头报告的优点：①时间短，见效快，节省决策者的时间与精力；②听众对报告的印象深刻；③口头报告后可以直接进行沟通和交流，提出疑问和做出解答等。

口头报告可以帮助调查组织者达到多重目的。

如有可能，应从市场调查人员当中抽选数人同时进行口头报告，各人可根据不同重点轮流发言，避免重复和单调，还应该留出适当时间，让听众有机会提问。

例 大学生消费情况调查组成员在完成调查报告之后，为了达到良好的沟通效果，专门召开调查组成员会议，确定调查结果沟通需要提交的材料、内容、方式等。

调查组成员就需要做的准备工作进行了分工，协作完成以下工作。

1. 汇报提要

为每位听众提供一份关于汇报流程和主要结论的汇报提要。提要应留出足够的空白，以便于听众做记录或评述。

2. 视觉辅助

使用笔记本电脑、投影设备制作演示稿，内容包括摘要、调查方案、调查结果和建议概要。

3. 调查报告的复印件

调查报告是调查结果的一种实物凭证，鉴于调查者在口头报告中省略了调查报告的许多细节，为委托者及感兴趣者准备调查报告的复印件，使其在听取口头报告前就能思考所要提出的问题，对感兴趣的环节仔细阅读等。

4. 强调介绍的技巧

（1）注意对会场的选择、布置。

（2）语言要生动，注意语调、语速等。

（3）注意表情和形体语言的运用。

二、使用演示软件制作市场调查报告

最近几年，为了更有效地作口头报告，很多市场调查人员都使用演示软件，主要使用微软公司的 PowerPoint，因为这种软件可方便地让分析人员进行下述工作：

（1）利用多种字体和字号创建项目图表，并且可以进行字体加粗、变斜体、添加下画线等操作。

（2）可以创建出多种不同类型的、可用于展示特定调查情况的图形（如饼状图、柱形图、扇形图等），而且只需单击鼠标就可以对这些图形进行修改和测试。

（3）在演示及切换幻灯片时，有多种动画效果，还可以在幻灯片中插入声音、视频（项目组分析的现场录像）。

事实上，使用图表展示信息比用文字更有效、更具说服力，而且调查委托方一般都指明报告应以图表为基础，要求尽量少使用文字。

例 调查组成员制作了关于大学生消费情况调查的汇报演示文稿，文稿中插入了关于典型调查问卷、调查地点、访谈对象的一些图片，插入了消费水平及支出情况调查数据的统计表、条形图、饼状图，重点介绍了调查的结论与建议，并进行了可信度论证。之后，调查组成员携带准备好的资料参加专门的会议，调查组组长作了项目策划与实施汇报。

★相关链接

口头报告的主要内容

与书面报告相似，口头报告要针对听众来确定报告的内容和形式。如果听众是企业管理人员，应当主要报告调查的发现、结论和建议。如果是向商务咨询人员作报告，则不仅要报告调查结果，还要对调查分析方法等做必要的说明。在口头报告的具体内容上，研究人员应该围绕以下几个问题进行论述。

调查数据的真正含义是什么？这些数据有哪些冲击性？能从这些数据中得到什么信息？在现有信息的基础上，我们要做什么？如何才能提高对事物本质的认识？怎么使类似的信息更加有益？

在作口头报告时，切忌按照事先写好的发言稿宣读，而应该使用口语化的、简明的词句来表述调查成果。报告者还要注意，在作报告的时候要与听众交流，注意听众的反应，并且要充分利用肢体语言强调报告内容的重要性。

三、作口头报告应注意的问题

口头报告是否能够达到目的取决于许多因素，这些因素主要有以下几点。

1. 按照书面报告的格式准备好详细的报告提纲

采用口头报告方式并不意味着可以随心所欲、信口开河，它同样需要有一份经过精心准备的提纲，包括报告的基本框架和内容，并且其内容和风格要适合听众的身份。这就要求报告者首先要了解听众的情况，包括他们的专业技术水平如何、他们理解该项目时存在哪些困难、他们的兴趣是什么等。

2. 采用通俗易懂的语言

口头报告要求语言简洁明了，通俗易懂，要有趣味性和说服力。如果报告的问题较为复杂，可先做一个简要概括的介绍，并运用声音、眼神和手势等的变化来加深听众的印象。

3. 采用清晰的图形表达

用计算机做出的图形可以增强口头报告的效果，但要保证图形清晰易懂，一张图上不要有太多的内容，以便听众能有一个清晰的认识。

4. 作报告时要充满自信

有些人在作报告时过多使用谦辞，这是不明智的。过多使用谦辞既说明了报告者的准备不充分，又浪费了听众的宝贵时间。另外，报告时要尽量面对听众，不要低头或者背对听众。与听众保持目光接触，可以表现报告者的自信，同时也有助于把握听众的理解程度。

5. 把握回答问题的时机

在报告进行时最好不要回答问题，以免出现讲话的思路被打断、时间不够用等现象，应在报告结束后，再请听众提问和进行解答，以便更清楚地表达报告者的思想。

6. 把握好报告的时间

应根据报告的内容和听众来确定报告的时间。时间过短，往往不能表达清楚报告者的思想；时间过长，容易引起听众的不耐烦，所以要在适当的时间内完成报告。

项目小结

根据市场调查业务活动顺序，本项目主要是前面任务的成果体现——撰写市场调查报告。调查报告是充分体现调查质量的关键环节，调查报告的内容、写作质量和提交方式决定了能否卓有成效地将市场调查人员的成果传达给有关的公司或政府部门的决策人员，使他们利用这些市场调查成果开展工作。很多时候还需要将调查报告的结果向管理层或委托人作口头报告，同时，调查人员可以针对委托人提出的问题及时做出解答，因此口头报告非常重要，它是达成有效沟通的一种重要方式。

课后自测

一、单选题

1. (　　) 是市场调查报告内容的浓缩点。

A. 题目　　B. 摘要　　C. 目录　　D. 调查结论

2. (　　) 是市场调查报告的主要部分。

A. 目录　　B. 扉页　　C. 正文　　D. 摘要

3. 以下不属于口头报告特点的是 (　　)。

A. 能用较短的时间说明所需调查的问题
B. 生动，具有感染力
C. 不能与听众直接交流
D. 具有一定的灵活性

4. “关于我国空调市场的调查” 属于 (　　) 标题。

A. 直叙式　　B. 表明观点式　　C. 提出问题式　　D. 引起注意式

5. 以下不属于口头报告优点的是 (　　)。

A. 时间短，见效快，节省决策者的时间与精力
B. 听众对报告的印象深刻
C. 口头报告后可以直接进行沟通和交流，提出疑问，并做出解答等
D. 可以有更多的空间自由发挥

二、多选题

1. 在市场调查报告中应该体现下列哪些内容？(　　)

A. 解释调查原因　　B. 陈述调查内容
C. 指明调查方法　　D. 展示调查结果

2. 市场调查报告的特点有 (　　)。

A. 针对性　　B. 求实性　　C. 创新性　　D. 时效性
E. 科学性

3. 现在常用的市场调查报告一般包括 (　　) 等几部分。

A. 标题　　B. 目录　　C. 概要　　D. 正文
E. 结论和建议

4. 调查结果的演示方式有 (　　)。

A. 幻灯片　　B. 悬挂式投影仪
C. 计算机生成的图像、图形　　D. 自制的图表或展示板

5. 按照调查的沟通方式，调查报告可分为 (　　)。

A. 咨询报告　　B. 口头报告
C. 书面报告　　D. 对策型调查报告

三、名词解释

市场调查报告　口头报告　调查报告的针对性　调查报告的时效性

四、判断题（下列说法正确的请打“√”，错误的请打“×”）

1. 市场调查报告是为管理部门、企业服务的一种重要工具。（　）
2. 市场调查报告是从理性认识到感性认识过程的反映。（　）
3. 市场调查报告需要灵活掌握报告格式、详略程度等。（　）
4. 市场调查报告最基本的特点是尊重客观实际，用事实说话。（　）
5. 口头报告可以随意发挥，不用准备提纲。（　）

五、简答题

1. 市场调查报告由哪几部分组成？
2. 市场调查报告摘要包括哪几方面内容？
3. 市场调查报告有什么特点和作用？
4. 如何做好撰写市场调查报告前的准备工作？
5. 撰写市场调查报告应注意哪些原则？

拓展提高

案例8-1

武汉葡萄酒市场调查报告

一、调查目的

1. 初步了解样本市场——主要大型商场和超市甜型葡萄酒的市场现状，分析武汉市场甜型葡萄酒的整体情况。

2. 收集样本市场不同品牌葡萄酒的市场分布、销售价格、销售状况以及同一品牌葡萄酒的产品分类、销售价格、销售状况，并进行对比分析，寻找武汉市场的最佳突破点。

3. 了解样本市场消费者对葡萄酒的需求层次、品牌认知程度。

4. 了解样本市场消费者的饮酒（葡萄酒）类型、习惯、场合、男女比例、年龄层次等因素，挖掘潜在市场消费者。

二、调查方法

1. 对大型商场、超市进行走访和调查。

2. 对部分大型商场、超市促销员进行个别访谈调查。

3. 对部分大型商场、超市消费者进行个别访谈调查。

4. 在互联网上查找资料进行补充。

三、调查概况

对样本市场的主要大型商场和超市进行了市场走访和调查。此次调查的大型商场和超市包括中南超市、亚贸超市、中百仓储超市（武昌珞狮路店）、徐东平价超市、麦德龙超市（徐东店）、好又多超市（民意广场）、家乐福超市（武胜路十升店）、武商千禧龙超市、武汉广场、世贸广场、华联超市（汉阳店）等。它们是武汉市场知名度较高的商场和超市，几乎垄断了武汉市场大部分百货零售和批发业务；另外，它们分布于武昌、汉口、汉阳，由点及面辐射整个武汉三镇。因此，上述调查的样本可以比较真实地反映武汉市场葡萄酒销售现状。

本次调查普遍感到消费者在选择甜型葡萄酒时较为看重产品品牌、包装、价位和容量。以上四点是促成消费者购买某一品牌甜型葡萄酒产品的主要因素。而在选择档次较高的干红葡萄酒时则更注重品牌，对品牌似乎已经产生了一定的忠诚度。张裕、王朝等强势品牌，无论其甜型葡萄酒还是其干红葡萄酒都在武汉市场取得了不错的销售业绩。但是如果加上促销手段，那么情况就会有一定的变化。例如，威龙系列产品历来是人们公认的低档产品，但是在武汉一些卖场开展了买一送一的促销活动，销售量就立刻超过了另外几大品牌。

在武汉市场，葡萄酒的主要品牌排序：张裕、长城、王朝、威龙。张裕大约占30%的市场份额。

甜型葡萄酒的市场适应面较干红要广，消费群体要大。因为在调查过程中发现，女性和一般不胜酒力的群体对甜型葡萄酒更加青睐。而在一般的家庭消费中，为了适应全家所有人的口感，购买时选择甜型产品的可能性较干红要大。

四、调查内容（结果）

1. 主导产品品牌情况

（1）国内品牌（略）

（2）国外品牌（略）

2. 销售情况

从样本市场上了解到：在春节期间，高档干红的销量较好，甚至出现了供不应求的局面。消费者购买干红主要认定的是品牌知名度，张裕的赤霞珠干红、长城的三星干红、王朝的金王朝干红成为市场销售的主流。消费者购买后主要用于送礼、朋友聚会、家人吃团圆饭。这一方面体现了档次，另一方面也体现了饮用葡萄酒的激情氛围。到了3月份，葡萄酒的销售主流则为甜型葡萄酒。消费者购买这些产品主要是因为其价格较低、容量较大、味道较好，而且酒精度也不是很高。在样本市场中，甜型葡萄酒销量较好的为张裕天然红、白葡萄酒，威龙鲜汁全汁葡萄酒，狮王小利口红葡萄酒，通化原汁葡萄酒等。这些葡萄酒的价格普遍在5～12元，口味淡雅，甜度适中，能被大多数消费者接受。

3. 消费者调查

从总体上看，约有6成的消费者饮用葡萄酒的原因是“在特定场合下调节气氛”，约有两成的消费者是由于产品的“保健作用”。饮用目的随年龄的不同有显著的差别。分析表明，在35岁以下的消费者中，62%的消费者饮用葡萄酒是追求一种情调和氛围，甚至是当饮料喝，而出于保健目的饮用的人数比例并不大，这种类型的消费者倾向于饮用味道较甜的葡萄酒；随着年龄的上升，消费者出于保健目的饮用葡萄酒的人数比例越来越大。在36～55岁的人群中，追求情调和为保健目的而饮用葡萄酒的比例已经大体相当，分别为36.4%和43.6%；而在56岁以上的人群中，出于保健目的饮用葡萄酒的比例则超过了半数，达56.3%，这种类型的消费者倾向于饮用档次较高的干红葡萄酒，而且在这个群体中，“嗜酒者”的比例也比较大，有12.5%的人表示饮用葡萄酒就是因为“喜欢喝”。

调查表明，饭店是消费葡萄酒的重要场所。除此之外，家中也是葡萄酒的消费场所之一。

交叉分析结果表明，半数左右的年轻人主要在朋友聚会时饮用葡萄酒。随着年龄的增加，社交活动的减少，年长者在朋友聚会时饮用葡萄酒的比例逐渐降低，而在家里饮用葡萄酒的比例则呈明显上升趋势。值得注意的是，虽然半数的年轻人主要是在朋友聚会时饮用葡萄酒，但是在18~25岁和26~35岁的年轻人中仍然有20%~30%人表示饮用葡萄酒的主要场合是“家里”。

参考相关资料，从总体上看，消费者每月饮用葡萄酒的次数为5.29次。但不同类型的消费者饮用的频次存在一定的差异：把葡萄酒作为保健饮品的消费者属于高频次消费者，每月消费的次数高达8.49次。虽然出于调节气氛饮用葡萄酒的消费者比例最高，但这部分人并非高频次饮用群体，饮用葡萄酒的场所主要是酒吧、饭店、夜总会以及同学聚会地点。

从饮用场合上对消费者进行划分，可以发现，平时在家里饮用的群体每月饮用葡萄酒的次数最多。其次是出于工作应酬的消费群体，饮用量最大。

从饮用不同种类葡萄酒的角度对消费者进行划分，可以发现，饮用干红的消费者群体的饮用频次最高。

从饮用不同价格葡萄酒的消费者群体来看，饮用20~40元一瓶的葡萄酒的消费者的饮用频次最高。

从总体上讲，消费者在家饮用和在外饮用葡萄酒的比例接近1∶1，但男性在外饮用的比例要高于在家饮用的比例，而女性在家饮用的比例则略高于在外饮用的比例。男性侧重于饮用干红，而女性侧重于饮用味道较甜的葡萄酒。同时，随着消费者年龄的上升，人们在家饮用的比例也呈上升趋势，46岁以上的消费者在家饮用的比例占绝对多数。

参考相关资料，从总体上看，约有60%的消费者每月在葡萄酒上的花费在50元以下。每月花费在80元以上的重度消费群体所占的比例仅为1/4。

随着消费者文化水平的提高，每月在葡萄酒上的花费呈上升趋势；特别是随着消费者收入水平的上升，消费者在葡萄酒上的花费的上升趋势表现得更为显著。

五、小结

通过对甜型葡萄酒的市场进行调查，得出以下结论。

1. 在样本市场上，各种品牌葡萄酒竞争激烈。传统的四大国内品牌（张裕、王朝、长城、丰收）占据市场高档葡萄酒主导地位，约占53%的市场份额，其中前三个品牌约占50%的市场份额。其销售主要集中在省会级大城市和高档消费场所。其他品牌对市场进行补充，激发市场活力。

2. 武汉市场整体上葡萄酒消费呈现上升趋势。以1999年为例，当年的葡萄酒销量仅为5 000万元，2001年则达到15 000万元，增长了200%。

3. 外国品牌的葡萄酒在武汉市场以高档品牌为主，价格在50~200元，价格在20元左右的葡萄酒只有法国蓝干红葡萄酒，所以基本上定位在高端消费群体，整体上所占比例不高，但是试图尝鲜者不少，潜在消费群体较大。

4. 强势品牌市场细分明确，终端完善，品种齐全。其在销售中占有很大的优势。在家乐福、麦得龙等大型超市，其促销架势使人汗颜。威龙的做法值得借鉴。武汉当地品牌劲牌公司生产的红珠葡萄酒开始为人所知，具有一定的市场潜力。

5. 品牌知名度成为葡萄酒高档市场消费者的首选因素，其次则是价格；味道、容量、价格、度数是消费者选择甜型葡萄酒比较注重的指标。

6. 中低档葡萄酒市场需求很大，中低端消费群体所占的比例很大。加上节日假期走亲访友的需要，货真价实的葡萄酒还是很受欢迎的。

资料来源：http：//www. docin. com/p－1390331896. html.

讨论：市场调查报告由哪几部分组成？

案例 8-2

购买满意度调查

选题：

针对某商场洗衣粉销售情况，以消费者购买动机为调查内容，进行问卷调查设计。

资料收集与整理分析：

选择活力 28、活力新一代、七巧板、一枝花四种洗衣粉品牌，调查对象是某市所属 3 县 2 区的城乡居民。

调查问卷：

消费者对几种品牌洗衣粉满意度的问卷调查

尊敬的户主：

您好！为更好地满足广大用户的需求，现就城乡居民对几种洗衣粉的满意度进行一次问卷调查。请您给予大力支持，据实回答下列问题，在您认为恰当的地方画“√”或填写意见。

1. 请问您最近一次购买洗衣粉的品牌是：

（1）活力 28　（2）活力新一代　（3）七巧板　（4）一枝花　（5）其他

2. 您对以下几种品牌洗衣粉的满意度（将您的选择用代号填入表内）：

（1）非常满意　（2）比较满意　（3）一般　（4）不满意

内容	活力 28	活力新一代	七巧板	一枝花
内在品质				
包装				
价格				
广告效果				

3. 您的家庭住址：（1）农村　（2）城镇

4. 您的职业：

（1）农民　（2）工人　（3）教师

（4）干部　（5）科技人员　（6）其他

谢谢合作！

（调查人员落款）

（时间）

问卷整理与分析：

共发出问卷 400 份，收回 352 份，其中城镇居民 238 户、农村居民 114 户，回收率 88%。

对调查材料认真进行了审核汇总，并计算了结构相对数（比重），以便探索消费者购买洗衣粉的动机。调查汇总资料如表 8-1、表 8-2、表 8-3 所示。

表8-1 最近购买洗衣粉品牌问卷调查汇总表

品牌	城镇（238户）		农村（114户）		合计（352户）	
	户数	比重/%	户数	比重/%	户数	比重/%
活力28	102	42.86	30	26.32	132	37.50
活力新一代	65	27.31	16	14.04	81	23.01
七巧板	61	25.63	53	46.49	114	32.39
一枝花	10	4.20	15	13.16	25	7.10
合计	238	100.00	114	100.00	352	100.00

表8-2 城镇消费者对几种洗衣粉品牌满意度问卷调查汇总表

品牌	内容	非常满意		比较满意		一般		不满意	
		户数	比重/%	户数	比重/%	户数	比重/%	户数	比重/%
活力28	质量	90	37.82	104	43.69	38	15.97	6	2.52
	包装	48	20.17	108	45.38	78	32.77	4	1.68
	价格	25	10.50	81	34.03	87	36.55	45	18.92
	广告	70	29.41	93	39.08	70	29.41	5	2.10
活力新一代	质量	105	44.12	76	31.94	53	22.27	4	1.67
	包装	80	33.61	98	41.18	54	22.69	6	2.52
	价格	21	8.82	75	31.51	84	35.29	58	24.38
	广告	101	42.44	71	29.83	47	19.75	19	7.98
七巧板	质量	35	14.71	78	32.77	97	40.76	28	11.76
	包装	32	13.45	68	28.57	126	52.94	12	5.04
	价格	33	13.87	77	32.35	99	41.60	29	12.18
	广告	37	15.55	70	29.41	88	36.97	43	18.07
一枝花	质量	35	14.71	83	34.87	91	38.24	29	12.18
	包装	28	11.76	86	36.14	101	42.44	23	9.66
	价格	20	8.40	92	38.66	96	40.34	30	12.60
	广告	35	14.71	67	28.15	96	40.34	40	16.80

注：城镇调查户数为238户。

表8-3 农村消费者对几种洗衣粉品牌满意度问卷调查汇总表

品牌	内容	非常满意		比较满意		一般		不满意	
		户数	比重/%	户数	比重/%	户数	比重/%	户数	比重/%
活力28	质量	45	39.47	40	35.09	25	21.93	4	3.51
	包装	20	17.54	47	41.23	44	38.60	3	2.63
	价格	14	12.28	21	18.42	47	41.23	32	28.07
	广告	35	30.70	29	25.44	45	39.47	5	4.39

续表

品牌	内容	非常满意		比较满意		一般		不满意	
		户数	比重/%	户数	比重/%	户数	比重/%	户数	比重/%
活力新一代	质量	56	49.12	29	25.44	24	21.05	5	4.39
	包装	32	28.07	38	33.33	37	32.46	7	6.14
	价格	15	12.81	34	30.18	39	34.21	26	22.80
	广告	48	42.11	25	21.93	37	32.46	4	3.50
七巧板	质量	22	19.30	41	35.96	37	32.46	14	12.28
	包装	30	26.32	35	30.70	42	36.84	7	6.14
	价格	18	15.79	47	41.23	36	31.58	13	11.40
	广告	17	14.91	30	26.32	39	34.21	28	24.56
一枝花	质量	21	18.42	38	33.33	44	38.60	11	9.65
	包装	18	15.79	40	35.09	49	42.98	7	6.14
	价格	15	13.16	34	29.92	54	47.37	11	9.55
	广告	16	14.04	26	22.80	58	50.58	14	12.28

注：农村调查户数为114户。

分析报告：

根据对调查问卷的整理，写出如下分析报告，仅供有关单位参考。

日用消费品市场竞争探秘

——洗衣粉市场需求问卷调查分析

在市场经济条件下，企业要生存发展首先要解决销售问题。暑期对我市3县2区城乡居民就洗衣粉的消费情况进行了问卷调查。选取了“活力28”“活力新一代”“七巧板”“一枝花”等品牌。调查中发出问卷400份，回收352份，其中城镇家庭238户，农村家庭114户，回收率为88%。在这次调查中，得到如下启示。

1. 同类产品看质量

通过对调查资料的分析，发现在各种洗衣粉中，城镇与农村对不同品牌洗衣粉的需求均首先注重其质量。在接受调查的352户中，近期购买“活力28”的132户占总户数的37.5%；近期购买“活力新一代”的81户占总户数的23.01%；近期购买“七巧板”的114户占总户数的32.39%；近期购买“一枝花”的25户占总户数的7.10%。“活力28”和“七巧板”的需求超过30%，但前者超出后者5.11个百分点。这足以证明“活力28”品牌的竞争优势。如表8-4所示，城镇居民对“活力28”在质量方面的满意程度明显优于“七巧板”。

表8-4 我省城乡居民对洗衣粉品牌质量满意度对比表 单位：%

品牌	非常满意		比较满意		一般		不满意	
	城镇	农村	城镇	农村	城镇	农村	城镇	农村
活力28	37.82	39.47	43.69	35.09	15.97	21.93	2.52	3.51
活力新一代	44.12	49.12	31.94	25.44	22.27	21.05	1.67	4.39

续表

品牌	非常满意		比较满意		一般		不满意	
	城镇	农村	城镇	农村	城镇	农村	城镇	农村
七巧板	14.71	19.30	32.77	35.96	40.76	32.46	11.76	12.28
一枝花	14.71	18.42	34.87	33.33	38.24	38.60	12.18	9.65

如表8-4所示，在城市，人们对“活力28”质量非常满意的有90户，占被调查家庭的37.82%；而对于“七巧板”质量非常满意的仅有35户，占14.71%。城镇居民对洗衣粉的质量要求，不仅考虑洗衣的效果，而且还从有无副作用、是否清香等方面进行评价。在农村，人们对“活力28”质量非常满意的有45户，占39.47%；而对“七巧板”质量非常满意的仅有22户，占19.30%。从数据中可以看出，城镇和农村对“活力28”的质量都很满意。

2. 同等质量看宣传

在调查中，针对企业产品宣传，采访了部分居民。相信电视广告的占78.9%。调查资料表明（如表8-3所示），在农村114户居民中，满意“七巧板”广告效果的有47户，占被调查者的41.23%；而满意“一枝花”广告效果的有42户，占36.84%。这就是“七巧板”虽然在质量上和“一枝花”差不多（对“七巧板”质量非常满意的占19.3%。对“一枝花”质量非常满意的占18.42%），但销量却远远高于“一枝花”的原因。可见，企业产品不仅仅靠质量，宣传也具有举足轻重的作用。

3. 同等宣传看价格

在对城市居民的调查中发现（如表8-2所示），对于“活力28”和“活力新一代”质量非常满意的比例分别为37.82%和44.12%；对广告非常满意的分别为29.41%和42.44%。就质量和宣传而言，二者相差不多。但其销量却相差甚远，原因何在？请看城乡居民对二者的价格满意程度的比较，如表8-5所示。

表8-5　城乡居民对洗衣粉品牌价格满意度比较表　　单位：%

品牌	非常满意		比较满意		一般		不满意	
	城镇	农村	城镇	农村	城镇	农村	城镇	农村
活力28	10.50	12.28	34.03	18.42	36.55	41.23	18.92	28.07
活力新一代	8.82	12.81	31.51	30.18	35.29	34.21	24.38	22.80
七巧板	13.87	15.79	32.35	41.23	41.60	31.58	12.18	11.40
一枝花	8.40	13.16	38.66	19.92	40.34	47.37	12.60	9.55

如表8-5所示，城镇居民对“活力28”的价格非常满意的比例为10.50%；而对“活力新一代”价格非常满意的比例仅为8.82%。居民收入水平的差异导致对于价格的承受能力不同，从而对产品的销售量产生影响。这启示企业应对不同的消费者制定合理的价格。

4. 同等价格看包装

价格是根据产品的成本及供求关系制定的。在市场上出售的洗衣粉中，“活力28”和“一枝花”价格相近，而二者的销量却不同，这与产品包装关系密切。城镇居民对“活力28”的包装满意的占65.55%，而对一枝花的包装满意的仅占47.90%，调查中一些居民表示非常欣赏“活力28”产品的包装，有适合消费者心理的大小包装，更具特色的是具有里外两层的防潮包装。

结合以上启示，我们对日用消费品生产厂家提出如下建议。

(1) 以质量为核心狠抓广告宣传。在抓好质量的前提下，运用多种媒体进行广告宣传，提高产品知名度。

(2) 针对不同对象，实行两种包装，并采取差别定价方式，对不同的消费者实行不同的价格。对于农村居民采取简单包装，制定较低的价格，对于城镇居民可采取精致包装，价格可以略高些。

(3) 根据不同地区的消费水平制定不同的价格。产品价格是影响产品销售的重要因素，价格的高低关系到企业销售收入的多少。商品的市场价格往往受到供求关系及消费水平的影响。其中，消费水平是由消费者对不同价格的承受能力来决定的。例如，同一产品在沿海地区价格高一些，居民可以接受；而在内地价格偏高，居民就难以接受。因此，在销售过程中，可以根据当地消费水平，在确保盈利的前提下，适当浮动价格。

资料来源：陈海鹰．日用消费品市场竞争探秘——洗衣粉市场需求问卷调查［J］．统计教育，1995 (1)：40－41.

讨论：通过以上案例思考，调查分析中的重点是什么？

提示：搞统计调查分析需要两种知识的结合：一种是对所分析领域的了解；另一种是对各种统计分析方法的了解。本案例涉及营销学、市场学的一些理论。在第二个案例中根据调查对象和调查内容，选择了问卷调查方法，设计了反映消费者购买的有关项目，并应用结构相对数反映居民对洗衣粉质量、宣传、价格、包装等方面的满意度。这些调查分析方法较好地适应了分析对象的要求，收到了良好的效果。

项目训练

实训项目：市场调查报告的撰写。

实训组织：可以进行小组分工，3～4人为一组，每组要求选出1名组长，组长对该项任务进行具体分工，并对整个过程进行控制。每个学生对自己完成的撰写任务负责。

实训要求：

(1) 通过本次训练，学生能够掌握市场调查报告撰写的内容和方法。

(2) 通过本次训练，学生能够自觉增强团队意识，提高合作能力。

(3) 通过本次训练，学生能制作精美的PPT并作展示，提高沟通表达能力。

实训成果：结合本章内容，每个小组写一份关于大学生手机消费状况的调查报告，并提供给班级中的其他组（假定该同学为报告的使用者），与其进行良好的沟通，同时针对“报告使用者”的反馈对报告的实施进行修改和完善。

实训考核：要求每组同学进行案例收集，全班讨论交流，同学与教师打分。首先，小组内部评出每位成员的个人成绩档次（优秀、良好、中等、及格、不及格），如表8-7所示；然后，教师综合评出各小组成绩，在此基础上给出个人最终成绩，如表8-8所示；最后，教师进行点评。

个人最终成绩＝20%×（表8-6中的成绩）＋80%×（表8-7中的成绩）

附：效果评价表

表8-6　小组成员个人成绩评价表

小组成员个人成绩 / 小组成员姓名	优秀	良好	中等	及格	不及格
教师评价					

注：考评满分为100分，60分以下为不及格，60～70分为及格，71～80分为中等，81～90分为良好，90分以上为优秀。

表8-7　各小组调查报告撰写评价表

评价内容	分值/分	评分/分
准时完成情况	15	
正文格式符合规范	20	
材料充实且真实，分析有理有据	25	
PPT制作精美，图形清晰	15	
口头报告语言生动，表达流畅	10	
展示体现团队合作	15	
合计	100	

学习收获

参考文献

[1] 王玉波，刘丽华，张俊．市场调查与预测——情境教程［M］．南京：南京大学出版社，2012.

[2] 田百洲，史书良，全洪臣．市场调查与预测［M］．北京：北京交通大学出版社，2009.

[3] 刘登辉，韩千里．市场调查与预测［M］．北京：中国经济出版社，2008.

[4] 肖院生．市场调查实务［M］．重庆：重庆大学出版社，2010.

[5] 邵光，张晓华，张世兵．市场调查与预测［M］．上海：上海交通大学出版社，2015.

[6] 刘红．市场调查与预测［M］．北京：北京交通大学出版社，2010.

[7] 王秀娥．市场调查与预测［M］．北京：清华大学出版社，2008.

[8] 李世杰，王峰．市场调查与预测［M］．武汉：武汉理工大学出版社，2006.

[9] 叶叔昌，邱红彬．营销调查实训教程［M］．武汉：华中科技大学出版社，2006.

[10]［美］小卡尔·迈克丹尼尔，罗杰．当代市场调查［M］．李桂华，译．北京：机械工业出版社，2012.